俊采星驰

历史长空中的江西文化名人

陶渊明	约365—427
乐　史	930—1007
晏　殊	991—1055
欧阳修	1007—1072
曾　巩	1019—1083
王安石	1021—1086
黄庭坚	1045—1105
杨万里	1127—1206
朱　熹	1130—1200
姜　夔	约1155—1209
文天祥	1236—1283
汤显祖	1550—1616
朱　耷	1626—1705
蒋士铨	1725—1785
陈三立	1853—1937

祝国华 著

江西教育出版社
·南昌·

图书在版编目（CIP）数据

俊采星驰：历史长空中的江西文化名人 / 祝国华著. -- 南昌：江西教育出版社, 2021.12（2022.8 重印）
ISBN 978-7-5705-2423-5

Ⅰ.①俊… Ⅱ.①祝… Ⅲ.①文化—名人—生平事迹—江西 Ⅳ.① K825.4

中国版本图书馆 CIP 数据核字 (2021) 第 265317 号

俊采星驰：历史长空中的江西文化名人
JUNCAIXINGCHI: LISHI CHANGKONG ZHONG DE JIANGXI WENHUA MINGREN

祝国华　著

江西教育出版社出版
（南昌市抚河北路 291 号　　邮编：330008）

各地新华书店经销
南昌市红星印刷有限公司印刷
开本：880 毫米 ×1230 毫米　　1/16　　印张：21.5　　字数：300 千
2021 年 12 月第 1 版　　2022 年 8 月第 2 次印刷

ISBN 978-7-5705-2423-5
定价：36.00 元

赣教版图书如有印装质量问题，请向我社调换　电话：0791-86710427
投稿邮箱：JXJYCBS@163.com　　电话：0791-86705543
网址：http://www.jxeph.com

赣版权登字 -02-2021-735
版权所有　侵权必究

序言
塑造一座座文化名人雕像的写作

七月的一天，先是接到一个恳切、深情的电话，接着收到一封热情洋溢的来信，内容都一样，约我为其新作写个序。打电话和写信的人就是祝国华。

提起祝国华，其实我们曾经交往了多年，后又失联了多年。交往多年是因他有几位要好的大学同学与我在一起工作，自然而然地我们便有了较多的接触；还有他曾主编了一本出版方面的杂志，我们又有了一种编者与作者的关系。至于失联多年，那是因我在北京的儿子家"服务"了十二年之久。但尽管多年失联，却并不生分，祝国华给我的印象是难忘的、清晰的：朴实、谦逊、彬彬有礼，在写作天地里一直不懈地追求，热衷于文字的一介书生。

摆在我案头的有他三本著作：《漂泊的心》《风景在路上》《寻踪觅迹：历史云烟深处的江西名人》，以及一部即将出版的书稿《俊采星驰：历史长空中的江西文化名人》。据我所知，这不是他著作的全部，却是其主要的成果。看得出来，他是从杂文、随笔的写作起步的，至今他仍积极参与江西省杂文学会的活动。同时他还有多副笔墨轮番展示，小说、散文、诗歌、报告文学、文艺评论都有尝试。当然早期写作杂有杂的好处，能得到多方面的练笔。但从《寻踪觅迹：历史云烟深处的江西名人》开始，笔锋一甩，由当代转向古代，由现实走向历史，潜心在江西古代文化大森林中漫游，沉迷于江西历史云烟的深处，走近了日渐淡出人们视线的江西古代十位历史人物和一个文人群体，故书名特称为"寻踪觅迹"，暗含某种"考古"、挖掘的意味。然而祝国华意犹未尽,不满足于在历史云烟的深处寻踪觅迹,还要在江西历史长空中拥抱闪光的巨星,遴选出既属于江西、也属于全国的十五位顶级文化名人,为其立传、为其塑像。这部即将问世的《俊采星驰:历史长空中的江西文化名人》,完全可以看成是《寻踪觅迹:历史云烟深处的江西名人》的姊妹篇,也是祝国华关于江西文化名人写作的延续、拓展与深化,从历史云烟的深处走向无比宽广的历史长空。

为一部涉古的著作写序,于我是首次。一开始我表示了犹豫,因为我的专业是当代文学评论。祝国华体谅我的为难,立即为我解围:"您的序可长可短,可就某一点展开,也可泛泛而谈。总之,您尽管随心所欲,纵笔挥洒。"这样,我也就轻松了许多。回忆起来,我由于工作关系,曾经也有过几次涉古经历,例如参与主编过《江西历代文学艺术家大全》,主持编撰过"江西古代文化名人丛书"和"宋代文化研究丛书",但仅仅是做了一些组织工作而已,并未细阅书稿,也就说不上走近了这些古代文化名人,对此一直存有遗憾。祝国华正好给我提供了一个多少可以弥补遗憾的机会,使我由"犹豫"变为主动,写序产生了"补课"的动力,我便夜以继日地细读这部近三十万字的书稿。边读边做笔记,读得津津有味,从田园诗歌开山祖陶渊明到最后的传统诗人陈三立,十五位文化巨星各自的人生沉浮、文化贡献、后世影响,都在脑海中演绎了一遍,使我颇有深山探宝、满载而归之感。

研究江西古代文化名人,尤其是研究那些国家级甚至世界级的文化巨星,一直是江西学界经久不衰的热点课题,所产生成果之多样丰富,几乎难以细数罗列。在这样的文化背景下,祝国华依然奋力前行,下定决心走进十五位文化巨星的人生世界,确实表现了一种"明知山有虎,偏向虎山行"的写作勇气。我的书橱里收藏了多套研究江西古代文化名人的丛书,但这些丛书的作者分别面对的只是一位文化名人,而祝国华却要同时面对十五位文化名人,并且他们中既有文学家,还有戏剧家、音乐家、美术家、哲学家、地理学家,那么写作上应该如何突围、如何出新、如何进入多个知识领域?这都给祝国华带来了不小的挑战。尽管祝国华笔下的名人传记每篇不足两万字,不像那些单本的名人研究著作普遍都有二三十万字,但"麻雀虽小,五脏俱全",一两万字其实都是二三十万字的浓缩本。他对各个文化名人的人生道路、文化成就及其对后世的影响,都有清晰而生动的书写。如果祝国华对十五位文化名人缺乏一定广度和深度的了解与把握,是很难下笔的。因此,本书的写作难度可想而知。

七月中旬,我们全家人陪从北京回来的孙子自驾到抚州一日游,重点参观了王安石纪念馆和汤显祖纪念馆,游览了名人雕塑园,零距离感受名人文化的魅力与灵气。当时,我立即联想到正在阅读的书稿《俊采星驰:历史长空中的江西文化名人》。心想,祝国华不正是用文字、用文学语言建造了十五座文化名人纪念馆和一座文化名人雕塑园吗?因为无论是实体纪念馆,还是"文字纪念馆",都在全力塑造一座座特定的、立体的、光彩夺目的文化名人雕像。《俊采星驰:历史长空中的江西文化名人》中的十五篇名人传记,便塑造了十五座名人雕像,而十五座名人雕像又构建了一座独特而壮观的名人雕塑园,这确实是一件难能可贵且值得点赞的事情。

我发现祝国华在一两万字的有限篇幅中,为了塑造出一个个文化巨星的形象,是颇费了一番心思的。在作者笔下,既有通常的叙述与介绍,更有他独到的塑造名人形象的方法,例如抓住亮点、突出特点、精解名篇名句、讲好名人故事、追求个性化细节描写等等,这就形成了他自己的特色,既增强了各个文化名人的辨识度,也强化了文字的魅力,使之完全不同于那种学究式、考证性著作。也就是说,作者既注意显示各大名人的共性,更着意凸显各大名人的个性,使其人各有貌,各显丰采。

文化名人之所以成为文化名人，都有其独到之处和独特贡献。突出每一位文化名人与众不同的亮点，就奠定了成功塑造文化名人形象的基础。诸如陶渊明辞官归田、开创中国山水田园诗一派，成为江西文化史上首位文学巨匠；乐史推出惊世之作《太平寰宇记》，开创地方志写作体例，独树一帜，成为划时代地理学家；晏殊改革"花间词派"靡靡之风，创立婉约抒情新格调，成为宋代婉约词宗师；欧阳修既是北宋文坛领袖，又是古文运动领袖，"唐宋八大家"有他，"千古文章四大家"也有他，更享有"诗圣杜甫、文圣欧阳修"之美誉；曾巩是"唐宋八大家"中的佼佼者，还是"宋朝古文四家"之一，是北宋诗文革新运动的主将；王安石在政治上被列宁称为"中国11世纪时的改革家"，在文学上"宋朝古文四家"和"唐宋八大家"，他都名列其中；黄庭坚是"江西诗派"的领袖人物，"点铁成金""夺胎换骨"的著名诗论，几乎成为黄庭坚的名片；杨万里创立雅俗共赏的"诚斋体"，成为南宋大诗人，被誉为一代"诗宗"；朱熹是南宋理学大家，千年儒学集大成者，先秦有"孔子"、南宋有"朱子"，可见朱熹的巨大影响与崇高地位；姜夔，横空出世于南宋中叶的"布衣词人"，创立雅词"白石体"，成为词坛圣手，是世所罕见的艺术全才；文天祥，有着铮铮铁骨的爱国英雄，在狱中创作的伟大爱国诗篇《正气歌》充满浩然之气，响彻历史长空；汤显祖在明代戏剧史上孤峰突起，不朽的杰作"临川四梦"，造就了这位"中国的莎士比亚"；朱耷，天才艺术家，被联合国教科文组织列为中国古代十大文化名人之一，西方的凡·高、中国的朱耷并非虚夸；蒋士铨，"乾隆曲家第一"、"乾隆三大家"之一、"清代第一家"、"中国戏曲史上的殿军"，这一串美称就是他头上耀眼的光环；陈三立，"同光诗派"的领袖，"中国最后一位传统诗人"，他的诗作是中国古典诗歌最辉煌的谢幕！由此可见，上述十五位文化名人真可谓巨星闪耀，异彩纷呈，各自都以无可替代的杰出成就铸造伟大丰碑并永载史册，值得作者用满腔热情和优美文字为之抒写、为之讴歌、为之塑像。

精解文化名人的名篇名句,是祝国华特别用心之处,是书中的精彩片断,也是我十分欣赏的文字。文化名人的名篇名句,千古绝唱,世代流传,几成名人的代名词,是树立名人文化形象不可或缺的元素。例如,陶渊明与《桃花源记》、乐史与《太平寰宇记》、欧阳修与《醉翁亭记》、王安石与《元日》、文天祥与《正气歌》、汤显祖与"临川四梦"等。至于名人名句更像繁星闪烁,十分耀眼,千百年来一句句都活在后人的笔下,活在后人的口头,活在后人的生活中、心灵中,散发出无穷的思想与艺术魅力。例如,陶渊明的"采菊东篱下,悠然见南山",晏殊的"无可奈何花落去,似曾相识燕归来""独上高楼,望尽天涯路",欧阳修的"环滁皆山也""醉翁之意不在酒,在乎山水之间也",王安石的"春风又绿江南岸,明月何时照我还",杨万里的"小荷才露尖尖角,早有蜻蜓立上头""接天莲叶无穷碧,映日荷花别样红",朱熹的"等闲识得东风面,万紫千红总是春""问渠哪得清如许,为有源头活水来",文天祥的"人生自古谁无死,留取丹心照汗青",等等。祝国华在书中对这些名篇名句的解说十分精彩,常用优美抒情的语言进行评析,颇见功力,读来是一种审美享受。例如,当读到晏殊的"无可奈何花落去,似曾相识燕归来"时,作者这样书写:"是啊,古往今来,日月经天,江河纬地,春荣秋枯,夏盛冬衰,四季景物的轮回变化,人间世事的动荡迁移,曾引起人们多少诗情涌动,多少愁绪满怀!……好景不常有,好花不常开。每每念及这些,眼前不可预知不可操控的外部世界,就给人一种难以言说的压抑感、无力感、无助感,就使人不由得惆怅顿生,潸然泪下!"我发现作者被晏殊笔下的名句震撼了,拨动了情感的琴弦,引发了深深的思索,于是写出了如此优美的文字。再如,当谈到朱熹的"半亩方塘一鉴开,天光云影共徘徊。问渠哪得清如许,为有源头活水来"时,作者这样指出:"半亩大的方形水塘犹如一面镜子,明亮的天空和飘浮的云朵倒映在水中，似乎正在平静的水面来回移动。这个方塘的水为何如此清澈？只因为有不会枯竭的源头不断地向池塘注入新鲜的活水。……值得注意的是，朱熹诗的标题为《观书有感》，但在诗中却不见'书'字，全用'方塘''活水'取代了。短短二十八个字，蕴含着丰厚的生活哲理，却不露丝毫的痕迹，这也只能是高手所为的神来之笔。"还值得一提的是，作者对文天祥的《正气歌》不惜篇幅，竟用了一个专节来详尽解读。解读《正气歌》的过程，就是在塑造文天祥一身浩然正气的爱国英雄形象，就是在讴歌文天祥"丹心照日月，碧血贯长虹"的高尚爱国情操。而对陶渊明，则几乎通篇都是在解读系列名篇名句，从而塑造其中国田园诗歌开山祖的名人形象。再有，对姜夔一生最负盛名的《扬州慢》的解读，对其格调高妙的《暗香》与《疏影》的解读也十分精彩，词坛圣手的名人形象自然而然地树立起来。总之，类似这样精解名篇名句的文字在书中随处可见。

讲好文化名人故事，是祝国华塑造文化名人形象的又一手段。生活中故事可大可小，但有意义、有趣味的故事，无论大小都是值得书写的。祝国华就在写作中选取了文化名人的一个又一个故事娓娓道来，使文化名人的崇高形象鲜活真实、可敬可亲。例如晏殊在京城初试时做过的关于赋的题目，复试时又出现了，晏殊便当场提出"换题"的请求，连真宗皇帝都感到十分惊讶，一般人都会求之不得，而晏殊却诚实有加。"换题"故事既表现出晏殊的人品高洁、心地纯朴，也表现出他对自己才学的自信。王安石关于"妓女"的故事堪称一段美谈。据说在北宋时期，纳妾狎妓成为上流社会的时尚，倘若不如此，反而受嘲笑。有一天，王安石夫人托人买来一个美貌女子，却引起王安石勃然大怒。黄庭坚对王安石这种高尚品行大加赞赏，称其为"一世伟人"。文天祥"偷墨"的故事也颇有戏剧性。有一天，与文天祥同班的一个纨绔子弟发现自己那块价格不菲的好墨不见了，就毫无根据地一口咬定是文天祥偷了。老师出于无奈，决定由文天祥按村里老规矩手持一块竹板掷向土地爷，竹板正面朝上就说明没偷，若是背面朝上，则证明偷了。没想到文天祥掷的结果居然是背面朝上。正当文天祥承受无端冤枉时，一只大黄狗嘴里叼着一锭墨来了，顿时真相大白，文天祥也长出一口气。这样的小故事，对于塑造少年文天祥光明正大的可爱形象，是生动感人的。词坛圣手姜夔与"合肥女子"的情爱故事，占据了姜夔生命的重要位置。有情人虽未成眷属，却一直激发着姜夔的创作灵感，即使若干年后自己已有家室，他仍对"合肥女子"梦绕魂牵，居然有二十多首情诗与"合肥女子"有关。姜夔的真情、深情跃然纸上，有血有肉的可感形象也就活现在这情爱故事中。汤显祖写"祭文"的故事同样十分有趣，通过与那位自以为是的"远亲"对比，生动展示了少年才子的出彩形象。

祝国华为了从不同侧面塑造好文化名人形象，使名人形象更为丰满、立体，特别重视个性化的细节描写。在书中可以看见，作为神童的曾巩从小就与众不同，竟然只身躲到一个僻静的山洞去勤学苦读，博览群书，后来朱熹在石壁上为其分别题写了"书岩"与"墨池"数字，至今已成为一个旅游景点激励后人。杨万里一生喜爱荷花，有着解不开的荷花情结，他写过上百首咏荷的诗，其中"小荷才露尖尖角，早有蜻蜓立上头""接天莲叶无穷碧，映日荷花别样红"，已成为描写荷花的名句千古流传，表现出诗人一种纯洁、高雅、恬淡的情怀。满腹才学的汤显祖在应试道路上屡遭挫折，但他宁可名落孙山，也不愿连续两次为当朝宰相张居正的儿子做陪衬，表现出无比可贵的一身正气与傲然骨气。这种让人崇敬的人品与让人敬仰的文品相得益彰，共铸名人辉煌形象。无独有偶，在书中作者还写到了陈三立同样具有一身正气与傲然骨气。当年在庐山松门别墅过八十大寿时，他敢冒政治风险，严拒蒋介石派专人前来祝贺。后来日本人企图利用他的文学声望为其服务，也被陈三立断然拒绝。这一个个闪光细节的描写，文字不多，但思想分量不轻，对表现文化名人的鲜明个性和高尚品格不可或缺。

也许由于篇幅所限，我感觉祝国华在书写中还未能尽情挥笔。我希望能对陶渊明辞官归田时复杂的内心矛盾揭示更深、更细些，对欧阳修古文运动的理论主张阐述更充分些，对王安石名篇名句的解读更突出些……也许这样，才可使我强烈的阅读愿望获得更大的满足。

从《寻踪觅迹》到《俊采星驰》，从江西文化历史云烟的深处到广阔的江西文化历史长空，祝国华又进行了一番卓有成就的书写，给我们架起了一座座通往历史文化名人的桥梁，给我们塑造了一座座历史文化名人的雕像，充分表现了他对弘扬江西优秀名人文化的热情、执着与担当。但江西的历史文化长空不仅有巨星闪耀，更有繁星闪烁，探索的空间广袤无垠，只要创新思维，寻找到新的角度，依然大有可为。正因此，也许关注江西历史文化名人的广大读者，对祝国华会有更高、更多的期待。

我们继续在路上，路伸向远方。

权为序。

吴海

2020 年 10 月 28 日于省社科院

（江西省社会科学院文学研究所原所长、

资深研究员、著名文学评论家）

目录

001　导　语：江西历史文化名人回望
013　陶渊明：田园诗歌开山祖
035　乐　史：史地巨著惠千年
055　晏　殊：宋代婉约词宗师
075　欧阳修：北宋文坛的领袖
097　曾　巩：另辟蹊径成大家
117　王安石：雄才豪情入诗文
139　黄庭坚：江西诗派定一尊
159　杨万里：雅俗共赏诚斋体
179　朱　熹：千年儒学集大成
201　姜　夔：空灵清雅别样情
221　文天祥：南宋爱国诗绝响
243　汤显祖：中国的莎士比亚
267　朱　耷：自称山人的巨匠
289　蒋士铨：古代戏曲的殿军
309　陈三立：最后的传统诗人
329　后　记

导 语
江西历史文化名人回望

在中国古代文化史上，能以巨星之多、作品之富而与江西颉颃的省份，可能很少；若仅以宋、明两代文坛而论，则江西更是独步中国。这在学界，大概是没有什么异议的。然而这样一个文化大省，在先秦的漫长时期，江西似乎鲜有文化名家出现。溯其源由，就不能不从古代江西所处的区域分划说起。

初唐四杰之首的王勃曾在他那著名的《滕王阁序》中这样说道："豫章故郡，洪都新府。星分翼轸，地接衡庐。"这就是说，江西南昌对应天上的方位在翼宿、轸宿分野处，在地面上则与衡山（衡阳）、庐山（江州，即九江）相连接，也就是属于楚地。而在《汉书·地理志》中，则将"九江寿州以南""豫章南昌府以南"划为"斗分野也"的吴地。不过从王勃"控蛮荆而引瓯越"的句子来看，在不同的历史时期，江西曾分属于楚、吴、越国，这是不争的史实。正因如此，想确凿无疑判定汉代以前属江西籍的文人，恐怕不是件易事。

根据现当代考古学研究已有的成果，江西实为江苏太湖吴文化的发祥地。早在距今三千五百多年前，我们的祖先就在赣中、赣北一带，创造了堪与四川三星堆文化、中原商文明三足鼎立的江西吴城文化。历史学家认为，"春秋初年古句吴地域远在江西"，赣江入湖处的吴城镇，很可能就是吴都所在地，"其傍鄱阳湖犹之迁苏后傍太湖也"。可以想见，创造了如此璀璨文化的江西先民，怎能不出现一流的文学家、艺术家？

如何划分广大南方地区的古文化片区，虽然目前仍在研究讨论之中，但亦有比较成熟的推论。例如考古学家苏秉琦先生就曾提出，根据现有资料，可将南方古文化暂试分为四大片，其中从鄱阳湖、赣江到北江（即包括江西和广东中部）是南方古文化的关键（枢纽、核心）地区。

与理论探讨相印证的，是更为惊世骇俗的发现：有专家学者根据位于新干大洋洲"江南商代第一墓"中丰富的青铜器（仅鼎即达30件之多）以及其他实物（如大批玉质礼器、仪仗兵器以及四足甗、大方鼎、大钺等北方都罕见的重器）推测，远在距今四千多年前，江西曾崛起过一个"三苗王国"。这个王国就分布在赣中北地区，以其高度发达的"稻文化"与北方的"麦文化"颉颃，以其不断扩张的政治军事势力与庞大的夏朝相抗衡。虽然三苗王国在鼎盛时期，曾一次又一次与北方强大的黄帝、尧、舜、禹争霸天下，但最终仍销声匿迹于和禹的一场惨烈大战之后。当然，历史的真相还有待深入研究，各种潜藏的隐秘还有待陆续破解。如果现有的结论能得到无可置疑辩驳的文物史料证实，那么江西古史、中国古史或许都将重新编写，江西的文化形成史必定更为悠久、更为厚重。

在江西新干大洋洲遗址众多的出土文物中，有一具"伏鸟双尾铜虎"特别引人注目。这具青铜器虎首平视，张口露齿，獠牙尖长，双目圆凸，眉粗横行，两耳竖张，背伏小鸟，腹部略垂，腹空无底，双尾曲卷，呈伏蹲欲纵之姿。虎身遍饰花纹，脸、腹部饰卷云纹，背部则饰云雷纹，鼻面、正脊、尾部与四腿下部饰变形鳞纹，四腿上部均为醒目的雷纹。其实在大洋洲出土的文物中，有着各种造型的虎多达56只，这在其他地区是未曾有过的，因而虎也就成了大洋洲文物中最具特色的地域文化标识。据此，有研究者认为，在商代甲骨文中所记载的南方"虎方"国，很可能就在江西境内。

虽说春秋战国时期，江西"吴头楚尾"的历史地理位置，处境似乎有些尴尬，但以楚王熊氏的郡望是南昌来推测，当时的江西应该出了不少实力派文人墨客。之所以其名不彰，主要是因为那时的诗歌之类文学作品多为个人随性创作而成，口耳相传的时间稍久就自行转为无从查考原创者的民间创作。似乎谁都不大计较著作者的真名实姓，只有"史"之类的散文才被官府民间看重，而能留传下来的极少史传散文，多数只有领衔者才可能做到文、名共存。很可能这寥寥无几的留名者，也只是为了对作品负责才署名，其本意未必是要让后人记住他。

既然先秦时期的江西文学名人已踪迹渺茫不可细辨，那么我们还是把追寻的目光转向汉代吧。翻阅史书，大概汉代重量级人物，非徐稚（79—168）莫属了。徐稚字孺子，博学多识，一生淡泊自守，授徒数千人。徐稚最著名的事迹是官府多次征召他皆不出仕，因而有"南州高士"之美称。据史书记载，时任豫章太守的陈蕃在官府中不接待宾客，唯有徐稚来了，才特设一副坐榻；待徐稚离开后，就将坐榻悬挂起来。徐稚因德才兼备被朝廷授予太原太守官职，徐稚却端坐家中不去就职。黄琼未仕前曾为徐稚的老师，后任太尉时征徐稚做官，徐稚自此再未与其来往；待黄琼去世归葬家乡，徐稚身背干粮不远千里赶赴江夏，在黄琼墓前摆放了鸡酒祭奠，痛哭一场后就默默离开了。一位挚友的母亲去世，徐稚得知后前往吊唁，在其坟头放了一把野草就走了。众人疑惑不解，唯有其友知其深意：正合《诗经》之言"生刍一束,其人如玉"啊！这样一位充满了浪漫情调的骚客，惜乎竟无诗文流传于世。

到了晋代，仿佛奇峰突起一般，江西出现了在中国文学史上具有里程碑意义的伟大诗人——陶渊明（约365—427）。他被梁启超称为"江西文学第一人"，也是中国田园诗歌的鼻祖。他的一首"结庐在人境，而无车马喧。问君何能尔？心远地自偏。采菊东篱下，悠然见南山。山气日夕佳，飞鸟相与还。此中有真意，欲辩已忘言"的《饮酒》诗，终篇不见一"酒"字，却让古往今来的无数文人墨客如痴如醉，引为超然物外、洁身自好的楷模。陶渊明最为人们所称道和向往的《桃花源记》，曾寄托了中国农耕社会无数人的梦想和理想。而他那"五柳先生"的身影,早已成为矗立在中国文学史上的一座丰碑。

在中国,喜好书法尤其是小楷的人,几乎没有不知道钟绍京(约656—740)的。他是与书圣王羲之并称"钟王"的钟繇第十五代孙。钟绍京家学渊深,虽历经迁徙磨难,但自身天资聪颖、勤奋好学,因而书法上有着很深的造诣。他的书法,继承了欧阳询、虞世南、褚遂良的传统,风格则与褚遂良、薛稷相近。今人多知钟绍京的传世小楷《灵飞经》,其实在武则天时,"诸宫殿明堂门额、九鼎铭文及宫殿门榜,皆其笔也",可见钟绍京是诸体皆精,并在很大程度上凭借他出类拔萃的书法不断升迁,成为江西籍第一位宰相。

时光悠悠,大约距陶渊明之后又过了三百来年,沉寂了许久的江西文坛蓦然升起了一颗照彻整个唐代的闪亮新星——綦毋潜(691—756)。他被誉为盛唐时江西最为著名的诗人,十五岁就远赴长安游学,与孟浩然等人一起饮酒作诗,还曾与时任洪州都督的大文学家张九龄以诗作唱酬。后来他送同榜进士的田园山水诗派代表诗人储光羲归隐时,自己也生发了纵情山水的念头,不久就离开京城长安,足迹几乎遍及江淮一带的山水之间。他留传至今的诗作多为描写风光之作,最为人们熟知的当属收录于《唐诗三百首》中的《春泛若耶溪》:"幽意无断绝,此去随所偶。晚风吹行舟,花路入溪口。际夜转西壑,隔山望南斗。潭烟飞溶溶,林月低向后。生事且弥漫,愿为持竿叟。"其中隐含的诗情画意,与堪称同路的王维山水诗有异曲同工之妙。

此后,唐代还有一位江西诗人,亦不可忘却,值得大书一笔,他就是来鹄(?—883),即来鹏。这位"择邻而居皆高士,揖送往来有鸿儒"的名人,也是一位终生游走在庙堂与江湖之间的诗人。乾符元年(874年)三月,他为帝师,后封为豫章国公,食邑千户,早年却自称"乡校小臣",

长期隐居山林。来鹄的作品,既有洋洋洒洒的长篇《圣政纪颂》,也有抒发怀才不遇、愤世嫉俗的《偶题》:"近来灵鹊语何疏,独凭栏干恨有殊。一夜绿荷霜剪破,赚他秋雨不成珠。"还有排遣羁旅之思、落魄之感的《寒食山馆抒情》:"独把一杯山馆中,每经时节Б飘蓬。侵阶草色连朝雨,满地梨花昨夜风。蜀魄啼来春寂寞,楚魂吟后月朦胧。分明记得还家梦,徐孺宅前湖水东。"则更被时人称道推崇,以为属难得的上乘佳作。

与诗人来鹄同时期,有一位声名显赫、笔法独特的花鸟画家徐熙(约820—887)。他的画风洒脱飘逸,水墨清新淡雅,重在表现对象的风骨神韵,着意追求士大夫的田园情趣,画史上盛称为"徐体",沈括赞其为"古今之绝笔"。宋代大诗人苏轼专门有题诗《徐熙杏花》:"江左风流王谢家,尽携书画到天涯。却因梅雨丹青暗,洗出徐熙落墨花。"对其广受世人重视和独创技法的描述,可谓恰如其分。

唐代晚期,出了位著名诗人郑谷(约851—约910),字守愚。据说他七岁即能诗,"自骑竹之年则有赋咏"。因他所写的鹧鸪诗广为流传,故被人称为"郑鹧鸪"。此外,郑谷还有个"一字师"的逸闻广为流传:湖南有位自号衡岳沙门的诗僧齐己写了一首《早梅》诗,专程去江西宜春的仰山,向诗友郑谷求教。诗中有一联:"前村深雪里,昨夜数枝开。"郑谷看后说:"'数枝'非'早'也,未若'一枝'佳。"说罢就将"数枝开"改为"一枝开"。郑谷这一说一改,让齐己深为佩服,惊叹改用"一"字之妙,"不觉下拜",称郑谷为"一字师"。

唐末还有位小说家王定保(870—940)值得浓墨提及。他在晚年之时,撰写了一部将历史性与文学性相结合、内容涉及科举制度与文人命运的短篇小说集《唐摭言》,从不同侧面反映了唐代的士子风气与世情风俗,备受关注。如小说《王播》,通过讲述主人公由贫困到发迹旧地重游的故事,展示了科举制度给知识分子带来的沉沦与迁升的变幻情景和世态炎凉。虽然文字简短却十分精练，情节简单却富有戏剧性。

唐末的著名画家董源（？—约962），是中国画史上极为罕见的全才型艺术巨匠。他善画山水、人物、云龙、牛虎，几乎无所不能，但最具独创性且成就最高的是水墨山水，被誉为"江南山水画派鼻祖"。米芾曾盛赞其山水："峰峦出没，云雾显晦，不装巧趣，皆得天真。"元代黄公望曾说："作山水者必以董为师法，如吟诗之学杜（甫）也。""元末四家"和明代的"吴门派"更是奉董源的水墨山水画法为典范，其影响一直延伸到清代，以至有人认为画山水画不学董源，就是山水画的外行。至今仍存于故宫博物院的《潇湘图》，以平远取势构图，人物渔舟点缀其间，尽显江南山水秀润空灵、平淡天真的意境，被誉为南派山水画的"开山之作"。

与董源差不多同时期的大画家，还有一位僧人巨然。他擅长画江南山水，所画峰峦，山顶多作矾头，林间多有卵石，以疏竹蔓草掩映细径危桥和茅屋，自然生成野逸清静之趣。总体来看，巨然的画作浓淡相间，枯润相生，气格清雅，意境幽深。师从董源，得其嫡传，并在多方面有所创新，成为南方山水画流派的主要代表，对元明清以至近代的山水画发展影响深远，后世将两人并称"董巨"。

顺着时光的脚步再往下走，就到了堪称江西文化"黄金时代"的宋朝，也是中国文化最为辉煌的"黄金时代"，被认为是华夏文化的"造极之世"，后人一直为其不可复制的辉煌而讶异。细究起来，宋朝形成江西的文学高峰也是有多种原因的。例如人口，宋徽宗崇宁元年（1102年），全国在册户口数为2026万、人口4532万，其中江西地区为201万户、人口446万，均约占总户数、总人口的十分之一，居全国之首。又据史料记载，北宋每年由东南六路漕运大米600万石给京都，其中江西占了三分之一。在其他方面亦如此，以致有"江西诸郡，昔号富饶……朝廷倚为根本，民物赖以繁昌"的说法。由经济的发达，促成文化的兴盛，终至"人才之盛，遂甲于天下"。在这前后延续三百余年的宋代,江西涌现出了一大批叱咤风云的文坛领军人物,真可谓群星璀璨,照彻浩瀚的中国文化艺术长空。在这些难以计数的文化俊彦之中,不乏开宗立派、独领风骚的伟人巨匠。他们或以自己的不朽诗文成就震烁华夏,或以自己的绝妙艺术造诣独步神州。

欧阳修(1007—1072),这位北宋文坛盟主和诗文革新运动的领袖,开一代关注时政、朴质平实的文风,曾巩、王安石、苏氏三父子,都出自他的门下;一篇《醉翁亭记》,不仅极写滁州山间四季的美景,朝暮的变化,以及自己和滁人在山间的游乐,还以"环滁皆山也"的精练和一气连用二十一个"也"字的新颖,至今仍让人惊叹不已。欧阳修以自己大力倡导古文革新运动和创作的大量优秀散文作品,被苏轼赞誉为宋代的韩愈,深刻地影响了当时乃至后世的散文风格和走向。

曾巩(1019—1083),在诗文创作上另辟蹊径,自成一家,以其丰赡的作品和人格魅力,无可争辩地成为北宋诗文革新运动中的主将。他的散文以含蓄典重、古雅平易为特色,依理而做,不为空言,故显得行文从容周详,条理清晰;结构谨严,风格朴素;文笔简洁犀利,韵味深长。正因如此,《宋史》本传中说曾巩的文章"上下驰骋,愈出而愈工,本原六经,斟酌于司马迁、韩愈,一时工作文词者,鲜能过也",以致当时的文人学子"得其文,手抄口诵惟恐不及",可见曾巩文章受欢迎的程度。只是到了现当代,似乎不大为人所亲近。

而王安石(1021—1086),只因戴在头上的政治家、改革家的光环太过炫目,常常让他文学家的另一面相形失色。近千年来,王安石作为一位杰出的政治家、思想家,从他在世时直至近代,在大多数时间内都是被否定的,认为正是由于他主导的熙宁变法,为大宋王朝的覆亡埋下了祸根。但王安石在文学上的卓越才华和深厚造诣,则是包括他的政敌都众口一词地赞不绝口。虽说王安石认为文学的功用首先在于为政治服务,形式之美应从属于社会功能；主张文学必须"有补于世"，"适用亦不必巧且华"。但是他的诗内容充实，感情丰沛，艺术成就远在其文章之上；他的词虽不多，却意境开阔，蕴含深沉；他的散文虽然大都是书、表、记、序等体式的论说文，但均结构谨严，说理透彻，笔力雄健，纵横捭阖，实为一流。王安石的《答司马谏议书》《游褒禅山记》《金陵怀古》《泊船瓜洲》等诗文，都是千古传诵的名篇。此外，他还有力推动了北宋中期的诗文革新运动，对扫除宋初风靡一时的浮华余风做出了贡献。

如果说上面所提及的三位享有"唐宋八大家"美誉的散文大师是最耀眼的"文曲星"，那么与他们同列的，还有一大群闪烁长空的星星。例如：晏殊（991—1055）、晏幾道（1038—1110）父子是改变晚唐"花间词派"颓靡之风、创立婉约抒情新词、奠基婉约柔美正宗宋词的集大成者；姜夔（约1155—1209）多才多艺，精通音律，被誉为"南宋唯一的开山大师"；黄庭坚（1045—1105）的诗与苏轼并称"苏黄"，是"江西诗派"的开山祖，词则与秦观齐名；周必大（1126—1204）以其"九流七略，靡不究通"的渊博学识和诗词歌赋的卓越成就，被推举为南宋中期文坛领袖；杨万里（1127—1206）作为"中兴四大家"之一，为扭转文坛弥漫的生硬晦涩的诗风，独创了生动活泼的"诚斋体"；文天祥（1236—1283）以其博大的情怀，写出了如《正气歌》等撼人心魄、慷慨悲怆、影响深远的爱国诗词；洪迈（1123—1202）集四十年之功写成的《容斋随笔》，以资料丰富、格调高雅、议论精彩、考证确切等特点，具有重要的文献史料和文化发展价值，其《夷坚志》不仅是宋代志怪小说的代表作，也是我国文学史上最长的一部笔记体小说，洪迈也因此成为世所罕见的笔记小说大家……

尤其值得大书一笔的人物，当属中国理学大师朱熹（1130—1200）。这位生于福建的江西名人，以自己的大量著述和从教活动，成为宋明新儒学中集理学之大成的代表。朱熹不仅是孔孟以来最杰出的儒学大师，是中国封建文化的重要代表人物，还是堪比孔子比肩的大教育家。在元明清三代，朱熹的学术思想一直是统治阶级的官方哲学。他撰写的《四书集注》，成为明清两代的科举读本；他制定的价值标准和行为准则，成为中国士子千年来的言行范本；他构建的博大精深的理学思想体系，对南宋之后七百多年的中国以及东亚地区都产生了深远影响，在世界文化史上也有着重要地位。

在南宋，还有一位善画墨梅的大家扬无咎（1097—1171）。在中国，梅象征傲雪凌霜坚贞不屈的气节，因而一直是诗人反复歌咏、画家百画不厌的心爱物。扬无咎不仅以擅长画梅闻名于世，而且以其独创的墨梅技法开一代画风，对后世产生了很大影响。画史上称，到了南宋的扬无咎，画梅技法才达到极致，所取得的成就也最高。据传，宫廷墙壁上曾悬挂扬无咎所画的墨梅，外面飞来的蜂蝶误以为真梅，常落在花蕊上。

到了明代永乐年间，中国诞生了第一部百科全书式的巨著《永乐大典》，《不列颠百科全书》称其为"世界有史以来最大的百科全书"，主持编纂这部不朽之作的总裁，就是江西吉水人解缙（1369—1415）。这位"匡君泽民"功追欧阳修、文天祥的一代名臣、学者、诗人，不仅是明代第一位江西籍内阁首辅，其文学成就亦很高。他创作的诗歌气势奔放，想象丰富，逼近唐人；所撰写的文章各展其妙，极具个性色彩。即便是书法，亦"小楷精绝，行草皆佳"。

出生于南昌的戏曲音乐家魏良辅（1489—1566），对流传于江苏太仓、昆山一带的戏曲唱腔进行了脱胎换骨般的改造，将南北曲糅合为一体，使之成为清丽悠远旋律优美的昆腔（昆曲）。他还对伴奏乐器进行了改革，丰富了音色，使昆腔成为中国戏曲的"活化石"，创造了中国古代最完整的民族戏曲表演体系，对京剧、川剧、湘剧、晋剧、赣剧、桂剧、闽剧、越剧等许多剧种的形成和发展都有过直接的影响。2001年5月18日，联合国教科文组织世界遗产委员会将昆曲命名为首批"人类口头和非物质遗产代表作",而魏良辅则被赞誉为"国工""曲圣""昆腔之祖"。

其后,江西大地上诞生了一位具有世界影响的戏剧艺术巨匠——汤显祖(1550—1616)。这位被日本研究者敬称为"东方的莎士比亚"的戏剧圣手在仕途上颠沛流离,很不顺畅,却把一部《牡丹亭》演绎得情意缠绵,刻骨铭心。剧中一曲"花花草草由人恋,生生死死随人愿,便酸酸楚楚无人怨",引得多少男女泪水涟涟,有的女子竟为之殉情!继"临川四梦"问世后,出现了一大批深受其影响的作家和作品,以至被后人称之为"玉茗堂派"。而横空出世的汤显祖本人,亦像一千多年前的先贤陶渊明那样,不待考核的官员和扰民的税吏到来,就先自行挂冠辞职,回到家乡,过起了无官一身轻的生活,把全副精力都投入戏剧创作之中。

明末清初之际,崛起了一座中国传统文人画的巅峰——朱耷(1626—1705),广为民众熟悉的则是他的自号"八大山人"。朱耷本是明朝皇室后裔,国亡家破的身世,出神入化的画技,彰显了他笔下那些"墨点无多泪点多"的花鸟虫鱼和自己的悲凉心境。朱耷作画不拘前人画法,大胆夸张,意境高远,将中国水墨画艺术个性发挥到极致。其作品不仅是丰赡的艺术瑰宝,还融入了中国传统文人的思想情操与风骨气节。1985年,联合国教科文组织将朱耷列为中国古代十大文化名人之一。

与朱耷同期的著名画家,还有江西画派的开派英才罗牧(1622—1705)。他的画笔意空灵,林壑森秀,墨气氤然,独具风格。尤其是笔下的花卉、人物、山水,艺术造诣很高,在江淮一带的画家中影响很大,曾被"扬州八怪"誉为"一代画宗"。康熙皇帝观看了他的画作后,十分赏识,特旌为"逸品"。

延续近三百年的清代,江西的文学大家似乎渐趋冷寂了。幸而有位蒋士铨(1725—1785),以自己的满腔热情和满腹才情,高举"文章本性情,不在面目同"的大旗,为后世留下了大量文学作品。粗略统计,蒋士铨现存诗2500余首、未刊诗数千首、戏曲49种,还有题材广泛的大量文章等。蒋士铨在乾嘉时期即颇负盛名,与袁枚、赵翼并称"乾隆三大家"。他的《岁暮到家》:"爱子心无尽,归家喜及辰。寒衣针线密,家信墨痕新。见面怜清瘦,呼儿问苦辛。低回愧人子,不敢叹风尘。"全诗感情真挚,语言朴实,与千古传唱、脍炙人口的孟郊《游子吟》有异曲同工之妙,引发了不同时代读者的共鸣与喜爱。

作为清末的古典文学余音绝响,江西出现了被誉为"中国最后一位传统诗人"的陈三立(1853—1937),是近代诗歌流派"同光体"(主张写诗不宗盛唐,以仿宋为主)的重要代表人物。梁启超在《饮冰室诗话》中曾这样评论:"其诗不用新异之语,而境界自与时流异,醇深俊微,吾谓于唐宋人集中,罕见其比。"1937年秋,北平沦陷。日伪政权对陈三立百般劝说,要他效忠日伪,遭到已85岁高龄的陈三立严词呵斥驱赶。后陈三立绝食五日而死,表现出一位中国文人铁骨铮铮的民族正气。世有《散原精舍文集》17卷出版。

值得在江西文化史乃至中国文化史上大书特书的,当然远不只上面所提及的这些名存千古的大家巨擘。还有许许多多才华横溢的文化人物,他们也曾叱咤文坛,名噪一时,只是由于历史云烟的重重遮蔽,使得今天的我们已难以洞悉他们昔日的辉煌,甚至许多颇有成就的人物,他们的真实姓氏也难以知晓。然而事实上,正是由于有着无数颗光芒四射的江西文坛明星,才镶嵌出一片璀璨的江西文学星空。

纵观这些文化巨子,其中哪一位都堪称开宗立派的风云人物,在中国文化史上都留下了深深的足迹。

数千年间,还有许多游历或仕宦于江西的文人骚客,他们不仅留下了不可胜数的诗篇华章,更为推进江西文化的发展,做出了光耀千秋的贡献。

例如几乎与陶渊明生年同期的谢灵运,在任江西临川内史的短暂期间,以其清新秀丽的山水诗,为当地人留下了永远铭记的谢公屐痕。唐太宗李世民有个最小的弟弟叫李元婴,在贞观十三年(639年)被封为"滕王"。他既是一位高明的画家,擅长蛱蝶图,又精通歌舞音律。到任不久,就在当时的南昌建起了一座瑰玮绝特的高阁。不仅为李元婴等赏景听歌观舞提供了一个绝佳的场所,也为南北文化交流构筑了一个精美的平台。二十二年后,初唐四杰之一的王勃,就是在这里挥就了那篇震烁千古的奇文——《滕王阁序》。绵延千年,仅在庐山一地,历代文人墨客就留下了一万六千多首诗词,如唐代有宋之问、张九龄、孟浩然、李白、白居易、颜真卿、杜牧、温庭筠等文坛巨子足至诗存,尤其是《望庐山瀑布》《大林寺桃花》等,不仅是学生课本中脍炙人口的名篇,也是登庐山者必睹为快的美景。而宋代以后的众多文坛巨匠,如范仲淹、三苏父子、周敦颐、陆游、辛弃疾、李梦阳、袁枚、王士禛、姚鼐等,他们在江西留下的书痕墨迹,均早已成为江西文学典藏中不可或缺的稀世珍宝。

距今一千三百多年前,著名诗人王勃省亲路过南昌时,曾盛赞江西人文荟萃的盛况,惊呼"雄州雾列,俊采星驰",真是"物华天宝""人杰地灵"!但那时的江西文化,还只是"小荷才露尖尖角"的初期,随之而来的盛唐,更有那百花争奇斗艳的宋朝、明朝,才是江西文化实力的集体精彩亮相。

无数镌刻在江西文化史上用金字大写的名人巨匠,海量凝结在中国文化史上的赣鄱华章,底蕴深厚的江西文化宝藏,砥砺奋进的江西文化精神,正期待着我们每一个有志于传统文化的爱好者去认识,去重读,去开掘,去发扬!

陶渊明：
田园诗歌开山祖

只因不愿为五斗米折腰，宁可过"晨兴理荒秽，带月荷锄归"的艰辛日子，陶醉于"采菊东篱下，悠然见南山"的清净生活，以诗文构建了桃花源般的太平世界。

人们常说：中国是一个诗的国度。这种说法，当然是基于中国诗歌的历史悠久，量多质高。那么寻根溯源，最初的中国诗歌始于何时？又见之何处呢？

毫无疑问，只有产生于西周初年至春秋中叶（公元前11世纪—前6世纪）的中国最早的一部诗歌总集《诗经》，才堪称之为中国古代诗歌的开端。据说春秋时《诗经》留存有各类诗歌3000余首，经过至圣先师孔子按照"思无邪"的标准进行一番删削编定后，终成为现在"风""雅""颂"三大部分共305首诗歌的面目。《诗经》的内容反映的是周初至周晚期约五百年间的社会面貌，按照鲁迅先生的说法，"《诗经》是中国最古的诗选"，"以性质言，风者，间巷之情诗；雅者，朝廷之乐歌；颂者，宗庙之乐歌也"。《诗经》中以"风"的数量居多，属民间无名氏的创作，数量过半达160篇；"雅""颂"虽可勉强考证出几位作者，但颇有些可疑，所以差不多也可归为无名氏的创作。

真正出现有名有姓的伟大诗人，应首推屈原（约前340—约前278）。这位忧国忧民的爱国诗人，也是中国浪漫主义文学的奠基人，"楚辞"文体的创立者和代表，无可争议地标志着中国诗歌进入了一个由集体传唱到个人独创的新时代。流传下来的屈原作品并不多，但其分量之重，意义之大，影响之深，传播之广，是后来人无可比拟的。屈原最为人所熟知的代表作，是政治抒情长诗《离骚》，以至后人常以"骚客"替代"诗人"一词。《离骚》与《诗经》中的"风"并称为"风骚"一词，则是泛指"文学"。

当汉赋的铺陈之风刮过之后，只见一位酒后轻抚无弦琴、春时荷锄南山种豆、秋深采菊东篱的老人，吟诵着"暧暧远人村，依依墟里烟。狗吠深巷中，鸡鸣桑树巅"的诗句，憧憬着远离战乱享有和平安宁的桃花源生活，从历史的深处，迈着晃晃悠悠的步子，向我们缓缓走来。

他，就是中国田园诗歌开山祖、自号"五柳先生"的陶渊明。这位江西唯一可与屈原、李白、杜甫、苏轼比肩的伟大诗人，他所开创的田园诗风和他的高洁品行，潜移默化地影响了一千六百多年来无数中国文人士子的人生理想和生命进程，成为后世士大夫的精神归宿。陶渊明归隐田园的清高脱俗举止，成为后世士大夫心目中至真至纯的典范。

家世显赫　生活拮据

陶渊明（约365—427），字元亮，后改名潜，字渊明。查查他的家谱，那可是十分显赫：曾祖父陶侃，是东晋的开国元勋，曾官至大司马，封为长沙郡公；他的祖父陶茂，做过武昌太守；他的外祖父曾担任过征西大将军桓温的长史。加之陶渊明的父亲陶逸也做过太守，按照通常的说法，陶渊明可真是含着金汤匙降生的。这种在蜜罐子里打着滚长大的富贵人家子弟，实在是太幸福了！不过凡事皆有例外，陶逸虽说官至太守，但因他为人处世性情澹泊，又去世过早，所以家道很快衰败下来。孤儿寡母三人相依为命，别说雇用家仆佣人操持生计，就连日常的衣食温饱都成了时时操心忧虑的大问题。曾经锦衣玉食的大户人家，随即如雪崩般迅速沦落为贫寒微贱的布衣之家了。无奈之下，母亲只得带着陶渊明和妹妹投奔自己的娘家，在渊明外祖父孟嘉处寄居。正是在这里的十来年时间，使幼小的陶渊明对已逝去十余年的外祖父有了一个直接的亲身感受，也对自己未曾谋面的外祖父有了一个全新的认识。可以说，随着对自己外祖父的传奇经历和各种逸闻轶事了解得越多，陶渊明就越加敬重这位外祖父；并在治学理想和性情爱好等方面受其巨大影响直至终生。

说起孟嘉，还真不是个等闲人物：他的曾祖父当过三国时吴国的豫章太守，官至司空；祖父曾为庐陵太守。自己更是少年时就名动京都，历任东晋庐陵从事、安西大将军功曹、江州别驾、巴丘令、荆州刺史、参军等职,后调任长史要职。即便辞官回乡,仍任阳新县令,被誉为"无与伦比阳新贤令"。就个人而言,孟嘉不仅学识渊博,胸襟阔大,对酒的深度爱好与见解也是世所罕见的。陶渊明幼年时对父亲的酒量可能印象不深,但移居外祖父家后,终日耳闻目睹外祖父喜好杯中物的逸事,或许就从这时萌发从而养成自己对酒的终生嗜好。此外,孟嘉还是陶渊明曾祖父陶侃第十个女儿的夫婿,而孟嘉的第四女嫁给了陶渊明的父亲陶逸,成了陶渊明的母亲。由此可知,当年陶、孟两家相互通婚,姑舅连亲,亲上加亲,世代绵延,彼此间的影响自不可低估。

天赋不凡的陶渊明自幼就受到良好的家庭教育,一般的识文断字自不必说,仅先祖的丰功伟绩,就激励沸腾着童年陶渊明的满腔热血,他自视肩负重大使命,要做出一番大事业,有一番大作为。然而所有这些,陶渊明都暗隐在心中,只是如饥似渴地积累着知识,积聚着力量,以便有朝一日报效国家,成就伟业。父亲的离世,使天性本就好静敏行的渊明变得更加寡言少语,对于名利之事淡然处之,只有喜欢读书的习性依旧。陶渊明还有个与一般儿童少年不同的特点,就是喜欢大量阅读各类图书,而不愿深钻细研探究字句后面的寓意。在这种如饥似渴的泛览过程中,一旦遇到与自己神会意合的好文章,陶渊明顿时会咧开小嘴眉开眼笑,显出一副心花怒放的样子,至于肚子是否已饿得咕咕直叫,则似乎失去了感觉。

小时的陶渊明聪明伶俐,不仅读书明理悟性很高,平时还注重锻炼身体,一有空闲就舞棍弄棒,据说剑术尤其精湛。这一切,都因为少年时期的陶渊明就怀揣着探究世界、建功立业的强烈欲望,先辈们的事迹更是在自己的心灵深处留下了难以磨灭的印象。

自从父亲早逝后,时在大司马桓温帐下任参军的叔叔陶夔在这危难时刻,义不容辞地承担起资助渊明一家生活的重任。因而一家日子虽说过得挺艰难,但总算能勉强度日。

理想梦碎　欣然远游

或许是贫困的生活和艰辛的操劳所致,在陶渊明十二岁时,有抚养之恩的继母已如风中残烛,过早地熄灭了。经过一段时间的丧母之痛后,陶渊明终于走出了个人的悲哀阴霾,重新恢复了少年时一直保持的"当拏云"精神状态,每日读书不倦,练武不止。多年后,陶渊明曾写了几句诗,回顾自己这段"青春期"积极向上跃跃欲试的心情:

忆我少壮时,无乐自欣豫。
猛志逸四海,骞翮思远翥。

用现在的话来说,就是诗人回忆自己年少时,虽然生活中缺乏乐趣,但自己的心中仍然充满了欢欣。为什么呢?因为自己在刻苦攻读和艰难磨炼中,已经生成了奋发有为的宏大志向,欲振翅高飞的激情梦想。这种如诗如歌的生命情调,岂是一时的困窘所能屈服的。

正是看到了侄子陶渊明的过人才气与不凡志向,可以承载家族的重托和希望。叔叔陶夔决定尽自己力量,助他实现人生理想。在陶渊明十九岁那年,陶夔给了侄子一笔盘缠,让他进京寻求仕宦之路,再不济也可结交问学一些硕儒名士。

此时踌躇满志的陶渊明大有后来李白的"仰天大笑出门去,我辈岂是蓬蒿人"的情怀,自以为此番远行,凭着自己的才学,完全可以上达天听,以遂尽忠报国之愿。

然而残酷的现实根本不是陶渊明所想象的那样简单。

东晋时的政治中心建康(今南京),像陶渊明这样一个没落仕宦子弟,在那儿仍是很没有地位的。偏安南方的东晋政权虽然与北方势力强大的十六国形成了长期对峙,但是依旧实行着等级森严的门阀氏族政治,甚至可说门阀制愈演愈烈已达鼎盛时期。虽然皇权衰落,但靠着宗室、外戚和门阀大族，重用从洛阳乔迁而来的北方世家望族以及少量南方氏族，内部矛盾重重的东晋政局犹得以苟延残喘。

明白朝廷用人大势之后，陶渊明自知以自己微贱的身世，纵然有满腹才学，但在京都还是根本没有安身立命之处的，于是毅然改变自己来京的最初目的，转而开始一段影响终生的长途游历。许多年后，陶渊明仍兴味犹存地回忆道：

少时壮且厉，抚剑独行游。
谁言行游近，张掖至幽州。
饥食首阳薇，渴饮易水流。
不见相知人，惟见古时丘。
路边两高坟，伯牙与庄周。
此士难再得，吾行欲何求！

有人说这首诗是假托现实中不存在的少年，以其仗剑远游、寻觅知音而不得的经历，来抒发自己深沉的愤世情感。真实情况可能未必如此。

陶渊明面对京城现实后，知道在那里完全不能实现自己的远大抱负。失望之余，转而开始了一趟计划外的远游：先是向西北方向长途跋涉数千里，来到位于被誉为"北国江南"的甘肃张掖。这里虽是当时的西部边陲，但也是当时中国北方佛教的中心，更是中国内地与西域通使和商贸的流转中心。然后转头南下，至北部边陲幽州（今北京及周边地区）。可别小看这幽州，在先秦两汉时，这里可是天下"九州""十三州"之一。幽州不仅是当时的北方军事重镇，也是交通中心和商业都会。大约三百年后，有位大诗人陈子昂就在这里登上幽州台纵情放歌："前不见古人，后不见来者。念天地之悠悠，独怆然而涕下。"可以想见，陶渊明一路游历这些地方，拜谒历史名人遗址，所观所感定然与过去只从书本中得来的印象大不相同。

三年后，陶渊明带着从未有过的体验与见识，回到久别的熟悉故里，回归久违的恬静田园生活。随后的几年里，他一如既往地读书写作，并完成了被人视为自况文的《五柳先生传》，偶尔他也会去地里干活，但绝不会是一个行家里手。像其他人一样，他还娶了媳妇，并生下了寄寓莫大欣喜与希望的大儿子陶俨。

一切似乎都接近完美，然而这种完美的后面，又潜伏着不可预言的危机。

出仕谋生　归隐随性

一个男人成熟的标志，多认为表现在成家立业上。

如今，陶渊明已成家了，但家贫如洗，以致"环堵萧然，不蔽风日，短褐穿结，箪瓢屡空"。也就是说，全家住在徒有四壁的破屋中，风可穿堂过，日可晒地面；粗布短衫不仅有洞，太烂之处还干脆打个结；每日饮食，多是吃了上顿愁下顿。虽然陶渊明自己可以"不戚戚于贫贱，不汲汲于富贵"，仍旧一副安贫乐道自在逍遥的心态，但要维持一个家庭的日常柴米油盐行的开销，终得要有一份稳定的收入才行呀。

就在陶渊明二十九岁那年，经人推荐，他谋得了第一份官职：江州别驾祭酒。

在州设立祭酒一职，《晋书·职官志》虽无记载，但在《宋书·百官志》的有关部分却描述甚详："晋成帝咸康中，江州又有别驾祭酒，居僚职之上。"祭酒掌管兵戎、治安、田租、户口、祭祀、农桑、水利、兵器，是州中一个举足轻重的职位。若是认真做，纵然一天忙到两头黑也有做不完的事。

江州有这个"别驾祭酒"官职，是大书法家王羲之任江州刺史时创设的。大概王羲之也有意远离日常繁杂琐屑事务吧，于是一拍脑子设立了这个类似"总管"的职务。后来他的二儿子王凝之继任江州刺史这个官职，听说有文武全才之称的陶渊明写了篇广为传诵的《闲情赋》，找来一读，自是赞不绝口。为免著名贤达无事赋闲，浪费人才遗珠乡野之虞，更为了自己有个好替手，于是特聘陶渊明任此别驾祭酒要职。

王凝之有乃父遗风，书法不错，还娶了个东晋大才女谢道韫，可惜迷上了道教，终日不大料理政务，满指望陶渊明能帮他决断各类事务。没想到陶渊明虽有才有识，可也架不住终日超越职权的奔波操劳，更何况陶渊明也希望有个职权相符顺理成章的职务啊。就这么硬撑着干了几个月，陶渊明不仅身体劳累，再加上各种冷言风语不时传入耳中，让他身心俱疲，于是下定决心辞职回家了。

一脸不解神情的王凝之心想：这个职位可是我老爸特设的，官不大权可不小，如今陶渊明不想干，是不是嫌这个官职小了啊？这好办，那就当我的副手吧，任命他当江州主簿好了，以后只要替我管好上传下达的文书往来就行。派员找了陶渊明几次，均被拒绝，王凝之只好摇头作罢。

只是辞官虽容易，但天天要打发的日子难过呀。此后，陶渊明又相继做了两次幕僚，时间也都不长。例如他三十六岁时在荆州刺史桓温手下当"参军"，有过奉命前往京都建康（今南京）的出使机会，但这种"机遇"于他却像在被迫啃鸡肋，没有半点乐趣。正如陶渊明晚年时所回忆的那样：

　　在昔曾远游，直至东海隅。
　　道路迥且长，风波阻中途。
　　此行谁使然？似为饥所驱。
　　倾身营一饱，少许便有余。
　　恐此非名计，息驾归闲居。

这种生存需求与精神追求的巨大反差，使陶渊明的内心十分纠结。在这种苦痛的挣扎中，陶渊明两次都没干多长时间，就辞职回家了。

陶渊明第四次也是最后一次做官，时间在东晋义熙元年（405年），这年他已四十一岁了。禁不住朋友的一再劝导，也有说是他叔叔见其家境破败不忍，就利用关系走了个后门，陶渊明正式出任江西彭泽县令，这可是在全县境内能做到说一不二的主官。本以为陶渊明以自己的满腹才学和一身正气，用不了几年，就会将彭泽治理得经济繁荣，社会稳定，政通人和，官清民富。陶渊明也确实打算多干几年，这从他最初计划把充作俸禄的官田全部种上可酿酒的糯米即可为证，当然最后因为妻子坚决反对，才改为少量种口粮，多数种糯米。不料上任才八十五天，陶渊明就义愤填膺地挂冠而去，此时离收获季节尚早，所以什么粮食也没收到一粒。

这是怎么回事呢？

原来浔阳郡的有关部门派了名督邮，要来彭泽县巡查。早在汉代时，督邮一职位低权重，到晋时已今非昔比，虽说官不大，却是上级官员的耳目。这种官员在上级机关的地位不起眼，但糊弄下面还是挺管用的，只因为他回郡里后，面见郡太守时要呈交巡查报告，有臧否下属官员的大权，故此颇有"见官大三级"的威风。陶渊明不了解这位督邮人品如何，但他的下属清楚，说是其人不仅官架子大得很，还吃拿卡要样样不落，不是盏省油的灯。下属还小心翼翼地建议陶县令要穿戴整齐，说话处事得谨小慎微，千万别让督邮抓住了什么把柄，到时给你穿了小鞋还误以为是自己的脚太大。

没等下属说完，陶渊明就气得脸红脖子粗：一个乡里小儿，竟然如此狂妄！可再细想一下：世道就这样，我能硬顶吗？我硬顶得了吗？前些年当江州别驾祭酒和幕僚的经历，不早已将结果证明给我看了吗？

想到这里，陶渊明不由得长叹了一口气：若只是为了这小小县令的五斗米薪俸，我就不得不低声下气、屈膝弯腰，低眉向这类家伙阿谀逢迎，丧尽人格，犯得着吗？算了，从此我宁可过一辈子穷困的田园生活，也不当这劳什子芝麻官了！

说到做到，陶渊明毅然决然取下官帽，封好官印，收拾好行李，不待督邮来到彭泽县衙,就扬长而去。没过多久,一篇荡气回肠的《归去来兮辞》开始在神州渐渐传诵开来。

前文所提及的轶事,虽然只是在《晋书》和距陶渊明去世约百年后的南朝梁武帝长子萧统所著《陶渊明传》中有所记载,但却被后世广泛认同。至于陶渊明本人亮出的辞职缘由,则说是因为急于为同父异母的妹妹奔丧而辞职的。不过按常理来推测,这个理由似乎站不住脚:妹妹去世,完全不同于因父母丧事需长时间守灵尽孝,你大可请上十来天个把月的假期呀,犯得着为此辞职丢掉好端端的铁饭碗吗?思来想去,只能说这应是陶渊明自圆其说的一句遁词吧。

陶渊明的性格,后来的李白是深得其精髓的:"安能摧眉折腰事权贵,使我不得开心颜!"当陶渊明泽被后世的诗文内容与人格魅力影响愈来愈广,"不为五斗米折腰"这一追求独立自由的个人行为,也就成了千余年来中国士子风骨精神的宝贵传承标志。

历史或许应该重重感谢这位督邮来彭泽的巡查,促使冲天一怒愤而辞职的陶渊明完成了从庸常到卓著的惊人蜕变,完成了从普通诗人到诗派宗祖的巨大跨越。正是从诀别官场走向归隐的这一刻开始,兵连祸结的东晋只不过流失了一个不称职的县令,而在江西的土地上一位伟大的田园诗人将横空出世,在中国文学史上将耸立一座万众瞩目的文学丰碑!

栖身南山　猛志犹在

回到农村老家后,陶渊明自觉如鱼儿入水鸟归林,心情自是十分舒畅,不由得诗兴大发,一连写了五首《归田园居》,其中第一首就兴高采烈地写道:

少无适俗韵,性本爱丘山。

> 误落尘网中，一去三十年。
> 羁鸟恋旧林，池鱼思故渊。
> 开荒南野际，守拙归园田。
> ……
> 户庭无尘杂，虚室有余闲。
> 久在樊笼里，复得返自然。

在此时的陶渊明心目中，十三年断断续续的仕宦生涯，既与自己的本性不合，更是浪费自己的大好时光，真是不该一而再地犯下误入官场歧途的大错！

回到农家居住的陶渊明，每日所思所为所言所见，均与普通农家人相同：社会交际大大减少，也不用去想那些接官送客无聊至极的琐事蠢事；与村里人相逢所谈，都是些有关桑麻等农作物的生长情况；平日里最担心的，莫过于因为恶劣天气，可能导致农作物歉收无收。"日出而作，日入而息。凿井而饮，耕田而食"的乡村生活，让陶渊明由衷地感到田园环境的单纯可爱。

尽管陶渊明的内心充满了回归田园的欣喜，但从小习读圣贤书，很少像真正的农夫那样从事艰苦的田间劳动，因而他在开荒种地等方面其实仍是个门外汉。只要看看陶渊明每天是怎样劳作的，就知道他离一个能养家糊口的地道庄稼汉，差距还有多远：

> 种豆南山下，草盛豆苗稀。
> 晨兴理荒秽，带月荷锄归。
> 道狭草木长，夕露沾我衣。
> 衣沾不足惜，但使愿无违。

在诸多农事活动中，种豆是一桩相对比较简单容易的事情，没有多少技术含量。像陶渊明这么早出晚归地辛勤劳碌，本该有个丰年好收成，却居然只落得个"草盛苗稀"的结果。可想而知,他还真算不上一个种田人,他也没有真正想过去做一个合格的种田人。辛苦一场,若是换了别人,早就灰心丧气,甩手不干了。幸亏陶渊明有一种苦中寻乐的闲适优雅心态,不仅间接承认了自己干农活技不如人,还喜滋滋、乐呵呵地挥笔写诗自嘲。这实在得益于陶渊明所独具的欣赏田园生活、享受心灵自由的超脱精神境界。在历经许多艰难困苦之后,唯一让陶渊明忧心的,是怕自己经不住未来仍受生活清苦、农活繁多的重压,而不得不放弃自己回归田园的初心宏愿。这并非杞人之忧,事实上陶渊明后来也承认,自己内心深处"贫富常交战,道胜无戚颜",也就是世俗的追求富贵与仁人的安贫乐道常常交替困扰着他。所以每当一大早,陶渊明走过草木繁盛的山间小道,被晨露沾湿衣服的时候,他想到的不是心疼衣服,而是担忧自己可能会迫于贫困生活的重压,转而放弃隐居的初心。所幸的是,最终陶渊明坚守住了自己的人格情操底线,即使在"老至更长饥"时,也没有为五斗米而垂下自己高傲的头颅,弯曲自己挺拔的腰身。这真是中国文化和文化人值得庆幸的事。

陶渊明归隐田园以后,实实在在地尽情享受着好长一段"暧暧远人村,依依墟里烟。狗吠深巷中,鸡鸣桑树颠"的田园乐趣。

就这么凑合着过了几年远谈不上衣食无忧但虽苦犹甜的日子,一场突如其来的火灾竟完全中断了陶渊明一家的平静生活。义熙四年(408年),陶渊明回乡第四个年头的农历六月中旬初,正是月儿将圆未圆之时。家中突遭大火,风疾火猛,很快就将陶渊明一直当作幸福港湾的八九间草屋烧得一干二净。百般无奈之下,只得全家寄居在船中,依靠亲友的接济度日。

经过整整三年的努力打拼,陶渊明一家终于搬到南村新家。为什么没有在原宅基地上重建新房?这可不是出于风水的考虑,也不是因为在南村可以建更大的新房。对陶渊明来说,在哪里居住都无关紧要,住房有多大也无关紧要,只需有张床歇息就行。最为陶渊明所青睐的,是南村有一群纯朴的乡里乡亲，相互串串门，其乐也融融，更不必说还有能够"奇文共欣赏，疑义相与析"的知音。因而能移居南村，岂不快哉！

尽管此时的陶渊明仍执着地认为自己"代耕（指当官领取俸禄）非所望，所业在田桑"，但他仍长期困顿在"日月掷人去，有志不获骋。念此怀悲凄，终晓不能静"的情感纠结中，难以释怀。在《读山海经十三首》之九，陶渊明在看似平淡的诗句中，却饱含热情地赞颂了与日竞走的夸父"余迹寄邓林，功竟在身后"的宏大业绩；在《读山海经十三首》之十，陶渊明则以崇尚敬畏和悲怆愤怒的诗句写道："精卫衔微木，将以填沧海。刑天舞干戚，猛志固常在。"这些"金刚怒目"（鲁迅语）式的作品，深潜着陶渊明郁郁不得志的报国情怀。

酒醉心明　菊香人清

陶渊明的嗜酒，那是出了名的。他不仅像其外祖父那样，能够进入喝酒知趣尽兴的特殊境界，还是中国第一位尽情吟咏饮酒的大诗人。除了散见于单篇诗文中的酒内容外，他还专门写了《饮酒》诗二十首。这组以饮酒为名的诗歌中，直接吟酒的文字很少，多是以醉酒人的身份和语态，连讥带讽地指斥是非颠倒、腐朽黑暗的官场和世俗社会。

陶渊明的好酒，虽然有其先辈的影响，但更多的原因，应该是在进入官场之后对社会现状产生深深的失望所致。如今回归田园，没有了官场规矩的约束，喝起酒来就更是放浪形骸无所顾忌了。

看到曾经的"达官贵人"，如今"沦落"到与普通农户人家毫无二致，有位老农不免为之叫屈，意欲劝说陶渊明"重操旧业"，去走仕宦"正途"。于是在某天，老人特地带着一坛新酿的米酒，一大早就敲响了陶渊明的家门。

陶渊明为这事写下了这样的诗句：

清晨闻叩门，倒裳往自开。
问子为谁欤？田父有好怀。
壶浆远见候，疑我与时乖。
褴缕茅檐下，未足为高栖。
一世皆尚同，愿君汩其泥。
深感父老言，禀气寡所谐。
纡辔诚可学，违己讵非迷。
且共欢此饮，吾驾不可回。

诗中所描述的内容，是陶渊明听到急急敲门声，赶紧找了件外衣随意往身上一套，谁想竟穿颠倒了，情急之下也顾不上，得先把门打开，可别怠慢了老友。一问才知，原来是老农带来了他的一番好心意：远道送来一壶好酒，不为别的，只是因为内心觉得像陶渊明这样的高人雅士，由于与时世不合流而落得个身居茅屋、衣不遮体的结局，不能顺情合理地享受高官厚禄，实是屈才啊。就算是要隐居，也得过上衣食无忧的温饱生活呀。再看看社会上，哪里不是趋炎附势、同流合污的怪现状盛行？为着您自己和您的家人生计，劝您不要一意孤傲清高，还是应该随波逐流，出仕为官，换得富贵荣华，荫蔽子孙。

老人的一席话，情之殷殷，意之切切，颇有《楚辞·渔父》中的渔夫话语余韵。然而陶渊明在对老人的好心表达了一番谢意后，亦如当年的屈原一样申明了自己不可逾越、不可变更的底线：以我的禀性气质，是断不能与当今的污浊世俗相融相洽的。若是为了生活的舒适而背弃初心，挽辔回车，再入仕途，岂不是让猪油迷心，重犯糊涂了吗？我意已决，绝无回头之理。罢罢罢，咱们今天不谈这个，还是借着您送来的美酒，痛痛快快地举杯畅饮吧！

在陶渊明的朋友圈里，除了乡间野老的酒友外，很少有官员名录。罕见的几位，也必定连带了一串故事在内。

江州刺史王弘很想结识乡贤陶渊明，托人告知。而陶渊明却对这位高官很不在意，觉得没有必要相识，于是就假装生病拒绝了。王弘自知仅靠自己的一厢情愿根本行不通，因为此前就有官员曾给陶渊明送去酒和肉，结果吃了闭门羹，面子上很下不来。此路不通另选路，王弘转念动起了别的脑筋。

一天，王弘安排的眼线来报告：陶渊明某天要去庐山。得知这个消息，王弘大喜，立即请出陶渊明的老朋友庞通之在上庐山的半道小亭，准备好一桌丰盛的酒席，专候渊明上山。果不其然，正当陶渊明走得口渴腹饥体乏之时，眼前忽现一凉亭，凉亭内还有一桌酒席，酒席旁居然还端坐着自己的好友庞通之！于是大喜过望，也不问缘由，立即与好友大口喝酒大块吃肉。这时，身穿普通白衣而非官服的王弘假装路过，便趁机也坐下来，加入饕餮的行列。陶渊明见此，自是心知肚明个中缘由，三人把酒言欢，直至大醉方休。从此陶渊明就把王弘拉进了朋友圈，彼此成了相识相知的好友。

陶渊明虽然十分好酒，但家贫难得沽酒机会，朋友相邀也屈指可数，真正能大醉方休的机会更是少之又少。即便如此，每次在将醉欲睡之时，仍不忘礼节性地请友人不要管他，只管各自散去。

或许是由于家人和友人的劝告，偶尔陶渊明也会自问：我是不是该戒酒了？灵感涌来，谈笑间便挥笔写下一首《止酒》诗：

居止次城邑，逍遥自闲止。
坐止高荫下，步止荜门里。
好味止园葵，大懽止稚子。
平生不止酒，止酒情无喜。

暮止不安寝，晨止不能起。

日日欲止之，营卫止不理。

徒知止不乐，未知止利己。

始觉止为善，今朝真止矣。

从此一止去，将止扶桑涘。

清颜止宿容，奚止千万祀。

读毕全诗，方知陶渊明真正想的，只是可以住在城郊，因为能够自由自在；可以坐在大树浓荫之处看看书，不出柴门的家中小院踱踱步；可以只吃自家园中的蔬菜为满足，也可以仅与自己的孩子膝下承欢。但唯有这辈子不能"止"酒，因为戒了酒人生就没有乐趣。接下来，陶渊明更是理直气壮地高谈阔论起来：我若是晚上不喝酒就难以安然睡着，若是早上不喝就会赖在床上起不来，若是天天脑子里都在想着戒酒这件事，那浑身的经脉气血都会紊乱衰弱。我只知道喝不上酒就心情不畅，哪知戒酒还有利于自己的身体。现在才明白戒酒是件大好事，从今天起就真的与酒一刀两断。就这样日复一日戒下去，一直戒到在太阳升起之处成仙如何？那时换成一脸清秀不再是旧模样，返老还童，岂止能活成千上万年！

从这些诙谐幽默的诗句中所传达出的本意，分明是不屑戒酒，嘲弄戒酒，哪里有丝毫"止酒"的意愿啊。倘若有人将当年"抚剑独行游""猛志逸四海"的风华少年与如今自甘小家田园之乐似乎毫无"进取"之心的陶渊明作比较，不免会有恍然如隔世之长叹。

其实在这年复一年捉襟见肘的窘困岁月里，陶渊明在心灵深处只青睐两种植物，一为青松，一为菊花，尤以后者为甚。青松，人们早已知道"岁寒，然后知松柏之后凋也"的至理名言；而菊花，历来人们对它在田间地头路边，以柔弱之身却在冷雾寒霜袭来的秋季，倔强地奉献自己的缕缕清香报以由衷的赞美。至陶渊明，就更是赋予了它清幽、高洁、坚韧、顽强的品格,写下了许多脍炙人口、影响深远的诗句。例如:"秋菊有佳色,裛露掇其英。""采菊东篱下,悠然见南山。"这种浪漫,当然绝不会是出现在"种豆南山下,草盛豆苗稀。晨兴理荒秽,带月荷锄归"的辛苦之时。后人萧统曾记载了这么一件轶事:九月九日重阳,陶渊明走到住宅边的菊丛中,左顾右盼地欣然坐下。坐的时间长了,仿佛是不经意间,手中就留下了满把的菊花。后来的人出于对陶渊明的敬仰,将此事化为了许多浪漫的想象。如唐代大诗人元稹就写下了这样的《菊花》诗:"秋丛绕舍似陶家,遍绕篱边日渐斜。不是花中偏爱菊,此花开尽更无花。"

或许正因陶渊明所生活的时代,让他有着太多的失望与悲伤,才让陶渊明不得不在酒杯里、在诗句中,寄寓了他太多难以明说的复杂情感和慨叹。

在世清贫 身后名扬

尽管陶渊明出身于仕宦人家,但在他的记忆里,富足奢华的日子很可能屈指可数,倒是贫困拮据的生活如影随形,一直没间断过。到四十一岁愤然辞去彭泽县令归田以后,突遭的火灾,沉重的家庭负担,以及年岁增大变老体弱多病,经济上就更是穷困潦倒,苦不堪言。

元熙二年(420年),刘裕弑君篡位,建立南宋,东晋就此灭亡。陶渊明知道后,愤而将自己的名字改为"陶潜",以表达"永不出仕"的坚定决心。

虽然生活依然困窘,但陶渊明对自己心目中的理想社会从没停止过追求。目睹现实政治的黑暗腐朽,人民生活的饥寒交迫,他抱病写下了流传百世的《桃花源记》,假想在风雨飘摇、民不聊生的晋太元(376—396)时期,竟然有这么一群平民百姓,他们生活在"不知有汉,无论魏晋"的世外桃源之中:

土地平旷，屋舍俨然，有良田美池桑竹之属。阡陌交通，鸡犬相闻。其中往来种作，男女衣着，悉如外人。黄发垂髫，并怡然自乐。

在《桃花源记》里，陶渊明苦心孤诣地构建了一个人类从未有过的理想世界：在这里，人们没有为权利的钩心斗角，更没有你死我活的残酷战争，有的只是老少相安的怡然自乐、祥和纯朴的人际关系、美丽宁静的田园风光、真诚流露的好客热情。比起春秋时老子"鸡犬之声相闻，老死不相往来"的理想国，当然更纯朴得多，更美好得多。

毫无疑问，陶渊明具体形象地诠释了他所钟情的一个社会形态样本，令后世无数人为之景仰和向往。他也从一个当初仅因厌恶当官转而隐居田园，到为民众创造一个人人艳羡的和谐社会理想，完成了从小我到大我的根本性转变。

大概在陶渊明五十八岁那年，恰逢"旧谷既没，新谷未登"的青黄不接之时，又正值灾荒。想到往后岁月悠悠，前路漫漫，而一家人的肚子却无法填饱，陶渊明不由得愁容满面，眉头紧锁。思前想后，感触良多，遂捉笔成诗《有会而作》："弱年逢家乏，老至更长饥。菽麦实所羡，孰敢慕甘肥！"日子过得这般艰难，几近绝境，难道老天要逼我改弦更张，回心转意不成？但君子固穷，节操必守啊！

陶渊明是这样想的，也是这样做的。

朝廷欲征召陶渊明为著作郎，参与编纂国史。陶渊明得知后，没有半点喜色，而是一口拒绝。

元嘉元年（424年），江州刺史檀道济带着肉和粮食，亲自来看望贫病交加中的陶渊明，劝他道："贤者在世，天下无道则隐，有道则至。如今您生在文明之世，干嘛要这样自己苦自己呢？"陶渊明见话不投机半句多，就正言厉色地挥手驱客，连带那些丰盛的礼品也一概拒之门外。

元嘉四年（427年）九月，贫病之中的陶渊明自知来日无多，生性达观的他自撰了三首《拟挽歌辞》，其中第二首读毕，尤其令人为之心酸泪目，唏嘘不已：

在昔无酒饮，今但湛空觞。
春醪生浮蚁，何时更能尝？
肴案盈我前，亲旧哭我傍。
欲语口无音，欲视眼无光。
昔在高堂寝，今宿荒草乡。
荒草无人眠，极视正茫茫。
一朝出门去，归来夜未央。

诗中，陶渊明预想在自己死后被祭奠时的情景：过去想喝酒却无酒，如今澄清的米酒斟满空杯，表面的酒糟都可看见，只是我什么时候才有福分品尝呢？美味佳肴摆在我的面前，亲戚朋友却在旁边号啕恸哭。我欲言说却无声音，欲辨认却双眼无光……这一抬出家门，再想归来只怕是遥遥无期啊！

这年十一月，中国田园诗歌开山祖陶渊明在贫病交加中，永远离开了他所热爱的田园。据他的好友颜延之所作的《陶征士诔》所记，陶渊明是罹患疟疾而去世的，没有服药，也没有祷祀，只留下"省讣却赠，轻哀薄敛"的遗嘱。想来这不光出于陶渊明对生命逝去的平静豁达，还有他穷愁潦倒甚至外出乞食而不得不如此的原因吧。

陶渊明逝世后，在当时的社会并没产生多大的影响，只有他的生前至交颜延之为他写下了一篇《陶征士诔》，个人给了他"靖节"的谥号。在诔文中，颜延之只是褒扬了陶渊明一生的品格和气节，对他的文学成就则没有充分肯定。此后几十年，刘勰所著的《文心雕龙》对陶渊明只字未提，钟嵘所著的《诗品》只将陶诗列为中品，但首次称陶渊明为"古今隐逸诗人之宗"。

真正确立陶渊明在中国文学史上的重要地位,是在他去世近百年后,由梁朝昭明太子萧统完成的。萧统对陶渊明的诗文非常重视,可说是爱不释手,甚至专门为陶渊明编定诗文集,这也是中国文学史上第一部文人专集。他还精心撰写序言和传记,高度评价"其文章不群,辞采精拔,跌宕昭彰,独超众类,抑扬爽朗,莫如之京",一言以蔽之,陶渊明的诗文艺术成就无人能及。

客观地说,陶渊明的诗文作品在后来流传得越来越广,影响越来越大,萧统的慧眼识珠和极力推崇功莫大焉。

陶渊明其人其诗文,对后世的影响之大难以评说,其中尤以唐宋文人受其影响为巨。可以毫不夸张地断定,几乎每位有一定成就的文士骚客,都程度不同地喜爱、推崇和效仿过陶渊明的人品与诗文。

被认为是唐代主要田园诗人的王绩、王维、孟浩然、祖咏、储光羲、常建、裴迪、綦毋潜等,都是深受陶渊明影响的卓著者;而李白、杜甫、白居易等,都对其抱有发自内心的尊崇。如李白有诗:"渊明归去来,不与世相逐。为无杯中物,遂偶本州牧。因招白衣人,笑酌黄花菊。"杜甫将其引为知己:"宽心应是酒,遣兴莫过诗。此意陶潜解,吾生后汝期。"白居易探寻陶渊明故居后,写下了长诗《访陶公旧宅》:"垢尘不污玉,灵凤不啄膻。呜呼陶靖节,生彼晋宋间。……我生君之后,相去五百年。每读五柳传,目想心拳拳。……"

到了宋代,诸多名家更是对陶渊明推崇备至。

一代文坛领袖欧阳修盛赞《归去来兮辞》:"晋无文章,唯陶渊明《归去来兮辞》。"

创立"王荆公体"的著名文学家王安石在读过《饮酒其五》后,高度评价:"渊明趋向不群,词彩精拔,晋宋之间,一人而已。"

而代表宋代文学最高成就的苏轼，对陶渊明的崇敬更是无以复加。他曾在给弟弟苏辙的信中说："吾于诗人无所甚好，独好渊明之诗。渊明作诗不多，然其诗质而实绮，癯而实腴，自曹（操）、刘（禹锡）、鲍（照）、谢（灵运）、李（白）、杜（甫）诸人，皆莫及也。"晚年时，同样是在给苏辙的信中说："深愧渊明，欲以晚节师范其万一。"他心追笔随，曾写有《和陶止酒》《和陶连雨独饮二首》《和陶劝农六首》《和陶九日闲居》《和陶拟古九首》《和陶杂诗十一首》《和陶赠羊长吏》《和陶停云四首》《和陶形赠影》《和陶影答形》《和陶刘柴桑》《和陶酬刘柴桑》《和陶郭主簿》等109篇和陶诗，足见陶渊明在苏轼心目中占有任何人都无可替代的地位。

南宋爱国诗人辛弃疾，在报国无门、壮志难酬的境况中，同样把陶渊明引为知己："须信此翁未死，到如今凛然生气。吾侪心事，古今常在，高山流水。"辛弃疾甚至认为："须信采菊东篱，高情千载，只有陶彭泽。"这种"千古一人"的至高评价，绝不是那些自封为"天才""伟大"的诗人可以浪得的。

近代大学者王国维则从另一个角度，褒扬陶渊明等人："三代以下诗人，无过屈子（屈原）、渊明、子美（杜甫）、子瞻（苏轼）者。此四子者，若无文学之天才，其人格亦自足千古。"

著名美学家朱光潜则赞叹道："渊明则如秋潭月影，澈底澄莹，具有古典艺术的和谐静穆。""渊明在中国诗人中的地位是很崇高的。可以和他比拟的，前只有屈原，后只有杜甫。"

1959年7月，是政治家也是诗人的毛泽东写下了一首《七律·登庐山》，最后两句是："陶令不知何处去，桃花源里可耕田。"其定稿前的原句为："陶潜不受元嘉禄，只为当年不向前。"是指陶渊明不愿为五斗米折腰而愤然辞职，只是因为当时的社会黑暗腐朽，官场腐败，自己想为民众办事却根本干不成。而修改后的诗句，可推测毛泽东的本意，是说陶渊明虽已离去近一千六百年，但他所追求的政治清明廉洁、社会稳定祥和、人民安居乐业的理想国"桃花源"已在新中国得到实现。倘若陶令在世，无论从政务农皆可顺心遂意。

陶渊明墓址，坐落在庐山西南的面阳山南坡，北依汉阳峰，南望黄龙山。如此选址，既满足了陶渊明生前"居止次城邑，逍遥自闲止"的心愿，又具有"采菊东篱下，悠然见南山"的情趣，足见设计者的独具匠心和慧眼美意。

陶渊明纪念馆，则位于庐山西麓的柴桑沙河街的东北方向，是1985年在原陶靖节祠的原址上扩建而成。虽面积和实物较旧祠多了不少，但古意内蕴却似乎淡化了许多。

让人为之惊叹不已的，是千里之外的重庆，竟在国家5A级旅游景区酉阳桃花源二酉山打造了一个"五柳广场"，立有一座世界上最高的陶渊明石雕像，成了二酉山世外桃花源文化主题公园的标志性景点。

后人对陶渊明的诸多评价与各种纪念物，或许有违陶渊明的本意初心。但透过这些继承他创立的热爱生活、追求自由、崇尚纯真、乐观随性的田园文学精神，并以之滋润人们的心田，陶冶人们的情操，则是功在当代利在千秋的惠民壮举。

乐史：
史地巨著惠千年

两朝进士，一介书生。身在宦海，情痴著述。妙手撰写传奇小说，慧心凝结锦绣诗文。以区区一人之力，成就百三十万字皇皇史地巨著《太平寰宇记》，建立惠泽千年的功绩。

在中国，要真实、准确、详细、系统地了解一个地方在自然、政治、经济、文化、社会的历史与现状的方方面面情况，最有效也是最迅捷的办法，就是找来一部厚厚的方志。方志又称地方志，里面的内容几乎包罗万象，应有尽有，对想知道的情况会有详略不等的记载。

地方志，的确是中国传统文化的瑰宝。

虽说"方志"这个词，早在成书于战国时期的《周官》中就已出现，但最初的方志，并不是今天这个模样，而是经历了一个漫长的发展演变过程。

溯其源流，大致有三个出处：一是古代的"国别史"，如晋国的《乘》、郑国的《志》、鲁国的《春秋》等，以重要人物的活动为主线，均有专职的史官编撰；二是古代的地理书，如《山海经》《禹贡》等，记载国家和地区的山川地貌等自然情况；三是古代的地图，在这种"土地之图"上面，还根据需要标注了行政区划、山脉、土地等情况，说明的事项越来越详细，就成了"图经"。

随着历代政治、经济、文化的发展，起源于春秋战国时期的国别史、地理书、地图既有各自的独立发展，又有相互间的借鉴融合。

魏晋南北朝时期，以人物为主要内容的有耆旧传、先贤传等，以地理风俗为主要内容的有异物志、水道记、山水记、地记、风俗记等。到了隋唐时期，才由朝廷号令编纂规模和难度较大的图经，内容包括建置沿革、地名由来、山河走向、物产情况、风俗民情和名胜古迹等。至此，史传、地理、地图（图经）各自都发展到很完备的高度。

大约在北宋雍熙年间（984—987），京都风传尚书省兵部职方司员外郎乐史编撰了一部皇皇巨著《太平寰宇记》，洋洋一百三十余万言。作者在"自序"中毫不掩饰地自夸：只要读了他撰写的这部书，就能够"万里山河，四方险阻，攻守利害，沿袭根源，伸纸未穷，森然在目"，就可以做到"不下堂而知五土，不出户而观万邦"。口气之大，气势之盛，可说是无以复加，令人瞠目。这事很快传到当朝皇帝宋太宗赵炅耳中，只见他含笑点头，连连赞道："乐史实乃笃学博闻之人也！"

这部"卷帙浩博而考据特为精核"的巨著，成为以记载地理为主发展到以地为纲的第一部史籍。这一质的变化，不仅标志着它的作者乐史成为创立我国方志写作体例的第一人，也奠定了乐史成为划时代地理学家的崇高地位。

从此萧规曹随，中国特有的方志撰写体例，就沿着《太平寰宇记》开创的道路，走过了一千多年。

生于乱世勤读书

乐史（930—1007），字子正，号月池，抚州宜黄（今宜黄县黄陂镇霍源村）人。近年亦有崇仁人一说，理由是乐史出生时，宜黄尚属崇仁管辖，直至开宝三年（970年）宜黄才从崇仁分离出来正式建县；乐史归葬地是回原籍，在崇仁的青云乡六都官山村，即现在的崇仁河上镇张家官山村。这里暂且沿袭主流说法，仍将乐史视为宜黄人，待出现更多有说服力的确凿论据再修改吧。

乐史出生前后的数十年，正处于唐代末期，风起云涌的农民起义失败后，各地的大小军阀和豪强势力纷纷乘机割据为王，继而相互之间激烈争夺，不断兼并土地，扩大势力范围，逐渐形成五代十国的政权混乱状态，广大民众则哀鸿遍野，处于水深火热之中。

史料记载，乐史的原籍为河南南阳邓州，其先祖多为唐朝官员。当时的乐氏家族在南阳很有名望，属于当地的望族。乐史的祖父乐程官至太常博士，父亲乐璋曾任刑部郎中。

据王安石在北宋熙宁八年（1075年）正月撰写的《乐氏源流前序》记载，

宜黄县黄田镇（今黄陂镇）霍源村乐氏，其始祖即乐璋，曾在临川任县丞，并在这里娶妻吴氏。或许是对污浊的官场久已生厌，乐璋决定辞官隐居。和他们一起居住的，还有乐璋的两个弟弟乐瑜和乐瑛。很显然，战乱频繁的北方老家既不愿回，也是很难回去的，只有政治、经济相对稳定的南方还有着较强的吸引力。因而乐璋选择在远离临川的南边山村隐居，虽然每日生活清闲，但妻子已近四十了，却还没有子嗣，这让全家十分焦虑不安。听人说位于崇仁五十六都的华山寺菩萨很是灵验，于是大约在龙德三年（923年）的某一天，乐璋与夫人一起打点行装，前往华山寺祈福求子。他们途经宜黄县黄田镇的霍源时，见这里山水清丽，树木丰茂，并于深崖僻谷中发现一大片平旷土地，将来子孙后代繁衍生息至数百家亦可衣食无忧，不禁心中大喜，当即决定就在这块风水宝地安顿下来。说来这趟华山之行还真管用，不仅就此确立了乐氏长期安家落户的地方，还在数年后，喜添一男丁，这就是乐史。

有传说，乐史的母亲吞了一颗奇异之人给的五色珠，因此才怀上了乐史。这种传言当然完全不可信，只不过是后来的乐史太过优秀，所以民间难免会风传些奇异之说，以显其天才出自天意、凡人不可强求的神秘。

乐璋一家虽然在霍源定居下来了，但要为乐氏家族的兴旺发达奠定扎实的千秋基业，还是极为艰难的。毕竟当时正处于五代十国的兵荒马乱时期，百姓连基本的生存条件都难以得到保障，而此时的乐家也正身处困厄潦倒之境，生活拮据日子难熬。但仕宦出身的乐璋并未丧失对美好前途的希望。他深信久乱必治、久分必合的历史规律，自认为隋唐开创的科举制度还将延续下去，那些留存的诗书典籍非但不能废弃，还得派上大用场。因而督促儿子乐史读书识理，就成了在山乡隐居的乐璋最上心的头等大事。

小乐史也的确不负父母厚望，据说他自幼就聪慧好学，记忆超人。在他三岁时，父母就开始教他识字，到了五岁时已能背不少唐诗。至六岁时，就能够初步理解"四书""五经"的大致意思，对于《论语》《孟子》的一些章节，甚至能够背诵。

和许多名人一样，在乐史成长的过程中，也少不了榜样的力量，尤其是最能激励乐史成长的先祖，生于战国后期的杰出军事家、燕国上将军乐毅。这位辅佐燕昭王振兴燕国的上将军，初为亚卿，后受封昌国君。其最为人熟知的事迹，是统帅燕、赵、楚、魏、秦等五国联军攻打齐国，一鼓作气连下七十余城，不仅洗雪了过往强齐伐燕的深仇大恨，还创造了中国古代战争史上以弱胜强的著名战例。这位乐氏家族中神一般存在的人物，虽然没有推动乐史也成为一名叱咤风云驰骋疆场的武将，却促使他蜕变为一位笔走龙蛇彪炳史册的文臣。

许多年过去了，乐毅、乐史都已相继成为乐氏家族的骄傲与荣光。在不少乐氏宗祠的大门两侧，往往会张贴这样两副对联："太平著记，昌国封君。""亚卿封于昌国，子正誉满神州。"说的就是这对文臣武将风光的顶点。当然，这都是许多年后的后话。

当乐史十六岁时，他就前往县城北的东林寺，自此两耳不闻窗外事，一心只读圣贤书。在这个幽静的好地方，乐史广泛涉猎了经史子集，博览强记，为日后的厚积薄发打下了扎实的基础。教他的先生只要和别人提到乐史，就高兴得合不拢嘴，直夸他日后必定前程无量。

按说以乐史满腹经纶的学问底子，要跨入进士的门槛应该不是个难事。可偏偏几次赴京应试，都是信心满满而去，灰心丧气而归。

然而天道酬勤，是金子终究会闪亮发光。

宋太祖建隆三年（962年），也就是那个治国是庸君、文艺是天才的李煜（又称李后主）即位第二年，已是33岁的乐史似乎才时来运转。在这年的贡举考试中，乐史不仅高中进士，而且是五名进士中的第一名，还是抚州地区自隋唐开科选士以来的"开山状元"。由于此时的南唐已是日薄西山,人才凋零,五名黄榜进士皆是久考未中者,因而被一些轻薄少年讥笑为中了"陈橘皮榜",意为他们是凭考试年资才上榜的。事实上他们都是被耽误了的饱学之士,是南唐书生中的翘楚,年少无知人的嘲讽之语完全是无稽之谈,纯属吃不到葡萄叫酸的羡慕嫉妒恨的心理作祟。

传说乐史启程赴江宁(今南京)赶考后的某一天,他家旁边的池塘中突然跃出一条巨蟒。只见这条巨蟒双目炯炯有神,全身金光灿灿,同时天空传来阵阵雷声,大雨倾盆而下。就在这惊世骇俗的雷雨之中,巨蟒化身为金龙,腾云驾雾扶摇直上天穹。数日后,捷报传来,乐史高中进士,名列榜首!于是,人们就将乐家旁边的那口水池称之为"化龙池"。

这些传说,当然是不值一驳的虚言妄语,大可不必理会。乐史之所以能够名列进士榜首,其实与主持这次贡举考试的乔匡舜大有关系。原来这位乔匡舜不仅是个高官,更是位文学大家,诗书文章十分了得。他曾任知制诰、中书舍人等要职,只因进谏中主李璟亲征周师一事,于南唐保大十二年(954年)被贬至抚州。而正是这因缘际会,让他知晓在抚州颇有声名的才子乐史,并有过亲自测试其才学的机缘。当李煜在建隆二年(961年)继位后,立即召回乔匡舜,并委以水部员外郎一职,不久又改为司农少卿、殿中监,参与修国史等,第二年改任知贡举,后升任刑部侍郎等职。估计这位乔匡舜一看到知根知底确有真才实学的乐史的考卷,定是喜不自胜,于是毫不犹豫地当即内定为第一,只待皇上正式恩准了。当然皇帝李煜更是个文学高手,岂会不识乐史这块"荆山玉"似的罕世奇才?自然是欢欢喜喜地御笔一挥,算是金口玉牙"钦定"了。随后,授予了乐史第一份官职:秘书郎。

不过也有资料说,在此前的南唐中兴元年(958年),乐史29岁时,由于中主李璟的弟弟齐王李景达在临川,得知乐史的落魄情况,于是以"故家子弟"的身份,"召掌奏笺,授秘书郎",甚至还任临川县丞一职。此说似有些可疑，姑且存而不论。

风雨飘摇中的南唐并没有存在多久，很快就随着赵宋十万大军攻克金陵、末代皇帝李煜被俘而灰飞烟灭。当宋太祖赵匡胤一统天下之后，乐史也随之转入新政权中。由于是降臣，在政治上不受待见，于是外放担任平原（今山东陵县）主簿一职，一个掌管文书、无足轻重的小官。

这对功名利禄有所追求，渴望能在政治上有所作为的乐史来说，自然非常失望，只能半被迫半自愿地把主要精力投入到观览群书奋力著述之中去。

仕途狭窄文路宽

太平兴国五年（980 年），乐史已过五十了。只因是前朝进士，尽管还是状元，但不为当朝承认，更谈不上重视。

为了证明自己的才学不是浪得虚名，摆脱被轻慢歧视的尴尬处境，乐史不顾已是知天命的年龄，以在职官员的身份，重新参加宋朝的贡举考试，不出意料地又一次喜中进士。有人经过考证后得出结论，乐史这次参加考试，仍然是高中头名状元。但按照规矩，在职官员的考试成绩是不被认可的，因而就算考上了进士也不算数。好在最终结果还是多多少少考虑了实际情况，授予乐史左武城宰掌书记职务，也就是相当于辅佐当地行政长官的机要秘书，说好听点也就是个秘书长吧。

虽然重新安排了个"掌书记"的官职，但因年过半百，尤其是无法摆脱前朝官员的印记，这让乐史在日常工作中难免常遭白眼，尽受排挤。

好在宋太祖为让赵氏天下长治久安，吸取了五代政权不断易手的教训，加强了中央集权制度，制定了一系列抑武重文的国策，包括优待文臣学士。在科举考试中，废除门阀制度，面向文人，不分出身、门第、乡里，均以文章取士,并一再扩大取士的名额,让众多十年寒窗的读书人看到了希望。而在职官员,亦可通过诗赋文章、典籍整理等文化业绩,得到朝廷赏识和升迁的机会。乐史看准了这个可以改变自己命运的机遇,于是更加努力地专注于写作之中。

数年后,宋太宗已知道乐史"文辞博赡,材器恢宏",确属世所罕有的饱学之士,深为不能给予其功名感到惋惜。或许宋太宗觉得既然规矩是君王定的,君王也可以变更成规,就仍赐给乐史进士及第,附在太平兴国五年第一甲进士之下,并将他提拔为著作佐郎。后来乐史离开京城去陵州(今四川仁寿)当知州期间,太宗得到他献上的《金明池赋》,觉得乐史是个奇才,放在身边著书立说更合适,于是将他召入朝廷任三馆(史馆、昭文馆、集贤院,为宋代掌管图书、编纂国史的机构)编修。

此后,乐史又分三次,向朝廷献上自己编撰的大量作品,其中包括《贡举事》二十卷《孝悌录》二十卷《续卓异记》三卷《广孝传》五十卷《总仙记》一百四十一卷、《广孝新书》五十卷、《上清文苑》四十卷等,以求博得朝廷的重视。

乐史先后担任过著作郎、直史馆、太常博士、职方员外郎等官职,以及舒州(今属安徽安庆)、商州(今属陕西商洛)等地的地方官,历任太祖、太宗、真宗三朝。总体来看,历经数十年的仕宦生涯,无论他所任的是什么官职,都能做到兢兢业业,尽职尽责,清正廉明,体恤下情。

雍熙三年(986年)初,宋太宗赵炅被乐史勤于著述的事迹触动,决定用其所长,吩咐安排乐史"迁著作郎,直史馆",还赐绯鱼袋转太常博士。要知道直史馆是宋朝初年设置的一种馆职,只需任职一两年,就会被委以重任,甚至越级提拔。可见能任直史馆职的,都是潜在的高官苗子,前程难以估量。但是或许乐史太过于沉浸广博高深的学问,最终仕途狭窄,上升空间有限。然而细考当时的政治环境,也不难理解乐史专注写作的难言之隐，那就是他身为前朝的文臣学士，除了迎合现任最高统治者整理典籍之外，想在仕途上有大的作为只能是一厢情愿。所以乐史一心埋头故纸典籍并大量著述，重新参加进士考试，四次向朝廷献书，都是希望借助个人奋斗，以改变自己从南唐入宋的"二臣"痕迹。正如他在《太平寰宇记》自序中所说："臣职居馆殿，志在坤舆，辄撰此书，冀闻天听……"直白地表明自己因在馆阁中供职，对地理类的书籍情有独钟，现在撰写了这部书，就是希望能直达天听，让皇上也知道此书。

也是在雍熙三年（986年），国子司业孔维上书"请禁原蚕以利国马"。已身为直史馆的乐史得知后，立即上书反对："臣尝历职州县，粗知利病，编民之内，贫窭者多，春蚕所成，止充赋调之备，晚蚕薄利，始及卒岁之资。今若禁其后图，必有因缘为弊，滋彰扰乱，民岂皇宁。"乐史以亲身经历，仗义执言，痛斥这种无视战乱给民众带来的穷困和灾难，侵害贫苦百姓基本生活的无耻行径，尽力维护普通人的生活需求，没有过人的胆识是做不到的。

淳化四年（993年），乐史受委派巡抚江浙地区。他出访期间，一路看到各地因连年遭遇灾害，百姓生活凄苦，许多人因欠债逃离故乡。乐史心中十分同情民众疾苦，冒着极大风险，当即决定免除逃亡在外人员所欠下的六万缗铜钱的债务，并打开官仓赈济灾民十五万。这一义举，自然受到广大民众的热烈赞扬，还得到了太宗的赏识，迁乐史为都官员外郎，是个可以不管实际事务的正六品寄禄官。

直至咸平元年（998年），乐史才擢升为职方员外郎，出知商州（今陕西商县）。尽管后来还授予过荣誉职位，但职方员外郎就是乐史生前担任过的最高实职了。

乐史曾提出，治国之道在于富民教民，在于"抒安怀之素心，行富教之大政"，也就是要做到"忧民德化，赋薄刑省，残除害去，弊绝风清"。

他还建议最高统治者应"任贤勿贰""去谗弗疑",有一颗"爱国为民之心",懂得"久安长治之道",方能实现"万邦咸理""寰宇清平"的理想。

乐史的政治主张在今天仍有现实意义,但总体来看,他在从政方面成就不大,政绩平平。个中原委,既有乐史难以言说的苦衷,也因为他最钟情的莫过于学问,长年著述不辍,无暇他顾。在数十年中,乐史花费了许多时间和大量精力,完成了体裁、内容各异的二十余种书,多达一千余卷。

开创新风宋传奇

唐代传奇以栩栩如生的人物、曲折生动的情节、优美典雅的语言,成为许多戏曲、小说的源头,是中国文言小说发展史上的一个里程碑。许多优秀的唐传奇,流传至今,其中最为著名的有写才子佳人故事的白行简《李娃传》、蒋防《霍小玉传》、元稹《莺莺传》,有写警世故事的沈既济《枕中记》,有写仗义豪侠故事的袁郊《红线传》、李公佐《谢小娥传》,还有写神人故事的陈玄祐《离魂记》、李朝威《柳毅传》等,可说是达到了中国文言文小说的高峰。

在这样一座瑰丽奇幻、似乎不可逾越的高峰面前,宋代传奇还会有什么能够出彩的新招吗?

当然有。乐史以劝谕说理的写法撰写的传奇,如同异军突起般以文载道,纳入警世说教的新寓意,耐人回味,因而较唐传奇更具有社会意义。

或许有人认为,这种写法,会减少传奇的故事性和趣味性,削弱传奇的艺术魅力,降低艺术形象的感染力。但是乐史处理精当,就使传奇产生了同样以明理见长的宋诗效果。如同苏轼的《题西林石壁》:"横看成岭侧成峰,远近高低各不同。不识庐山真面目,只缘身在此山中。"又如朱熹的《观书有感》:"半亩方塘一鉴开,天光云影共徘徊。问渠那得清如许?

为有源头活水来。"虽然宋传奇不及唐传奇的辉煌,但自此有了自己的闪光之点,出彩之处。尤如宋诗之于唐诗,总体虽不及,但因理胜于情,情理交融,在中国文学史上同样有自己的一席之地。

很显然,一新唐传奇创作风格并卓有成就的乐史,他所开创的宋传奇新路径,在一定程度上代表了中国古代小说的主流发展方向。

乐史流传至今声望最高的代表作是史地专著《太平寰宇记》,但乐史最擅长的文体,实际上是可以任意挥洒才情的传奇小说。乐史在爬梳史料中寻找灵感,在重组异构中屡出新意。他所写的众多传奇小说中,既有传奇色彩特别浓郁的《滕王外传》《诸仙传》《许迈传》等,也有猎奇志怪的《洞仙传》《广卓异记》,还有记述轶事的《绿珠传》《杨太真外传》等。即便是他最为出名、也是倾注心血最多的《太平寰宇记》,也杂有传奇小说的成分。

在乐史所写的传奇小说中,最引人喜欢、流传最广的,当属《绿珠传》和《杨太真外传》,可说是历经千年而不失魅力的优秀古代小说,被收录于鲁迅先生校辑的《唐宋传奇集》等多种丛书、合集中。鲁迅先生还高度评价乐史"首创传奇垂戒类","读此一文,余者皆可废"。

乐史的《绿珠传》篇幅虽然较短,却是传奇小说的名篇。其中记述的是西晋时期美女绿珠的离奇经历。小说以大动乱的西晋末年为故事背景,叙说巨富高官石崇以"真珠三斛"买来的宠姬绿珠不仅美而艳,而且善歌舞,能吹笛,被安置在金谷园馆中享有特殊待遇。权臣孙秀知道这事后,就派人向石崇索取绿珠,遭到拒绝。于是孙秀在赵王司马伦面前诬陷石崇为"乱党",要将其弃尸灭族。当士兵前来时,绿珠知道这场祸殃是因自己所致,遂跳楼自尽。而石崇则被斩于东市,家人无论老幼全被杀害。绿珠的家乡人怀念这位有情有义的美女,将流经乡间的一条河命名为"绿珠江",村中的水井命名为"绿珠井"。

《杨太真外传》写的是杨贵妃的故事。杨贵妃本名为杨玉环,曾短期出家为女道士,道号"太真"。杨玉环天生丽质,又能歌善舞,在参加咸宜公主的婚礼时,被唐玄宗的儿子、公主的弟弟寿王李瑁看中,于是由唐玄宗下诏册立为寿王妃。后因玄宗最宠爱的武惠妃逝世,杨玉环转而归玄宗,册封为贵妃。由于玄宗十分宠爱杨贵妃,荫及她的姐妹兄弟都受封,导致杨家兄妹骄奢淫逸,权势熏天。后来备受唐玄宗宠信的重臣安禄山以"清君侧"为幌子起兵叛乱后,很快攻破潼关要隘,打进了都城长安,玄宗等被迫仓皇出逃。逃至马嵬,在这"六军不发无奈何"的生死存亡时刻,不仅杨国忠被杀,杨贵妃亦未能幸免。战乱平定后,已无实权的太上皇玄宗日夜思念贵妃。幸而有蜀中方士,神游天界地府,最终在东极高山上的"玉妃太真院"见到杨贵妃,言及在长生殿盟誓的隐秘之事,并以"钿合金钗"为物证。通篇故事,将玄宗与贵妃的生死恋情,演绎得跌宕起伏,回肠荡气。

　　《杨太真外传》的一些情节和细节,有着白居易《长恨歌》、陈鸿《长恨歌传》的传承因素,正是这种借鉴、积累与探索,为《杨太真外传》奠定了故事发展的基础。又因为《杨太真外传》采录了《明皇杂录》《开天传信记》《安禄山遗事》《逸史》《开元天宝遗事》中几乎所有关于唐玄宗、杨贵妃的资料,所以被后世多种著述征引。还有关于杨贵妃的戏曲,多至三十余种,如元代白朴的《唐明皇秋夜梧桐雨》和清代洪昇的《长生殿》,都受到《杨太真外传》的影响。

　　乐史所撰写的传奇有一个最为突出的特征,就是毫不顾及所依据史料的原有思想倾向,直言不讳地表明自己的是非观。在《绿珠传》中,乐史不仅旁征博引,稽古考往,确认了绿珠的出生地沿革、山水地貌及相关人物等情况,更为重要的是他还推翻了以往认为被满门抄斩的石崇是受害者、而绿珠是致祸源头的观点,鲜明地亮出自己的看法,认为石崇被满门抄斩是他长期作恶多端,罪有应得。而绿珠虽为一婢女,却知恩图报,精神值得立传宣扬。在《杨太真外传》中，一改以往对唐明皇与杨贵妃的爱情悲剧的定位，转为对唐明皇荒淫误国的批判。身为官员能做到这一步，是需要有远超同代人的思想与见识的。

毋庸讳言，乐史的传奇小说还存在一些不足，这是作为开宋代传奇风气之先者所难以避免的。

乐史不仅撰写了大量的传奇小说，还留下了不少诗歌，其中有些值得反复诵读，如《钟山寺》：

> 千峰夹一径，一径花枕泉。
> 听泉复看花，行到钟山前。
> 古寺云生屋，高僧月伴禅。
> 自惭留一宿，区马又朝天。

慢慢读来，细细揣摩，就可体味到诗人当时的心境：行走在周边群峰高耸的幽静花径上，聆听着清泉流动的叮咚声，来到白云缭绕的山间古寺中，真心羡慕高僧那明月相伴的禅林生活。然而世事俗务缠身，只能在这如同仙境般的宝刹留宿一晚，天亮后就得驱马奔向京城了。

乐史还写有《慈竹》，是他在蜀地陵州（今四川仁寿）任知州时，见当地到处慈竹丛生，高低相倚，宛如父子祖孙雍容慈和，于是联想到人伦道德，有感而发，写了首四十韵的《慈竹》。诗中通过赞颂慈竹长幼有序，劝告人们要像慈竹那样互相友爱，长慈幼孝，和谐生活。乐史充满深情地写道："蜀中何物灵？有竹慈为名。一丛阔数步，森森数十茎。长茎复短茎，枝叶相峥嵘。去年笋已长，今年笋又生。高低相依赖，浑如长幼情。孝子侍父立，顺孙随祖行。慈爱必孝顺，根基信天成。"诗成之后，乐史吩咐将它"初刻于陵州，再刻于舒州（今安徽安庆）宣化庙"，后来移竹归植，又将这首诗书于自家屋内的屏风上。乐史认为这首诗对矫正民风亦有裨益，于是呈送给朝廷。据说宋真宗读后，对乐史的想法大加称赞，还特地和了四首诗。其中一首是这样写的:"堂前慈竹绿阴阴,堂下儿孙孝悌心。和气一门仁道尽,传家何用满籝金。"

乐史对四川慈竹如此喜爱,以至他后来离任时,还将慈竹带回老家栽种。抚州原不产慈竹,现存有的少量慈竹,据说就是当年乐史亲植的慈竹衍生的外来品种。而乐氏后人也以尊崇慈竹所象征的孝道为荣,自称为"慈竹世家"。

惊世《太平寰宇记》

国家有史,地方有志,家族有谱。

这话大体不错,但史志发展成今天这个模样,其实经历了一段循序渐进不断完备的漫长过程,绝不是一蹴而就的。以地方志为例,其本意为"方国之志",是记载不同诸侯国的历代政治、经济、文化发展情况的典籍,起源于春秋战国时期的国别史、地理书、地图。发展到隋唐,既有各自的独立发展,又有相互间的借鉴融合。就总体内容而言,地方志多详尽记述地理,而简略附记人文,或只是专门记载某一方面内容。

直至宋代,才进入地方志发展史上承前启后的重要时期。

有感于以往的史志存在或此或彼的欠缺,乐史下定决心,要撰写一部可以将"万里山河,四方险阻,攻守利害"的丰赡内容融为一体的巨书,让读者能做到"伸纸未穷,森然在目。不下堂而知五土,不出户而观万邦"。

雍熙末至端拱初(约986—988),乐史这一宏大心愿终于完成了,这就是具有划时代意义的地理总志《太平寰宇记》,一部大型全国性区域志,以"采摭繁富,考博精赅"而著称。

自《太平寰宇记》问世后,人们开始改变了以往对方志的传统理念。这部长达二百卷、多达一百三十余万字的巨著,取材时间上至周秦,下迄宋初；编纂方式既继承了唐代《元和郡县图志》的传统体例，保留了方域、山川、风物、古迹等门类，又新增了姓氏、人物、风俗、土产等多个门类，特别是因人物而详及官爵、诗词、艺文、四夷等项内容，极大地丰富了方志的内涵，可说是包罗万象，犹如一部宏富的百科全书。这种将记地与记人、自然与社会相结合起来的写法，不仅是地方志由地理范畴迈向史学领域的重大突破，还大大地改变了方志的编写体例，从而极大地提高了地方志的价值，从根本上影响了后世地方志的发展趋势，也标志着地方志撰写体例的基本定型。

毫无疑问，《太平寰宇记》是一部承先启后、继往开来的划时代巨著，在中国地理学发展史上占有特出的地位，是当今研究历史地理的珍贵文献。

《太平寰宇记》依照北宋初期十三道的全国政区建置顺序，一一展开记述。开篇介绍的是河南道开封府，这当然是因为开封府是北宋的首都。乐史按照开封的管辖范围、历史沿革、地势走向等，先总体介绍。然后从府境开始，往往上溯周秦汉，迄五代、宋初，有条不紊地将四邻、户数、风俗、姓氏、人物、土产、区划演变、名人逸事、古迹遗存等详细铺陈开来。

这种大而全、有时甚至显得有些琐碎的叙事风格，几乎贯穿了全书，遭到有的后来人讥讽为"人物琐事登载不遗"。但这种以人文结合地理的方式，事实上已被一代代人奉为撰写地志的典范，几至不如此写就不能称之为地志了。编纂《四库全书》的馆臣就认为："盖地理之书，记载至是书而始详，体例亦至是而大变。"

《太平寰宇记》大量征引了普通人难得一见的典籍史料，包括历代史书、地志、文集、碑刻、诗赋，甚至仙佛杂记等约二百种，并注明出处。乐史书中的记载，使后人研究自汉迄宋，尤其是唐与五代十国史有所依凭，因而具有很重要的资料价值。《太平寰宇记》还首次记录了宋初绝大多数州郡的主户与客户的户口数，对于了解和研究宋朝的人口、户籍、阶级状况,也是极为珍贵的资料。

尤为难能可贵的是,在《太平寰宇记》一书中,还记载了各少数民族聚居区的户口,有的还区分了汉人与蕃人,甚至主户、客户数。这对于精细研究宋初少数民族的人口分布,边远地区的经济面貌,都是有着很高参考价值的宝贵史料。

乐史在叙述历史事件或人物时,没有采用司马迁《史记》的纪传体笔法去细写,而是将重点放在与地理相关的水路、陆路,开凿河道等事件上,虽是简写,可依然叙述曲折有致,达到了既定的写作意图。如在记述"河南道十四·济州"条桓元子河时,就这样写道:"桓温,字元子,领平北将军、徐兖二州刺史,率弟南中郎冲、西中郎袁真步骑五万北伐慕容晧于邺,军次金乡。时亢旱,水道不通,乃凿钜巨野三百余里,以通舟运,自清水入河。晧将慕容垂、傅末波等率众八万拒温,战于林渚。温击破之,遂至枋头。先使袁真伐谯、梁,开石门以通运,真讨谯、梁皆平之,而不能开石门,军粮竭尽。温焚烧舟步退,自东燕出仓垣经陈留凿井而饮,行七百余里。垂以八千骑追之,战于襄邑,温军败绩,死者三万人……"一场如此复杂的战争,竟被作者以百来个字就概述得一清二楚,真是要言不烦,脉络清晰,事理皆明。

在《太平寰宇记》中,有关州县沿革、户籍、土产的记载,就真实地反映了宋初的实际情况;而叙说的山川地域的得名,既与地理地貌特征有关,也与当地出现的禽鸟野兽有关,还与历史人物、传说故事、古迹或旧建筑有关。仅以所写的江西地名由来为例,均有根有据,让人信服。如写庐山香炉峰的来历:"在庐山西北,其峰尖圆,烟云聚散,如博山香炉之状。"记述奉新县八叠山的得名:"其山盘曲,叠嶂纵横,断而复兴,因以为名。"同是奉新县的药王山则是:"其山盘险而上,及其顶,平阔二十里。其中有湖水,澄深无底。湖岸四时花木芳浓,风景异于他处。"而袁州(今分宜仰山的得名是："周回连延一千里，高耸万仞，夏有云气覆其岭上，雨即立降；冬若微阴，即停积雪，峻险不可登陟，但可仰观，以此为名。"记述洪州（今南昌）昌邑城的来历："在（洪）州北，水路一百三十七里。按雷次宗《豫章记》云：'昌邑王（刘）贺既废之后，宣帝封海昏侯，东就国筑城于此。'"

诸如此类的如同身临其境的描写，以及引经据典的旁证，远较其他志书详尽，大可补充史籍的欠缺，为后人查证宋初之前政区变迁等情况，提供了最主要的宝贵文字资料。有鉴于此，无怪乎《四库全书总目提要》的编纂者会赞叹："其书采摭繁富，惟取赅博。""虽卷帙浩博，而考据特为精核。"

让时人尤为感动的是，在太平兴国年间，被五代后晋石敬瑭割让给北方契丹的幽州、云州等共十六州（今北京、天津、河北北部）并未收复，但乐史依照前人所撰志书，仍全部列上地名，详加叙述，充分表达了自己不忘骨肉同胞的爱国之情，提示宋人牢记收复幽云十六州。在书名的选取上，乐史巧妙地点出了书中史料的截止时间为"太平兴国"（仅个别有稍后年份的情况），亦体现了他一统太平世界的远大志向。

有学者通过与相关文献对比研究后认为，《太平寰宇记》在地名渊源解释、地名命名原则的归纳与升华、地名文献引录等诸方面的贡献，足以证明它是中国地名学史链条上的关键一环，具有很高的地名学价值。其实，《太平寰宇记》在地理、历史、文学、民俗、民族、科技、博物等众多方面，都有很高的价值，是开后世方志体先河的创新之作。

正因如此，这部凝聚了乐史最多心血、花费了最长时间，也是乐史最为看重的《太平寰宇记》甫经推出，立刻在朝廷和地方引起一片叫好声。尤其是那些即将走马上任的地方官员，莫不以拥有此书为幸。此后参照模仿其体例的官修、私修的总志、方志书亦不断涌现，在两宋时期就多达四百余种。

《太平寰宇记》持续受到文人士子和官员的欢迎，流行于世的既有手抄本，更多的是不断翻刻重印本，广为发行，甚至传入日本等国。

惠泽千年功德殊

《太平寰宇记》的问世并广受欢迎，标志着乐史在史志撰写上的卓越成就，各种夸赞和荣誉亦接踵而来。

功成名就的乐史，此时已进入老境。

咸平元年（998年）初，乐史任职方员外郎，前往商州（今陕西商县）任知州。虽然第二年被授予上柱国这一很高的荣誉称号，但是不久即因年老多病，来到西京洛阳任职磨勘司，做个主管官吏考课升迁的官。来到洛阳，乐史对所任的官职大小、是否重要并不上心，倒是发现这里环境优雅，有亭榭竹树之胜，于是当即决定在洛阳定居，余生就在这里度过。

没有了在地方任主官的辛劳，没有了在京都任职的谨慎，可以随心所欲地做自己想做的事，这真是莫大的幸事。此时的乐史虽已年迈，心神却感受到了从未有过的愉快，整日优游自得，很多时间都沉浸于自己的读书和写作之中。

咸平五年（1002年），乐史已是七十三岁高龄的老人了，仍奉旨以职方员外郎的身份，参加在京城举行的郊祀祭祖仪式。宋真宗见他依然精神矍铄，笃学不已，于是称赞乐史著述勤勉，诏令将其所写的书全都收集起来，入藏皇家书库。

乐史自是受宠若惊，因为以往都是他在这里翻阅前贤的著作，如今自己撰写的著作也能入列，这不仅是对自己业绩的最高肯定，也是恩赐给自己的极高荣誉。尤其是真宗还特许乐史第三次、且是与儿子乐黄目同直史馆，这在大家眼里是一件十分荣耀的喜事。对于乐史个人来说，之所以特别珍爱这一职位，正是因为只有在直史馆的任上，他才能够阅读到大量在其他地方难以见到的各类图书资料，有条件在自己的作品中引用并标注其原始出处。这就保证了他的许多著作不仅具有权威性，还具有很高的文献价值，可以为后人广见闻，补缺漏，正讹误。

景德二年（1005年），乐史被授予西京留司御台职。

随后不久，素来看似身体不错的乐史竟猝然病倒，很快就因病情恶化，溘然长逝了。

念及乐史的巨大功绩，宋真宗为表示哀悼之情，追赠兵部侍郎，并特赐钱十万，敕葬原籍青云乡（后为三山乡）六都官山村的凤凰窠（今江西崇仁河上镇张家官山村前凤凰窠），生前所著书一千余卷全部收进皇家书库。

大概是《宋史》的编纂者觉得当父亲的乐史，虽然著作远比儿子乐黄目写得多写得好，但论做官却不如儿子做得大，所以并没有为乐史单独立传，而是在《乐黄目传》的前半部分列举了乐史的生平事迹，颇有点不合实际的子贵父荣陈腐味。

不过在乐史的家乡，人们一直念念不忘这位"化而为龙"的名人。乐史进士及第后，一直在异地为官，却无法忘怀老家的邻里乡亲。他知道这块从小长大的地方，地处丘陵地带，水缺田瘠，每逢干旱之年，村民都要忍饥挨饿，度日艰难。于是他在当地兴建了一处义庄，置田五百亩，以其收入救助家族中因各种原因导致经济条件危困的成员。后来，他还在家乡相继建了数座寺院。

在乐史的出生地宜黄霍源村，人们建有"状元坊"（又称"举人坊"），以表达家乡人对出了乐史这位状元和四位进士儿子的荣耀之情。据说坊的上部曾镶嵌有御赐匾额，只是今已不存。坊基为宋代建筑特有的四方形柱础，木结构均靠榫卯相衔接；祠堂门楣上的"乐氏宗祠"四个颜体大字仍显雄浑端庄，残存的门柱亦为四方形石柱，符合宋代建筑的特点。

历经千年的岁月流逝、风雨侵蚀、祸乱毁坏，至今在临川的鹏田乐家村，还保留着抚州市最为完整的乐氏大宗祠，这也算是一个奇迹。

1987年12月，位于崇仁的乐史墓被列为省级重点文物保护单位。

自宋以后的元、明两代，大多数士人学子只是把《太平寰宇记》看作珍贵的历史地理资料，放心加以引证的权威典籍。直至清代以后，才开始有学者研究这部巨著本身，并旁及乐史的其他著作。

进入二十世纪后，研究乐史著作的范围不断扩大，成果渐趋增多，乐史的卓越功绩和历史地位被更多的民众知晓。

二十一世纪以后，研究乐史的工作全面展开，在版本流传、学术价值等方面硕果频现，虽仍存在专题研究深度不足、系统综合研究乏力的缺憾，但总体上已呈现出可喜的繁荣之势。一批有分量的权威工具书，如《中国书名释义大辞典》《中国历史大辞典》《中国历史百科全书》《中国古今工具书大辞典》《中国古典文学辞典》《中国史史学大辞典》《中国地方志词典》《中国大百科全书》《中国边疆史地古籍题解》《中国历史要籍介绍及选读》《二十六史精要辞典》《文史工具书手册》《文史工具书辞典》《简明古籍辞典》等，都列有"太平寰宇记"词条，简要述评其作者、卷次、内容、价值等。

2007年12月15日，为纪念乐史逝世1000年，全国首届乐史学术研讨会在宜黄县举行。而崇仁县还以清明祭祀为由，对乐史墓进行修整，组织学生祭扫，还举行了千人参加的专场报告会和专家学者研讨会。

随着时间的推移，人们对乐史认识的加深，没人会怀疑乐史这位历史文化巨星，对当今乃至未来的历史、地理、文学等诸多方面，还将产生深广的影响。

晏殊：
宋代婉约词宗师

在仕途上，他有惊无险，平稳坦荡，被称为"太平宰相"；在词坛上，他大力改革"花间词派"的秾丽颓靡之风，创立婉约抒情的新格调，与儿子晏幾道共同塑造了婉约柔美的一代词风。

文学的生命存在于与时俱进的变革之中，必须顺应时代的发展而发展。

每个朝代都有那个朝代发展最完备，取得的成就最高，最具标志性意义的文学样式。因此，一个时代有一个时代的文学。

人们常说"楚辞、汉赋、唐诗、宋词、元曲、明清小说"，就鲜明地体现了这一点。某种文学样式的滥觞，则往往在其最为辉煌的时代之前就早已零零散散地存在，甚至产生过杰出的作品，只是没有成为一种主流文学样式广泛分布而已。

词本是我国唐五代时兴起的一种配乐歌唱的新体诗，早在隋唐之际就已产生，并在晚唐五代时趋于繁荣，至宋代才发展到巅峰状态，成为宋代最具有标志性的文学样式而被后人津津乐道。词与古乐府等诗歌的最大区别，是先有曲调（词牌），再按调谱相应地填入字词，即"倚声填词"，其长短有着固定的格律要求。

最初，词并不为诗人所重视，词的别名"诗余""长短句"等，就清楚地说明了这一点。但随着时间的推移，越来越多的文人骚客乃至达官贵人都广泛参与创作，词就成为一种不仅流行于民间，还大量进入上层社会和宫廷内的主要文学样式。一些大诗人纷纷参与创作，如传说李白曾作词十余首，因而被推为词之始祖；张志和有《渔歌子》五首，一时跟风唱和者不计其数；刘禹锡、白居易都曾大力推动过填词。到晚唐时，温庭筠、杜牧等，包括唐昭宗李晔，都是填词高手名家。至五代时，以西蜀和南唐为中心，集聚了许多文人词客，写下了大量词作；以冯延巳、李璟、李煜为代表的词人，更是将五代词推向了一个高潮，并深刻影响了北宋初期的词坛。

填词的盛行，固然与相对稳定的社会、较发达的经济文化密不可分，但由此也形成了一种绮靡的文风。后蜀赵崇祚将晚唐至当时的十八位词人的作品编为《花间集》，后被称为"花间派"，内容多为旅愁闺怨、合欢离恨，局限于男女燕婉之私，总体格调不高。主要代表人物为以秾艳华美词而著称的温庭筠和以疏淡明秀为特色的韦庄。

到了北宋时期，词坛上仍弥漫着"花间派"的绮靡之风，讲究词句精雕细琢。于是，一位肩负着承前启后重任、力除积弊抒真情的词坛大家出现了，他和他的儿子都以自己创作的大量精美词作，初步奠定了宋词主流婉约派的根基，为宋词的登峰造极起到了无可替代的重要铺垫作用。

他，就是北宋初期曾官至宰相的晏殊；他的儿子，就是名盛位卑的晏幾道。两人因对宋词的卓著贡献，被后世推为宋代词坛的"大小晏"。

幼童文才惊乡里

晏殊（991—1055），字同叔，抚州临川（今江西进贤文港镇沙河村）人。他的父亲晏固，本是抚州府衙里的一名领班，初时并不为人所知。但时来运转，只因儿子晏殊后来贵为当朝宰相，竟被朝廷赠太师中书令兼尚书令，封秦国公，后又追封楚国公。连带祖父晏郜封英国公，曾祖母张氏封陈国太夫人，祖母付氏封许国太夫人，母亲吴氏封唐国太夫人。这些荣耀当然都是后话，因为在晏殊幼小的时候，日子过得还是挺艰难的，至少也算不上家境宽裕。

上溯三代晏家曾出过进士，若是追溯晏家的远祖，甚至还与春秋时大名鼎鼎的齐国晏子相关联着呢。不错，就是那位据说"长不过六尺"，貌不出众，却足智多谋，刚正不阿，为齐国昌盛立下了汗马功劳的晏子。晏子本名晏婴，生平最为人称道的是"使楚"的那段经历。其实晏子还有许多不大为人熟知的事迹，比如"礼贤下士救赎石父""不因位卑举荐车夫""不畏凶险吊唁君主"等，以至与其时隔近四百年的司马迁在《史记》中不仅为晏子作传，竟然还十分感慨地说："假令晏子而在，余虽为之执鞭，所忻慕焉。"用现在的白话来说，就是"假如晏子还活在当世，我即使是为他挥鞭赶车，也是非常高兴和令人仰慕的美差啊！"文史巨人司马迁都希望追随晏子左右，足见晏子的才识之高，人品之贵！

当然，这都是先辈的业绩与荣耀，但无疑也是激励后辈奋发向上的动力。

关于晏殊的早教，没见有史料提及，但肯定是有且是正面积极的，否则晏殊这个早慧的神童，也很可能会沦为后来王安石笔下的方仲永，落个"泯然众人"的结局。幸而晏殊的父母懂得孩子的循序渐长，尤其是良好品德的培养，使晏殊在人生的旅程中少走了许多弯路。

据现有的文字记载，晏殊从小既聪明，又好学，因而颇得大家喜爱，认为他的未来必将前程远大。

晏殊五岁时，写有一诗，吟咏居家附近路边高高的白塔和矮小的松树：

白塔青松古道栖，塔高松矮不能齐。

时人莫讶青松小，他日松高塔又低。

这首诗的文字近似口语，字面意思直白易懂，但这哪里是在写白塔青松呀，分明是孩童时的晏殊在借小青松不可限量的发展趋势，来抒发自己的凌云壮志啊！

可想而知，读了这首五岁幼童写的诗，谁都会由衷地称赞：晏殊的确是位难得一见的神童啊！

不过小晏殊可不把自己当神童看：是不是神童那是别人眼里的事，和我有什么关系？他还是和以前一样，对学习有着浓厚的兴趣，每天都忘不了的大事就是努力读书。岂止是努力读书，实实在在就是刻苦攻读，远比其他孩子更惜时用功。

天赋加上勤奋，小晏殊在学习中天天向上，才学不断长进。

又过了两年，仅仅七岁的晏殊便能写出让人为之眼前一亮的文章了。

小晏殊依然像过去那样，投拜名师，刻苦读书，勤勉写作。他的神童名声也随之越传越远，越传越神，方圆百里都知道临川沙河有位稀世神童。

景德元年（1004年）九月，适逢张知白奉旨江南按抚，临川出了个神童的消息也就传到了这位大人物的耳边。张知白初试十三岁晏殊的才学后，惊喜异常，暗暗称赞这个神童的确是实至名归，当即决定要极力举荐他进京，参加由皇上亲自监试的"童子科"考试。

且说这"童子科"，就是古代选拔神童的科举考试，早在汉代就已有之。当时为了选贤纳良，实行考察举荐制；而为了选拔才能优异的少儿，还特设了童子科，录取能"博通经典"、年龄在十二到十六之间的神童。隋唐五代时的童子科，则经历了一个屡废屡兴不断完善的过程。宋代吸取了前朝的经验教训，期间虽然也曾几复几罢童子科，但由于皇帝往往亲自参与监试，有效地防止了掺杂使假、灌水拔高的现象发生，因而所选神童名实相符，其中有不少后来成了朝廷重臣。

宋代选拔的神童虽然总量不少，但后来真正能成才的则不多，其中最为出名的当数号称北宋"三神童"的杨亿、晏殊和蔡伯俙。

"三神童"中，只有晏殊不仅以自己超群的才智，更以自己高洁的品行，在政坛上成为位极人臣的宰相，在文坛上成为承前启后的宗师。

生性诚实当世殊

景德二年（1005年）三月，皇上要亲自主持在大殿举行的进士测试，这可是件轰动全国的大事，住在京城的人们就更是奔走相告，翘首以待。

却说宋真宗见到个矮人小的晏殊，心里自是高兴，就让他与上千贡士同考。晏殊虽然年纪小，又是第一次经历如此庄重宏大的场面，却没有流露出半点怯场的神情。

初试开始，只见晏殊一如往常不慌不忙，展纸提笔，凝神屏气，落笔成文。真宗在旁看了，连连夸赞，当即授予同进士出身。

又过了两天，复试开始，内容是诗赋论。当晏殊接到试题，看到赋的题目，立即向皇上表示：这题我不久前刚做过，草稿都还在呢。请更换试题，让我另做吧。见到这情形，估计正在一旁的有的官吏会摇头感到很不理解，心想别人遇到这种巧事只会偷着乐呢，命中注定老天眷顾厚爱，正是机不可失时不再来，哪会有自揭其秘的道理呢。可这孩子放着机遇敲门却不要的良机，反而自己提出要换题，这不是自讨苦吃吗？真是天下少有啊！

就说皇帝真宗吧，初听到晏殊换题的请求时，也感到十分惊讶：以前似乎从未有此情况发生呀，临考换题也太异常了吧。待听得晏殊一五一十地说出换题原委，顿刻龙心大悦：一喜这孩子没有真才实学不敢轻易临时换题；二喜这孩子人品高洁心地纯朴，怜爱之心油然而生，于是单独为晏殊另出赋题。很快，晏殊的文章就写毕呈上。真宗展卷急阅，情不自禁为晏殊的敏捷文思和精湛识见数次叫好，于是当场将晏殊拔擢为秘书省正字，留在秘阁读书深造，并指定直史馆的学问大家陈彭年负责培养考察。

这陈彭年（961—1017）可不是个寻常人物：他是抚州南城（今江西南城）人，与晏殊可谓"老乡"，十三岁时就写出了万余言的《皇纲论》，曾被南唐后主李煜召为皇子的伴读；虽然直到三十四岁才得中进士，其后的仕途也颇为坎坷，直到宋真宗在997年即位后，才算一帆风顺，并因其治国疏论而得到真宗器重。受命负责培养考察晏殊之时，正在朝廷主持编写责任重大的皇帝日常言行《起居注》，并参与大型历史类书《册府元龟》的编修工作。

可想而知，要得到这样一位学问大家的指教是多么难得，而要得到他的肯定赞许更是不易。但晏殊不仅得到了这样的机会，还深得陈彭年的重视和夸赞。窍门在哪呢？其实很简单，就是晏殊具有一是一二是二，勤奋学习持重笃行的态度；还有平时所结交的朋友，往来的客人，都是道德学问俱佳的贤才。

才过了一年多，晏殊就升任太常寺奉礼郎。

同时代的沈括（1031—1095）在《梦溪笔谈》中记载了这么一件事，可见晏殊的生性诚实。

有段时期，天下太平无事，皇帝欣然容许百官随意举办大小宴会饮酒作乐，各种酒楼饭馆等趁机在景色优美处，设置了许多帷帐，为官员们提供宴请游乐的方便。当时晏殊的诸多同事都有自己经常吃喝玩乐的固定场所，而晏殊因经济拮据，囊中羞涩，出不了门，就索性窝在家中，与弟弟一起研讨学习诗书典籍。

一天，皇上传旨，直接任命晏殊为东宫太子（即后来的仁宗）的老师。晏殊的上司感到事情很意外，不知是什么原因导致出现这一反常情况。因为按老传统，论资排辈晏殊还年轻得很，学问也算不上有多高，怎么就做上了以往只有学识渊博、德高望重的泰斗级人物才能担任的"太子傅"呢？所以第二天一上朝，这位上司就急急面奏皇上，希望能知道事情真相。此时皇帝也就毫不隐晦，直接挑明了破格提拔晏殊的缘由：我最近听说众臣僚没有不到处游乐宴饮的，简直到了夜以继日的地步。唯有晏殊关门闭户，与兄弟在一起读书研究学问。如此学问好品德又高尚的人，正可做太子的老师呀。

晏殊受命任职之日，皇上当面告知之所以选拔他担任太子老师的原因。不料晏殊听后，老老实实地把真情一五一十地禀告：皇上啊，臣并不是不喜欢去楼堂酒馆宴饮，不愿意去郊外名胜游玩，实在是由于我穷得叮当响，无力支付酒钱游资的缘故啊。若我手中有钱，也会和其他官员一样去游乐宴饮的。只是我囊中羞涩，才不得不闭门谢客，待在住处与兄弟读书啊。

皇上听了晏殊这不加掩饰的朴实言语，哈哈一笑，更觉得他心胸坦荡，诚实可嘉，未来可堪大用。

太平宰相也沉浮

宋真宗对晏殊的知遇厚爱，倚重有加，使许多人都非常羡慕，也因此十分看好晏殊的前程，认为他在仕途上定将一帆风顺，一路升迁，不可限量。

大中祥符元年（1008年），晏殊迁光禄寺丞。大中祥符六年（1013年），在父亲去世时，他回到老家临川服丧。不料守孝时间未满，就被皇帝一纸诏令提前诏回，匆匆赶到京城，次年跟随皇上到太清宫祭祀。将任新职，但不久，大中祥符九年（1016年），因母亲去世，晏殊不得不又请服丧假，待结束假期后再上任。若是换了别人，大可放他返乡尽孝，但晏殊不行。这回皇上干脆不准假，还提升他担任更重要的职务，迁太常寺丞。才两年，又迁升为户部员外郎充太子舍人。紧接着，做起了知制诰、判集贤院。再后来天禧四年（1020年），已拜翰林学士，转擢升为太子左庶子。真是一路顺风顺水，官运亨通。

也难怪，比起别人来，皇上对晏殊就是要高看一格，十分倚重。平时真宗有事需询问晏殊，都是把想问的内容写在方寸大小的纸片上交给他。当晏殊把自己的建议工工整整地写好后，就连同此前交给自己的小纸片，全都封好装在一起呈送真宗。这种保守君臣机密审慎细致的做法，让皇上十分满意。有一次，真宗写完一张小纸片后，临时差遣一名小内监送给晏殊。结果误送给中书省。大臣们看了，面面相觑，百思不得其解。隔天奏请皇上明示，真宗呵呵一笑，来了个顺水推舟以减轻臣属的心理压力：我只是有句经义不清楚，因而问问你们，没什么大不了的事。

乾兴元年（1022年），十二岁的仁宗初登大位，由刘太后听政。由于时任宰相的丁谓和枢密使曹利用想专权，朝中众官虽有异议却又苦无良策。晏殊适时提出"垂帘听政"的主张，得到上下的支持，为此还得到重用提拔，一直做到枢密副使。谁知太后是个"顺我者昌，逆我者亡"的铁血妇人，只因后来晏殊违背了她的旨意，反对将她内定的亲信张耆升任枢密使，再加上在玉清昭应宫以朝笏撞折太后宠爱的侍从门牙，这就注定了晏殊不会有好果子吃，因而很快被弹劾。

天圣五年（1027年），晏殊被罢免枢密副使，转而以刑部侍郎之职贬知宣州（今属安徽），也就是可以享受副部级干部待遇但只负责一个地方的政务。几个月后改知应天府（今河南商丘），而这恰恰给了晏殊一个振兴教育的机遇。

晏殊虽然从小就以神童的美誉广为人知，但他的内心却深知教育的重要，因而极为重视书院的发展，大力扶持当地应天府书院（即原睢阳书院）。学校是以拥有名师而闻名于世的，于是晏殊以地方主官的身份，邀请才学俱佳的范仲淹等一批名师到书院讲学，培养了不少人才。这对五代以来书院屡遭禁废教育凋敝的现状来说，无疑是凌空炸响的春雷，更是滋润学子的甘露。晏殊由此开启了大办教育的先河，而应天府书院也与白鹿洞书院、石鼓书院、岳麓书院合称宋初四大书院。

时过五年，晏殊因业绩显著升任参知政事，相当于副宰相加尚书左丞。谁知第二年，生性耿直的晏殊不知天恩难测，一根筋认准了死理，以史无先例为由，反对刘太后"服衮冕以谒太庙"，也就是你虽然贵为太后，也不能身穿礼服、礼冠进谒祭奠祖先的家庙。这次的结果同样可想而知，晏殊先后被贬亳州（今属安徽）、陈州（今河南淮阳）。直至五年后，才被召回京城，任刑部尚书兼御史中丞，不久又复任三司使。

合该晏殊在这时有展示军政才能的绝佳机会。当时正值李元昊建立西夏国，自称皇帝，并出兵陕西一带，而宋朝军队竟然屡战屡败，节节溃退。就在这危难时刻，晏殊全面分析了眼前严峻的军事形势，从失利中找出原因，并针对存在的问题提出若干方略，奏请仁宗批准后，立即紧锣密鼓地推行：一是撤销由内臣监军的做法，放手让军队统帅有权决定军中大事；二是招募、训练弓箭手，以备在作战中远距离攻击敌人骑在马上的将士之用；三是清理宫中长期积压的财物，资助边关的军饷；四是追回被各司侵占的物资，充实国库。这四大举措雷厉风行地逐一落实后，宋军很快就平息了西夏的武力进犯。

庆历二年（1042年），晏殊官拜宰相，以枢密使加同平章事，开启了晏殊仕途的极盛时期。第二年又晋中书门下平章事、集贤殿学士，兼枢密使，集政、军大权于一身。利用这一大权在握的有利条件，晏殊干了一件青史留名的大事：与他举荐的枢密副使范仲淹一起，强力倡导在州、县建立官办学校，并改革教学内容，官学设教授。自此以后，从京师到郡县，都设有官学。史书中将这件功德无量的大事称之为"庆历兴学"。

庆历四年（1044年）九月，因以前曾为李宸妃撰写墓志等涉及皇室隐秘之事，晏殊遭弹劾被贬为工部尚书知颍州，后又辗转多地。此时的晏殊已不堪劳苦，加之年纪老迈，不得不数次向朝廷提出身体有病需回京城医治，待病好后再离开京都仍任地方职务。

至和元年（1054年）六月，晏殊因病回到已阔别十年的京都。仁宗念及昔日为自己讲学的君臣之恩，再也舍不得他离开自己，就要晏殊每隔五天来宫中一次，为自己继续讲经释义，并享受当朝宰相的同等高规格待遇。

至和二年（1055年）正月，晏殊卒葬许州（今属河南）。

细细数来，终晏殊一生，虽仕途屡有波折，但毕竟从没有经受过像韩愈"一封朝奏九重天，夕贬潮阳路八千"那样大起大落的坎坷。从这个角度来看，晏殊被后世称为"太平宰相"，也算实至名归吧。

宋词奠基第一人

词坛上被视为"正宗"的婉约派，词作的结构深细缜密，重视音律谐婉，语言圆润，清新绮丽，具有一种柔婉之美，在宋词中居于主流支配地位。创作视野较为广阔，气象恢弘雄放，不拘守音律乃至风格高亢悲壮的豪放派词人中，其作品也不乏婉约的成分。以被视为豪放派旗手的苏轼为例，其词作并不都是"大江东去，浪淘尽，千古风流人物"的雄视阔步、豪言壮语，还有着颇多"十年生死两茫茫，不思量，自难忘。千里孤坟，无处话凄凉"的泪落心伤、凄婉哀叹，还有过"转朱阁，低绮户，照无眠。不应有恨，何事长向别时圆。人有悲欢离合，月有阴晴圆缺，此事古难全。但愿人长久，千里共婵娟"的情感纠结低吟浅唱。

北宋初期，虽生年较晏殊稍前的词人柳永颇有建树，但因其所作词的内容大多为描写市民阶层男女之间的感情、描写都市生活和市井风光、描写羁旅行役生活等，故在底层较为流行，以至出现"凡有井水处即能歌柳词"的盛况。不过柳词虽通俗易懂，易于风行巷陌，但在当时的文人和上层之间仍影响有限。

于是，仿佛是天意，一位毕生浸淫文字且长期身居高位的人物应运而生，他就是北宋初期承前启后开风气之先的词坛领袖晏殊。

晏殊创作的诗词据说有一万多首，当时即有"宰相词人"之称，但大部分都已散失，流传下来的数量很少。后人取"珠圆玉润"之意，将收录整理的词一百三十余首，合集名为《珠玉词》。集中所收词均为小令，长调慢词则未见，可知晏殊最为擅长的词样式即小令，也可能当时最为通行的词样式也是小令。晏殊词的内容受南唐冯延巳的影响较深，多表现诗酒生活和悠闲情致，语言风格典雅清丽，雍容华贵，声调和谐圆融，意境高远旷达。

由于晏殊少年成名，性格耿直，一生基本上处于养尊处优的生活环境之中，因而在晏殊的词作中找不到朋友之间的"合作"词，也没有一首是相互唱和的"次韵"之作，这也与他写的诗大不相同。由此可知晏殊填词,纯为抒发自己的真情实感,而不是在官场宴席上的"应酬"之作,也不是为了敷衍朋友的草率之作,更不是企图以词当成进身的"敲门砖"。通观晏殊的全部词作,处处浸透了其对大自然景物的敬畏,对人世间现象的感悟,重在透过表面之景开掘内在精神的关联,故而拨动了无数人的敏感心弦,引起了无数人的强烈共鸣。

虽说流传至今的晏殊词总量并不多,但脍炙人口的丽词佳句却触目皆是,例如:"无可奈何花落去,似曾相识燕归来。"(《浣溪沙》)"昨夜西风凋碧树。独上高楼,望尽天涯路。"(《蝶恋花》)"念兰堂红烛,心长焰短,向人垂泪。"(《撼庭秋》)只要细加品味其中表达的真挚细腻情感,其能千年广为流传,也就不难理解了。

晏殊词的内容没有柳永等许多词人常有的游山玩水之喜悦或是旅途羁绊之愁苦,这当然与他一生身居高位大富大贵相关,但晏殊也并非没有人世间的悲戚忧伤。晏殊的高明之处,或者说独特之处,就在于他写词往往从具体的景物人事着手,进而开掘出人们共同具有的情感,而不是仅仅局限于在一时一地对一景一物的个人感受。在表达方式上,是委婉曲折、平静优雅地悠悠道出,而不是夸张无度、一泻千里地哗哗宣泄。晏殊在词中所抒发的感慨、悲伤、欣喜、隐情,都只能依赖读者在细细品读、慢慢品味中,才能有所领悟,有所知晓。

词在唐代大多是作为反映爱情相思之类题材的文学样式,真正像白居易《忆江南》描写城市风光、抒发个人情感的为数极少。正是从晏殊亲力亲为开始,改变了词在唐代文人眼中不登大雅之堂只是偶尔为之的状况。类同"花间词派"鼻祖温庭筠"小山重叠金明灭,鬓云欲度香腮雪。懒起画蛾眉,弄妆梳洗迟。照花前后镜,花面交相映。新帖绣罗襦,双双金鹧鸪"这样充满脂粉气息的秾艳词风,晏殊是既有继承,更有超越。南唐李后主在被俘后所写的《虞美人》:"春花秋月何时了?往事知多少。小楼昨夜又东风,故国不堪回首月明中。雕栏玉砌应犹在,只是朱颜改。问君能有几多愁?恰似一江春水向东流。"其中所创造的深沉艺术境界,则被晏殊作了充分的吸收。

正是在有选择地继承前辈词人优秀传统的基础上,由晏殊开拓出了宋代婉约词的新路,不仅对当时的词人产生了重要影响,对后世词人亦产生了深远影响。在这个意义上,清人冯煦的《蒿庵论词》中称晏殊为"北宋依声家初祖",的确是毋庸置疑的。

两句绝唱三年得

晏殊是个多产词人,但并不意味着他对词的创作就随意轻率。实际上,晏殊那些流传广泛的词作,虽然大多是他罕世才情的真实展露,看似宿构毫不费时费力,他有时名句的得来可能也经历过贾岛那样反复推敲的艰辛,同样陷入过反复琢磨而不得的窘境。

蕴含着深刻哲理和怅惘情思的《浣溪沙·一曲新词酒一杯》,就是这样一首得之不易、传之久远的精品词作:

一曲新词酒一杯,去年天气旧亭台。夕阳西下几时回? 无可奈何花落去,似曾相识燕归来。小园香径独徘徊。

反复吟咏这首词,不难发现除了起首第一句透露出些许喜悦之情外,其余的句子均无例外地表现出一种无可逆转的哀愁,一种挥之不去的寂寥。天气依旧,亭台依旧,就算是笔下有新词,手中有美酒,但明天还会依旧吗?纵然有旧日的燕子在头上呢喃,然而绚丽的鲜花终将凋谢。孤独的自己,只能在散发着花香的园中小路上走来走去,何处是尽头?美好事物不能长驻,时光流逝没有永恒,其中淡淡的伤感,浅浅的忧愁,从晏殊笔下缓缓溢出,在读者心头汩汩流淌。是啊,早在汉代,就有"生年不满百,常怀千岁忧"的感时伤情诗句。年年岁岁花相似,岁岁年年人不同,以有限的个体生命,去面对无穷的大千世界,怎会让人不产生一种有着哲学理念的思考?

词中最为文人雅士所津津乐道的名句,是下阕中的"无可奈何花落去,似曾相识燕归来",据说得来就颇费了一番周折。

有一年正值暮春时节,晏殊路过扬州大明寺,对墙上的题诗产生了兴趣。一一读来,发现江都尉王琪的一首诗写得很不错,于是便请人把他找来。两人初次见面都很高兴,便在后花园边走边聊,所涉内容自然是诗词歌赋。这时一阵风儿刮来,将枝头即将凋谢的花瓣吹得到处都是。此情此景立刻使晏殊联想起了一件往事,就对王琪说:"两三年前我偶得一句'无可奈何花落去',苦思良久也未能对出下句。不知你可有下联?"王琪沉吟了一会,忽见院中有几只燕子正在空中飞舞,灵机一动,当即对出下联:"似曾相识燕归来。"晏殊喜不自禁,连声赞叹:"妙,妙,真是太妙了!"此后在自家花园宴饮时,回想起也是在相同的暮春时节,也是在相同的亭台举办的一次朋友聚会,不禁触景生情,挥笔写下这首《浣溪沙》,并天衣无缝地嵌入在大明寺所对上的两句绝唱。

上面所述,很可能只是一则不怎么靠谱的传说。相比较而言,我更愿意相信晏殊是先有了这上句之后自觉十分满意,却又一时未能想出能够珠联璧合的下句,故而暂时放下。两三年后触景生情,灵光一现,天造地合般搭配出了这堪称千古绝唱的下句。

"无可奈何花落去,似曾相识燕归来。"是啊,古往今来,日月经天,江河纬地,春荣秋枯,夏盛冬衰,四季景物的轮回变化,人间世事的动荡迁移,曾引起人们多少诗情涌动,多少愁绪满怀!"人生代代无穷已,江月年年望相似。不知江月待何人,但见长江送流水。"好景不常有,好花不常开。每每念及这些,眼前不可预知不可操控的外部世界,就给人一种难以言说的压抑感、无力感、无助感，就使人不由得惆怅顿生，潸然泪下！

这样的两句绝唱实在巧妙，就算是求索三年才得到，也值得！

与前述《浣溪沙》有异曲同工之妙、且均为晏殊代表作的还有《蝶恋花·槛菊愁烟兰泣露》：

槛菊愁烟兰泣露，罗幕轻寒，燕子双飞去。明月不谙离恨苦，斜光到晓穿朱户。　　昨夜西风凋碧树，独上高楼，望尽天涯路。欲寄彩笺兼尺素，山长水阔知何处。

词的上片，晏殊运用移情于景的艺术表现手法，慧眼独具地看到了薄雾笼罩中的槛外秋菊如同被无尽的愁绪环绕，而兰草叶片上挂着露珠恰似在默默流泪，丝罗织就的帷幕外已是清寒的秋天，呢喃的燕子成双飞向远方。皎洁的月亮哪会理解人间离别的苦恨，依然将自己的光明彻夜照向不眠的富贵人家。词中所有的实体景物，分明都倾注了主人公离愁别恨的无限深情。

词的下片则回顾昨夜的情景：一夜凛冽肃杀的寒风，凋零了原本绿意葱茏的大树枝叶。形单影只的主人公孤独地走上高楼，顺着门外大道远远望去，眼底却只有一片苍苍茫茫。有心将自己写满思念的诗作和书信寄给那身在远方的人儿，但山重重水漫漫，又该寄往何处？

词中，眼望"燕子双飞"，而自己却只能"独上高楼"，形成了一种巨大的反差；心知"山长水阔"，唯有"望尽天涯"，更凸显出一种悲凉的无奈。读罢全词，一种寂寥怅然孤独无助的凄楚感，顿时如愁云惨雾般弥漫在心头。

如果说《浣溪沙》似乎是写一位正在感怀伤时的士大夫的话，很显然，这首《蝶恋花》则是写一位思夫心切的大户人家的闺中少妇。两首词都是在深婉中见含蓄，在广远中显蕴涵的名篇，虽然大体仍属婉约词类，却又在某些方面有着豪放的气象。

平心而论，晏殊的词写得好世有公论；但他的诗也写得很好，却并不为许多人知晓。究其原因，当然是由于晏殊词的成就太大，以致名声掩盖了他在诗歌上的成就。其实在晏殊的大量诗作中，也有许多广为流传的名句，例如"一曲清歌满樽酒，人生何处不相逢"（《金柅园》），就是他阔别临川十五年后重返故园的绝妙诗句，尤其是后半句更被惊为神来之笔。晏殊的门生欧阳修在《归田录》中就直接引用了后半句："若见雷州寇司户，人生何处不相逢。"还有明代吴承恩的《西游记》第四十四回："一叶浮萍归大海，人生何处不相逢？"今人罗大佑，则干脆把"人生何处不相逢"作为他创作的一首歌曲名，深受传唱者喜欢。

词坛盛名"大小晏"

在宋代文学史上，最著名的父子文学家大概非苏洵和苏轼、苏辙莫属了，因为他们父子三人，竟占据了"唐宋八大家"中的三席！

其实在中国古代，像这样以血缘关系而组成的文学家族，并不少见，要不怎么会有"书香门第""耕读世家"的美誉之词呢。

在江西宋代文学史上，就不乏父子甚至祖孙同为文学家的例子。如宜黄的乐史、乐黄目父子，修水的黄庶、黄大临、黄庭坚父子，鄱阳的洪皓、洪适、洪遵、洪迈父子，南丰的曾巩、曾布、曾肇、曾纡、曾纮、曾惇、曾协等祖孙三代，临川的王益、王安石、王安国、王安礼、王雱等祖孙三代，至于兄弟数人皆以文学成名的，就更多了。

而江西的许多父子文学家中，有一对均为文学大家的父子，在中国的诗词史上各自占有不可替代的重要地位。这就是晏殊、晏幾道父子，词坛上多并称为"大小晏"或"二晏"。两人最为擅长的词作同属婉约词，却各有其显著特色，在某些方面，儿子晏幾道的成就甚至比父亲晏殊更为突出。在中国词史上，这对父子的词作成就，或许只有父子均为皇帝的南唐中主李璟和后主李煜可以比肩。

晏幾道（1038—1110），字叔原，号小山，婉约词派的代表作家之一，也是北宋词坛最后一位专擅小令的词人。他幼时生活在富贵家庭，自幼潜心六艺，旁及百家，尤喜乐府，文才出众。或许因此养成耿介高傲的个性，不受世俗约束，不慕势利荣华，更不肯为个人之事阿附权贵，故而一生仕途颠簸，只做过颖昌府许田镇监等小官吏。

晏幾道毕生最好也是最可信赖的知心朋友，或许只有比自己年少几岁的黄庭坚，因而黄庭坚也是最了解晏幾道的人。晚年晏幾道将自己最满意的词作整理成《小山集》，并请黄庭坚为之作序。黄庭坚带着痛惜也是赞许的心情，一一列举晏幾道的"生平四大痴绝处"："仕宦连蹇，而不能一傍贵人之门，是一痴也；论文自有体，不肯一作新进士语，此又一痴也；费资千百万，家人寒饥，而面有孺子之色，此又一痴也；人百负之而不恨，己信人终不疑其欺己，此又一痴也。"

或许正是晏幾道的这种痴心不改、痴情不移的执着，才成就了一代著名词人的业绩吧？晏幾道的自选集《小山词》，就把他的"痴"化为诗句凝聚在词中，演绎得淋漓尽致，入木三分。恰如晏幾道自己在《小山词·自序》中所述："篇中所记悲欢离合之事，如幻如电，如昨梦前尘，但能掩卷怃然，感光阴之易逝，叹境缘之无实也。"

大凡读过晏幾道词的人，都会认为他的词多为追怀往昔欢乐时光的作品，表现的多为爱情生活，风格凄婉绮丽，情调缠绵感伤。试以晏幾道的代表作《鹧鸪天·彩袖殷勤捧玉钟》为例：

彩袖殷勤捧玉钟，当年拼却醉颜红。舞低杨柳楼心月，歌尽桃花扇底风。　从别后，忆相逢，几回魂梦与君同。今宵剩把银釭照，犹恐相逢是梦中。

上片写心有灵犀的男女主人公当年互动的场景：至今仍清晰记得女主

人公双手捧着斟满酒的玉杯,一次次地奉上劝饮;而男主人公则不顾及自己有限的酒量,来者不拒直喝得双颊飞红。女主人公翩翩起舞,从月上柳梢头一直跳到低垂楼顶的后半夜;男主人公则和着舞曲的旋律,兴致勃勃地忘情唱着歌,连手中绘有桃花的扇子也忘了挥动。这后两句真是千古金句:舞至月低垂,歌至风亦尽;依依杨柳本是多情景物,灼灼桃花更为爱情象征;楼心月与扇底风,风月场上自有道不尽说不完的万种风情!

下片则写两人分别多日后,终于重见时的情形:自从上次离开以后,我常深深地思念那些相逢的美好日子,多少回与你相聚在梦中,那分明是我们的魂魄在一起相拥。今晚重逢,你,还是那时的你吗?忍不住举起银灯盏仔细端详,惊喜伴生着惊疑,几乎不敢相信自己的眼睛,害怕又像往常那样依旧相逢在梦中!

不能不赞叹,晏幾道的确是一个至情之人,才能用心写出如此至情之文。无论是写欢乐,还是写悲情,都是那样真挚深沉,那样委婉细腻,那样动人心弦,那样感人肺腑。他以梦写情,实为词坛罕见高手,有人曾评那些词句为"鬼语",绝不是虚妄之说。

若是将晏幾道的词与他父亲晏殊的词稍作比较,就不难看出,晏幾道的词题材相对更为狭窄,多为伤离怨别,感时怀旧,遣情遣恨,未能超出唐五代词的范围。但晏幾道又自有其高妙动人之处,这体现在其词情深意浓而又风流妩媚,委婉细腻而又清新俊逸,有着"淡语皆有味,浅语皆有致"的典雅清丽风格,在"言情"方面,做到了措辞婉妙,独步一时。

相对于晏幾道的直率明朗、真挚热烈、秾丽华贵的词风,其父晏殊的词则更为含蓄内敛、深沉超脱、淡雅富贵,多象征比喻,更为冷静理性。

虽然"大小晏"的词同承唐五代词的余绪,小晏亦有大晏的余脉,但是在词的艺术造诣方面父子各有千秋,同为光耀宋代词坛的一代巨星。

品高德馨育后人

晏殊年少时就一举成名，此后在仕途上虽有沉浮，但总体而言还是享有高官厚禄之荣。

经历了十年外放遭遇后，已是暮年的晏殊于至和元年（1054年）六月回到京城养病。虽然仁宗皇帝对晏殊十分尊重，请他为自己讲经释义，并享受宰相的同等待遇，但他毕竟已进入生命的凛冽寒冬。

此时的晏殊正处于风烛残年之际，老病缠身。就在回京的第二年正月初，病情突然急转直下并迅速恶化，已不能每隔五天去一次皇上那里讲经了。仁宗知道这一情况后，除了派太医为晏殊紧急诊治外，还准备乘坐轿子亲自前去探视重病中的晏殊。得知这个消息后，晏殊一边悲叹自己的身体不争气竟然惊动了皇上，一边立刻派人赶紧送信给仁宗，禀告自己是因年老而致病，关系不大很快就要痊愈了，皇上千万不必为自己担忧。

谁知没过多少天，晏殊就在正月二十八日溘然长逝。仁宗得知这一不幸消息，十分震惊，立即亲临晏殊家祭奠，并为自己没能坚持在晏殊病重时及早探视的想法而后悔。此后有关部门提出按惯例停朝一日，仁宗特地改为罢朝两天，以示沉痛悼念之意。根据晏殊一生的功绩，追赠司空兼侍中官职，认定其主善行德文贤有成谥"元献"，并在其碑石的上方用篆体刻上"旧学之碑"四个大字，也就是铭记晏殊对仁宗的师生之情。

其实晏殊何止与当朝皇上有师生之情，就是当世的知名人士，如范仲淹、孔道辅、王安石等，都出自其门下。以晏殊唯贤是举的气度和见识，后来相继成为宰相或副宰相的韩琦、富弼、欧阳修等，都得到过他的栽培、引荐，并得到重用。如韩琦连任仁宗、英宗、神宗三朝宰相；富弼身为晏殊女婿，但举贤不避亲，后来也官拜宰相；欧阳修则官至副宰相。而宰相之下的官员，亦有许多是晏殊慧眼识珠的结果。以致后来，他的儿子晏幾道落魄之时，竟然还傲气地断然拒绝苏轼的约见，说是："今政事堂中半吾家旧客，亦未暇见也。"这话虽有狂狷的意味，但晏幾道说此话的底气，却是来自当时的朝廷真实状况。

虽然满朝不乏晏殊的门生和举荐的大小官员，但晏殊在世时，从未假私情为自己谋利益。他的八个儿子，竟无一人任过显赫官职。后人曾这样评说晏殊为官清廉："晏元献殊公……平生严谨，未尝为子弟求恩泽，可谓贤矣。"（黄震《读史·名臣言行录》）

据史料记载，晏殊一生虽位居高官，俸禄丰厚，但生活上却清俭简朴。虽喜与朋友聚会喝酒聊天，却从不提前准备，更不大张旗鼓地操办。用过的书简、公家的文牍，从不浪费，全都积存起来用于抄书。如遇到纸张不平整的，就自己亲自熨平。平生所爱，唯有充盈一室的图书。这一爱书的癖好，延至他的儿子。晏幾道也藏书很多，以致每逢搬家时，夫人都感到嫌恶，说他视不中用的图书如珍宝，就像是已沦落到乞丐地步的人，还要搬弄那些富贵人家才用得上的精雕漆碗一样。

婉约词宗师晏殊逝世后，不仅有许多名人大腕写诗文哀悼怀念他，更有无数人崇尚他的品行，喜好他的词作。正如他在回到家乡所作的《金柅园》诗中所吟诵的那样："一曲清歌满樽酒，人生何处不相逢。"人们正是从晏殊珠圆玉润的词中，认识到婉约词句的美好，认识到晏殊其人的可贵。

晏殊的故里即今南昌进贤县文港镇，以毛笔闻名于世，却将一条宽阔的主干道命名为"晏殊大道"，足见家乡人民对这位"宰相词人"充满了怀念和崇敬之情。曾经的抚州府，今抚州市城区内，也有一条街被命名为"同叔路"，其他还有一些纪念性建筑散存城区各处。

是的，晏殊，本就是一位不会被淡忘的历史文化巨人！

欧阳修：
北宋文坛的领袖

只主持一次礼部考试，就让苏轼、曾巩、苏辙、张载、曾布、程颢等一大批日后的文史政界巨星脱颖而出；唐宋八大家中，有五位是他的得意门生；平易流畅的经典散文流传千载，北宋古文运动的领袖实至名归。

宋代是一个产生文化巨匠的时代，更是一个文化巨匠辈出的时代。

宋代虽然不是国家版图最大、军事实力最强、持续时间最长的朝代，却是历朝历代中文化名人最多、文化味最浓、中国文化最为光辉灿烂的巅峰时期。国学大师陈寅恪先生就认为：华夏民族的文化经历数千年的演进，在宋朝登峰造极。因而可以说，宋代就是中国文化史上的黄金时代。

我国宋代通常分为北、南两个时期，其中北宋起讫时间为公元960年至1127年，期间涌现的著名文学家可谓灿若群星。个中原因，主要是宋太祖赵匡胤深知武官拥兵自重的利害，于是用"杯酒释兵权"的策略解除了一大批武将指挥军队的权力，避免形成"拥兵自重"甚至"谋反"的乱局。为确保赵家天下千秋万代平稳接班，全面实行偃武重文的政策，并由此定下铁规矩：不光要以文官治国，还得以文官统军。同时，经过五代时期的大规模社会动荡，从东汉时期沿袭下来的由世家大族把持政治入口、垄断文化生产的局面基本被摧毁。因此，整个宋代尤其是北宋时期，文化风气鼎盛，文人地位崇高。试想想，在这样的朝代要开一代文风之先，成一代文坛领袖，那是多么艰难也是多么荣耀的事。

欧阳修，这位北宋政治家、文学家，领导了北宋诗文革新运动，继承和发展了韩愈、柳宗元倡导的古文革新理论，并以自己在散文创作上的卓著成就，当之无愧地被拥立为北宋文坛领袖，与韩愈、柳宗元、苏轼同被誉为"千古文章四大家"，与韩愈、柳宗元、苏轼、苏洵、苏辙、王安石、曾巩同被后世称为"唐宋散文八大家"。又因其在散文创作上的巨大成就和与之相辅相成的古文理论，从而开创了一代文风，还被后世称为"文（散文）圣"。

以荻画地巧学字

欧阳修（1007—1072），字永叔，号醉翁、六一居士，吉州吉水（今江西吉水县）人，北宋政治家、文学家。因吉州原属庐陵郡，故常以"庐陵欧阳修"自称。

欧阳修虽是吉水人，却是在绵州（今四川绵阳）出生，因当时他的父亲欧阳观正在那里任州军事推官。三年后，父亲因病去世。时年还不足四岁的欧阳修是独子，如今家中的顶梁柱倒了，经济上没有来源，孤儿寡母无依无靠，又在异地他乡，只得长途跋涉前往湖北随州投奔欧阳修的叔叔欧阳晔。

叔叔只是个推官（审判官），职位卑微，薪酬微薄，家里并不富裕，但收容亲侄亲嫂是义不容辞的责任，平时自是少不了嘘寒问暖，常给予经济上的一些接济。尽管不至于挨门乞讨，但"房无一间，地无一垄"的窘困日子，终究是风雨飘摇、度日如年。好在欧阳修的母亲郑氏本是受过教育的大家闺秀，如今虽然落难，但中华传统的母范懿德并未消减半分。她除了辛勤操持日常家务之外，最不能释怀的心头大事，就是儿子欧阳修的读书识字。

要读书识字，就得有纸笔供大量练习之用。可家贫如洗，哪来的闲钱去购买纸笔？这可怎么办？

去借，当然不失为权宜之计。可接踵而来的问题，一是在随州人生地疏，无处可借；二是小叔子一家过得也挺艰难，说不出口。而若是只管从吃上省，已到无可再省的地步，衣着也是长年难得换新。照这样下去，可如何是好？

思来想去，单靠节衣缩食是行不通的，只能另图他法。如果用小木棍在地面上划出痕迹，不仅很难把字写端正，也与用毛笔书写的效果差距太大了，再说还不容易将笔画擦干净。

突然一个念头闪过欧母的脑子：有了，城外河边有无际的柔韧芦苇，砍一些来稍加修整，不就是取之不尽的"笔"吗？河中有无量的细腻黄沙，装一些来铺在地上，不就是用之不竭的"纸"吗？

说干就干，欧母兴奋地砍来芦苇，装来黄沙，让儿子以芦苇秆代笔，以铺上沙的地面为纸，一笔一画，开始了识字写字的早期教育历程，从此再也不必为缺纸无笔而担忧犯愁了。

这事渐渐传开，人们都夸赞欧母的母范懿德，以至后世将欧母选入"中国四大贤母"之列，成为女性为人之母教育学习的千秋楷模。

就这样，小小的欧阳修在母亲的悉心养育和叔叔的关照爱护下，顺利地接受了初始的入门教育，为他后来刻苦自学打下了良好的基础。

随着识字的增多，欧阳修对读书的兴趣越来越浓，家中仅有的几本识字课本已远不能满足他的读书欲，于是就经常到城南的李家借书抄读。就这样抄的书越多，读的书也越多，加之欧阳修天资聪颖，又刻苦勤奋，有时书未及抄完，就能朗朗成诵。肚子里的墨水多了，再开始练习写作诗赋文章，居然笔法老练，如同成年人一般。有时叔叔看到欧阳修的习作，不禁连声赞叹，认为家族振兴有望。面对终日辛苦劳碌的郑氏，欧阳晔忍不住高兴地说："嫂子何须忧愁，眼下的家贫子幼只会是短暂的。孩子有这样的奇才，用不了多长时间，你的孩子就将飞黄腾达，不仅会光宗耀祖，还将名闻天下！我这个当叔叔的真为有这个侄儿感到自豪啊！"

欧阳修十岁时，从城南李家借到一部《昌黎先生文集》六卷，如获至宝，反复精读，喜不自禁。自此，韩愈这位唐代古文运动的倡导者就深深刻记在欧阳修的心中，韩愈学习先秦两汉散文语言的主张，"破骈为散"敢为风气之先的新体式，为文为诗气势磅礴的风格，都是欧阳修追摹的榜样。受此产生的深远影响，就是后来在欧阳修的大力提倡和身体力行的引导下，北宋兴起了广泛的诗文革新运动，逐渐形成了"易奇古为平易，融排偶于单行"为基本特色的宋代古文新体式，促使骈文和散文体裁并存互补，也使古代散文文体格局在宋代基本定型。

欧阳修的刻苦读书写作，是贯穿他整个人生的。晚年时欧阳修曾对人提起自己惜时如金的体会：我平生所作文章，多在三上，乃马上、枕上、厕上也。因为只有这个时间才不会受打扰，可以静下来独自琢磨精心构思文章。（见《归田录》卷二）

连中三元遭挫折

像无数同时代读书人一样，欧阳修的十年寒窗同样是为了有朝一日顺利踏上科举之路。然而这条路崎岖坎坷，途中充满了各种不可预测的变数。

天圣元年（1023年），自信满满的十七岁欧阳修在随州第一次参加科举考试，竟然铩羽而归。

天圣四年（1026年），经过数年的艰辛准备，好不容易通过了州试，可以参加省试。以为这回势在必得，然而第二年春试又一次铩羽而归。

是欧阳修的才学不足吗？

当然不是。满腹才学的欧阳修与其他中举的书生相比，可以说在学问方面是远胜于他们的。虽然欧阳修的理想很丰满，但考场现实很残酷。细思原因，或许是欧阳修所关注的内容，过于"高大上"，以至难入普通阅卷官的"法眼"。

两次落第，使心高气傲的欧阳修有些沮丧，不得不收回自己远大的目标，将关注点放在"时文"上。而所谓时文，就是用于应时应试的骈体文，又称"四六文"，即以古代圣贤和经传、典故为主要内容，以四言、六言为主要句式，讲究声律和谐，对仗工整，遣词雅丽。其实对于欧阳修来说"时文"并不陌生,而且自己也早已"试水",不过只是为了往来应酬而已。如今为了功名,不得不凝神聚力认真花点工夫。

很快,机会说来就来。天圣六年(1028年),因缘巧合得以拜见知汉阳军的胥偃。行前,特意精心撰写了一篇洋洋洒洒、富丽堂皇的千余言骈文《上胥学士偃启》。文中一开头是这样写的:"某闻在昔筑黄金之馆,首北路以争趋;附青云之名,使西山而起价。……"文中的"筑黄金之馆",说的是战国时期燕昭王筑台延请士人的故事。而"西山",指的是位于今甘肃渭源县的首阳山,周初时的伯夷、叔齐曾在此隐居。欧阳修用这两个典故开篇,意在表达自己希求知遇的期待心情。据说胥偃读了这篇美文后,击节再三,忍不住赞赏之情,对在场的人称道:"子当有名于世。"此后又欣喜地将欧阳修收为门徒,传授应试技艺等。

天圣七年(1029年),胥偃亲自领着时年二十三岁的欧阳修来到京城应试。不负胥偃厚望的欧阳修在国子监考试中,斩获第一名"监元";同年秋国学解试,名列第一"解元";第二年初,在晏殊主持的礼部省试中,又荣登榜首"省元"。

或许连续三次获得"第一"的顺利,让年少气盛的欧阳修有点忘乎所以,以为在即将到来的殿试中,自己夺得状元也会易如反掌;了解欧阳修才学水平的人,也大多认为状元的桂冠非他莫属。头脑发热之际,欧阳修还特意提前定做了一套新衣,准备在得到状元时穿上。恰好有个叫王拱辰的同学,他也获得了殿试资格,当得知欧阳修做了新衣服后,就开玩笑似地穿上欧阳修的新衣,高兴地叫道:"我穿上状元袍子啦!"谁也没有料到,由宋仁宗赵祯主持的殿试正式放榜,那个王拱辰竟玩笑成真地高中了状元,而欧阳修仅名列第十四名,位列二甲进士及第。虽然这个名次也很值得庆贺,但距起初的预想,那就差得不是一星半点。据同为江西老乡的主考官晏殊后来对人所说,欧阳修未能在殿试中夺魁,就是因为欧阳修当时过于锋芒毕露，举止张扬，众考官都觉得应挫挫他的锐气，以促其未来更好地成才。

欧阳修未能夺得状元的真实原因，也许是晏殊所说的那样被挫锐气，也许是欧阳修的殿试成绩白璧微瑕。不管怎样，欧阳修凭借这惊人的一跃，走上了让无数人艳羡的仕途。

对欧阳修早就青眼有加的胥偃，自是欣喜万分。第二年，便急不可待地将自己年方十五的小女许配给欧阳修。婚后，夫妻你恩我爱，伉俪情深。不幸的是两年后，胥氏生下孩子不足一月即病逝。五年后，幼儿亦不幸夭折。为感念胥氏，欧阳修曾先后撰写了《绿竹堂独饮》诗及《述梦赋》等作品，深切表达了自己对夫人早逝的悲痛之情。

洛阳初绽古文花

欧阳修虽然没中状元，但按其不错的名次，仍授任九品下的"将仕郎"，在秘书省当校书郎，职责无非是在宫中藏书处校勘典籍之类，估计主要是看重他的才学吧。

也不知性格爽直的欧阳修是自己不乐意还是有人嫌弃，或是上级有关部门有意让欧阳修去地方官场历练一番，反正到了第二年（1031年）初，欧阳修就被安排到西京又称"副都"的洛阳当推事。这西京是相对于东京汴梁（开封）而言的，虽属河南府管辖，但仍不失为全国的政治、经济、文化中心之一。欧阳修不仅在这里找到了比自己大五岁的文学同好、安徽宣城人梅尧臣，后来成为诗文改革运动的并肩战友；还有同样尊崇韩愈的洛阳本地散文高手尹洙及其他文人；他们相互之间成为无话不谈的至交，终日寄情山水，热衷切磋诗文。

欧阳修之所以能在洛阳如鱼得水，最重要的原因是他遇上了一位爱惜青年才俊的上司——西京留守钱惟演。钱塘（今浙江杭州）人钱惟演比欧阳修大三十岁，其身世十分了得：是吴越忠懿王钱俶之子，章献明肃皇后刘娥之兄刘美的妻舅，后随父归宋，历任右神武将军、太仆少卿等，累迁工部尚书，拜枢密使。钱惟演不仅背景吓人，官也当得大，还博学能文，是宋初诗坛上声势最盛的诗歌流派"西昆体"的主要诗人。他曾对下属说过这样的话：我这人平生唯好读书，坐则读经史，卧则读杂记，上厕所则看曲词，反正不曾片刻放下书本。

尤其难能可贵的是，钱惟演还特别乐意聚集文人墨客，奖掖后进。在洛阳对欧阳修、梅尧臣等，就颇有提携之恩。

按说欧阳修所担任的"推事"一职，是专门承担协助领导处理日常行政事务的低级官职，应该忙碌得很。可就因为钱惟演喜欢欧阳修，结果生生破了这个规矩，不仅免除了欧阳修等人的大部分烦琐公务之累，还或公开允许或私下默许他们吃喝玩乐。有一次，欧阳修和几位青年同事去距洛阳百多里外的嵩山游玩。移步换景之间，天色渐渐暗了下来，到了傍晚时竟然飘起了雪花。几人正在为地僻天寒而发愁之际，忽然钱惟演派出的人员来到面前，还有厨师和歌伎紧跟在后面。来者传钱惟演的话："这些天府里也没什么紧要事，你们远道去一次嵩山不容易，就不必急着回来啦，只管尽情地在嵩山观景赏雪吧！"此情此景，想必欧阳修等年轻人会感动得心潮难平、泪流满面吧？

当然，欧阳修这些人也没有辜负钱惟演的厚望。他们本就是胸怀大志肩负重任之人，如今聚合在一起，绝不只是为了附庸风雅、安于享乐而已。他们平日吟诗作赋、纵论天下大事之时，对文坛上流行注重雕琢华而不实的骈文十分不满，于是有意改变刻板俗套陈腐的文风，决心接过韩愈、柳宗元的古文运动大旗，以先秦两汉古人的写作路径为楷模，建立一套平易流畅、骈散结合的古文新体制，走出一条文体变革和内容创新的道路。

对欧阳修他们这些年轻人可贵的复古主张和创作探索，钱惟演是看在眼里，喜在心上。虽然钱惟演以写辞藻华美、对仗工整的"西昆体"见长，而欧阳修等年轻人所追求的古文传统，实质上就是冲着"西昆体"的绮丽风气而来的，但钱惟演仍毫不犹豫地选择了全力支持欧阳修他们的改革。这种胸怀和胆识，让多少文坛名流相形见绌，汗颜羞惭。

无怪乎后来钱惟演政治失意，被迫离开洛阳时，欧阳修等人为他送行，都情不自禁地流下了依依惜别的热泪。

尤其是钱惟演的继任者来后，严格整肃工作纪律，让欧阳修等人更是怀念钱老执政的美好岁月，可惜已是挑水的回头——过景（井）了，往日一去不复返，只能空留记忆在心头。二三十年后，欧阳修被贬荒僻之地，仍在深情地忆想当年的幸运和期待花开的未来："曾是洛阳花下客，野芳虽晚不须嗟。"

其实欧阳修在那里不只是一名"洛阳花下客"，可以说，他对洛阳花——牡丹的了解，远胜过许多洛阳人。在洛阳期间，欧阳修曾遍访民间相关人士，将洛阳牡丹的栽培历史、种植技术、品种、花期以及赏花习俗等，一一作了详尽的考察和总结。他撰写了《洛阳牡丹记》一书，包括《花品序》《花释名》《风俗记》三篇，书中所列举的牡丹有24种，是历史上第一部具有重要学术价值的牡丹专著。

事实上，让欧阳修留恋在洛阳的难忘时光，不只是"座上客常满，樽中酒不空"的奢华闲逸日子，不止是有一段能够静下心来琢磨文学的经历，最重要的是在这一时期，欧阳修学会了如何结交志同道合的朋友，这才是有益于终生的无价之宝。

钱惟演调离洛阳不久，即在景祐元年（1034年）去世。也是在这一年，二十八岁的欧阳修被授任宣德郎，回京做了馆阁校勘，参与编修《崇文总目》，开始在更大的政治舞台上承担起更多的社会责任了。

忠言直谏无避讳

京城是个讲政治的地方。到了京城，就必不可免地要卷入各种政治斗争的漩涡之中，这是任谁也难以置身其外的，尤其是像欧阳修这样初涉政坛的新人。

从表面上看，北宋没有燃起大的战争烽火已七八十年了，但为了避免重开战端，对外息事宁人、割地送礼，导致国内积贫积弱、贫富悬殊，社会矛盾日益突出。

景祐三年（1036年），素来抱持和倡导仁政思想的范仲淹，正担任吏部员外郎、权知开封府，因在大力整顿官僚机构、剔除弊政的过程中，不满宰相吕夷简把持朝政、培植党羽、任用亲信，向仁宗皇帝进呈了一份根据调查所绘制的《百官图》，对宰相用人制度提出了尖锐批评。吕夷简则反讥范仲淹迂腐不堪，越职言事，勾结朋党，离间君臣。范仲淹便连上四章，怒斥吕夷简狡诈虚伪。因言辞激烈，被罢黜出京，改知饶州（辖治大致与今江西上饶同）。

由于范吕之争牵连甚广，许多正直之士都纷纷上书，对此事表达不同意见。时任馆阁校勘的欧阳修自然也是愤愤不平，漏夜挥笔写就《与高司谏书》，斥责身为谏官的高若讷为什么在大是大非面前头脑发昏，对范仲淹受屈遭贬一事不仅未秉公持正，而且缄口不言？言下之意这是严重的失职行为，并大骂高"不复知人间有羞耻事"，是"君子之贼也"！结果被高若讷携此书反告成功，最终欧阳修也被迅速赶出京城，贬为峡州夷陵（今湖北宜昌）县令。

到了康定元年（1040年），欧阳修重被召回京，再任馆阁校勘，继续参与编修《崇文总目》。后来进入中书省任右正言、知制诰等职。再后来，经晏殊举荐，知谏院。

当上了有一定威权的谏官，欧阳修自是更加坚持公平正义，做到知无不言，言无不尽，只是言者谆谆，听者藐藐，效果非常有限。比如庆历八年（1048年），黄河在澶州地段（今河南濮阳东北）决口，河水改道向北奔流入海。由于遇上大荒年，没有立即堵住缺口。到第三年，北流的黄河水又在新地方决口了。虽然此次对决口进行了封堵，但水流不畅。此时就面临两个决策，一是继续维持向北流入海，一是恢复黄河故道东流。欧阳修先后两次上疏陈述自己维持北流的意见，第一次表示当时的人力物力财力均不允许，强行开工会危及大宋王朝的根本利益；第二次则详细分析黄河淤积决溢的规律，阐述不应恢复故道的理由。但如此中肯的奏疏并未得到采纳，朝廷仍加紧黄河东流故道的堵口开河工程，直至出现新的决口，宣告这一违背自然规律的工程失败，才不得不停工。

尽管并未采纳欧阳修提出的许多谏议，但皇上还是对他挺呵护的。据史书记载，由于欧阳修议论人和事直截了当，切中要害，因而被批评者对他恨之入骨，视之如仇。而皇上偏偏赞赏欧阳修这一点，为示鼓励，曾当着大家的面，亲自赐给他五品官服，并对众侍臣说："像欧阳修这样忠贞耿直的人，去哪里还找得到啊？"

庆历三年（1043年）八月，仁宗拜范仲淹为参知政事（副宰相）。皇帝授权了，范仲淹等人就开始推行"庆历新政"，提出改革吏治、军事、贡举法等主张，欧阳修自是积极参与，成为革新派干将。但在守旧派的阻挠下，新政遭遇失败。庆历五年（1045年），范仲淹等官员相继被贬，欧阳修急上书分辩，终无济于事，连带自己被贬知滁州（今安徽滁州）。不过正是在滁州任上，反而进一步成就了欧阳修最为辉煌的文学业绩，这是后话，暂且不提。

经过改知扬州、颍州、应天府等地后，欧阳修以其不俗的业绩重新受到朝廷关注，于至和元年（1054年）又一次回到京都，先后任翰林学士、史馆修撰等职。嘉祐三年（1058年）六月，欧阳修以翰林学士身份兼龙图阁学士权知开封府。嘉祐五年（1060年）任枢密副使，第二年任参知政事（副宰相），以后又任过刑部尚书、兵部尚书等职。最后在熙宁四年（1071年）以太子少师的身份辞职。

总体来看，欧阳修的仕途算不上平坦但也绝对算不上坎坷，在官场上虽屡有业绩但远不及在文学上的建树卓著。毕竟做官的业绩与不可控的外部因素牵扯太多，而文学上的成就则常与个人的素养紧密相连。

贬谪滁州著华章

不管正值盛年的欧阳修心里是多么不愿意，终归君命不可违，只得惶惶然匆匆卷起铺盖，在庆历五年（1045年）十月二十二日来到滁州上任。

没来滁州之前，想的都是朝廷上的大事，总以为外放到天高地远的滁州，哪还能有什么大的作为，难免一路心绪杂乱，情绪低沉。谁知到了滁州，抬眼望去，满目山清水秀，民风淳朴，竟让这位新任知州乐不可支：滁州地盘虽小，可这里也是乾坤世界，别有天地啊！

此前欧阳修就曾被贬为夷陵县令，后转为乾德县令，都是地方上的"一把手"，基本的执政理念可说是早已形成。按照欧阳修的理政思路，为官一方，各种事务千头万绪，即便不能做到如老子所说"治大国若烹小鲜"，但以"宽简"二字统领全局，按人情事理采取宽容简便的方式理政，做到政通人和，那滁州要成为陶渊明所希冀的桃花源也不难啊，说到底不就是"年丰民乐"嘛！

不出半年，滁州的各项公务果真处理得有条不紊，当地民众勤于劳作，相处谐和。这种"宽简"的为政风格，后来也延续到欧阳修权知开封府时期，与前任包拯的理政方式迥然相异，他处理政务不露声色不大张旗鼓，但同样把开封府治理得井然有序。颇耐人寻味的是，清代有人将他与包拯作对比，在开封府衙的东西侧各树立一座牌坊，一边写着"包严"，一边写着"欧宽"，让人遥想当年情景。

一个偶然的机缘，欧阳修在丰山脚下的幽谷中发现一眼清澈的泉水，不由得"俯仰左右，顾而乐之，于是疏泉凿石，辟地以为亭"，为百姓造一个游山逛水的好去处。待整修好泉眼水道，建在旁边的小亭也竣工后，欧阳修按泉水的方位，取名为"幽谷泉"；亭则命名为"丰乐亭"，其寓意不言自明：物阜年丰，官清民乐。随即又撰写了《丰乐亭记》，并请人勒石立于亭边。

公务之余，天气晴好，欧阳修喜欢与滁州当地的官吏和百姓一道去登山远足，游览胜景。他的好友僧人智仙为了让太守和当地人上另一座山的途中能有个短暂休息的地方，特地在半山腰的清泉旁修建了一座小亭。待亭建好，智仙专门下山请欧阳修命名。

欧阳修得知来意，哈哈笑道："既然是老夫在这里带动大家都乐而游山观景，而我又喜好喝两杯助兴，不若就将这个亭子名为'醉翁亭'吧。诸位觉得如何？"在场的众人都乐滋滋地拍手叫好。

有了亭名，还得有个附带记录吧。于是欧阳修展纸提笔，写下了名传千古的散文《醉翁亭记》：

> 环滁皆山也。其西南诸峰，林壑尤美，望之蔚然而深秀者，琅琊也。山行六七里，渐闻水声潺潺，而泻出于两峰之间者，酿泉也。峰回路转，有亭翼然临于泉上者，醉翁亭也。作亭者谁？山之僧智仙也。名之者谁？太守自谓也。太守与客来饮于此，饮少辄醉，而年又最高，故自号曰醉翁也。醉翁之意不在酒，在乎山水之间也。山水之乐，得之心而寓之酒也。

若夫日出而林霏开，云归而岩穴暝，晦明变化者，山间之朝暮也。野芳发而幽香，佳木秀而繁阴，风霜高洁，水落而石出者，山间之四时也。朝而往，暮而归，四时之景不同，而乐亦无穷也。

至于负者歌于途，行者休于树，前者呼，后者应，伛偻提携，往来而不绝者，滁人游也。临溪而渔，溪深而鱼肥，酿泉为酒，泉香而酒洌。山肴野蔌，杂然而前陈者，太守宴也。宴酣之乐，非丝非竹，射者中，弈者胜，觥筹交错，起坐而喧哗者，众宾欢也。苍颜白发，颓然乎其间者，太守醉也。

已而夕阳在山，人影散乱，太守归而宾客从也。树林阴翳，鸣声上下，游人去而禽鸟乐也。然而禽鸟知山林之乐，而不知人之乐；人知从太守游而乐，而不知太守之乐其乐也。醉能同其乐，醒能述以文者，太守也。太守谓谁？庐陵欧阳修也。

你看，明明文题是《醉翁亭记》，正文却只交待了一句"作亭者"，其余文字可说都是状景抒情，情景交融，语言精美，思想深邃，无怪乎会盛传千年而不衰。

欧阳修的"两记"美文一传开，顿时地处偏僻的滁州名扬天下，各地宾客纷至沓来，其中有拜访太守欧阳修的，更多的则是慕名前来两亭所在处观光旅游的。曾经被世人忘却的滁州，竟迅速打开了知名度，越来越多的人由此知道了世上竟然有一处如此令人向往的人间仙境。

后来，在离丰乐亭不远的地方，又修建了一座小亭，取名为"醒心亭"，意为在此观景，可以清心明目，涤荡肺腑。竣工之时，当地人仍要欧阳修题名写记。欧阳修思索再三，觉得不能由一己专擅美名，于是转请门生也是挚友的古文大家曾巩，撰写了一篇精心构思的《醒心亭记》。

在与民同乐之时，欧阳修亦不忘政务处理。就在距丰乐亭不远处，专门开建了一个练兵场，作为训练民兵之用，储备强力维护地方治安的武装力量；对一些损毁严重的公共设施和城防建筑，则不吝惜投入人力、物力加以修缮、重建，确保滁州城更美观更坚固。

欧阳修在滁州主政了两年四个月，时间不算长，却留下了三十多首（篇）与当地密切相关的诗文，倾注了他对滁州深沉的挚爱真情。虽然此后欧阳修再也没有回过滁州，但时过二十二年，他六十四岁时，仍在一首诗中忘情地写道："丰乐山前一醉翁，余龄有几百忧攻。"可以说，欧阳修与滁州结下了不解之缘，在后半生一直把自己与滁州紧密相连；而滁州人民同样没有忘记这位名人，千年后新编撰的《滁州市志》的《人物传》中，所列第一人赫然便是欧阳修，滁州民众已实实在在地把欧阳修视为滁州人了。

广交朋友成大事

早在洛阳就深得结交志同道合朋友之真谛的欧阳修，无论在此后的官场上还是在文坛上，都以自己的真诚态度和洒脱性格广交朋友，结缘名士，并因此受益良多。

与洛阳两大顶级名士、诗文达人梅尧臣、尹洙结为至交，可说是欧阳修交朋结友的初始阶段。他们相互赏识，知名度都得到了提升，被更多的圈内人所知晓，为欧阳修日后倡导自己的古文主张奠定了坚实的基础。

以当年在京城殿试被晏殊赏识，因而成为晏殊的得意门生为起点，欧阳修结识了晏殊的女婿富弼，也认识了由晏殊主持的大名府书院授课的范仲淹，以及与范仲淹在边疆并肩指挥抵御西夏入侵战斗的韩琦。而这四位，正是发起"庆历新政"改革的主要班底，并且四人都相继担任过宰相或副宰相之职。

欧阳修的朋友中，担任过宰相的还有王安石和司马光，以及当颖州郡守时结识的通判吕公著和范仲淹的儿子范纯仁。至于做过部级官员的，那就数不胜数了。

这么多达官贵人，可不是因为欧阳修善于阿谀奉承才成功结交的，而完全是凭借自己非凡的才能，毕竟"打铁还得自身硬"嘛。所谓"人以群分"，本质上就是水平实力大致旗鼓相当，方可在同一层面对话交流。欧阳修在任上所创作的诗词"月上柳梢头，人约黄昏后""庭院深深深几许，杨柳堆烟，帘幕无重数"等，都令当时的文人骚客为之倾倒；欧阳修主持编纂的《新唐书》《新五代史》，都是令人耳目一新的巨著，同样令同行为之仰慕。

欧阳修能成为北宋前期的文坛领袖，他毕生所倡导的"古文运动"能深入人心并被广为接受，没有这些实力雄厚的大牌人物真心拥戴，是不可能成为现实的。

真正标志着欧阳修通过交友助其古文运动事业成功的事件，发生在嘉祐二年（1057年）。在这一年，由欧阳修主持礼部考试，实行科举改革，排抑"太学体"，对仍坚持险怪奇涩文风的一概不取，使苏轼、曾巩、苏辙等都高中进士。再加上王安石、苏洵等也都相继成了欧阳修的挚友，欧阳修身边就集聚了一大批积极创作的古文高手。他们在政治见解和文学主张等方面未必尽皆相同，但在古文理念上与欧阳修却惊人的一致，并在此前后相继创作出一大批平易流畅、骈散结合的古文名篇，成为后世奉为楷模的典范之作。突出的如欧阳修的《五代史伶官传序》《醉翁亭记》《秋声赋》，王安石的《答司马谏议书》《读孟尝君传》《游褒禅山记》，苏轼的《留侯论》《石钟山记》《赤壁赋》，苏洵的《六国论》，曾巩的《墨池记》等，都言简意赅，文采斑斓，把宋代散文推向了极盛时期。如此多佳作荟萃，无怪乎在后人公认的唐宋散文八大家中，北宋初、中期的文人就占了六席。尤其值得惊叹的是，这六人中，其余五位居然都是另一位即欧阳修的门生！

自嘉祐二年的科举改革之后，古文已成为不可阻挡的滚滚历史潮流，以浩浩荡荡的态势占据了文坛的主导地位，并延续了一千多年。至近代五四新文化运动以后，才被白话文逐渐取而代之，但其潜移默化的影响仍根深蒂固，众多宋代精品散文仍滋养着一代代的散文作者。

朋友的交情是跨越年龄辈分的，不计回报的，欧阳修深知这一点，因而他总是以坦荡的胸怀，真诚地欣赏出类拔萃的后来者，并不遗余力地提携后进。当看到苏轼的锦绣文章时，欧阳修情不自禁地感叹道："在当今文坛，我已经到了让贤的时候，这位苏轼就高出我一头啊！"读到李清臣的试卷时，欧阳修高兴地说："这个人可与苏轼比肩，不把他放在第一名，那就算犯大错了！"安徽宣城人梅尧臣被后世誉为宋诗的开山祖师，但他在基层干了十几年的胥吏，连个正规的公务员都不是，直到五十岁时才被破格提拔，赐同进士出身，授太常博士。欧阳修专门推荐他在国子监做直讲，后来还当了尚书省的员外郎。经他的赏识推荐，许多本默默无闻的布衣士子，很快成为天下皆知的贤达名人。《宋史·欧阳修传》说他："奖引后进，如恐不及，赏识之下，率为闻人。"这话绝对是对欧阳修恰如其分的高度概括与定评。

为了保持友谊不被损害，有时欧阳修甚至不惜以身试法。如有人向仁宗皇帝告状，说欧阳修与他的朋友结成了朋党。要知道这可是犯了宋朝的大忌，是严厉禁止的行为啊！谁知欧阳修得知此事后，立即赶写出一篇《朋党论》，文中巧辩对朋党应区别对待，不能混淆等同，并自诩是君子朋党，而告黑状的都是小人朋党。可以想见，仁宗读了此文怎会不上火，因而将其贬谪到千里之外的穷乡僻壤，就只能是欧阳修的必然命运了。

大力推介和深切怀念朋友，是贯穿欧阳修一生的事。他曾多次为朋友的诗文集作序，在《古文观止》中，就收录了四篇，除一篇是为自己所作的《五代史伶官传序》外，其余三篇为《释秘演诗集序》《梅圣俞（尧臣）

诗集序》和《送杨寘序》。序中用语精练恰当，缘由娓娓道来，字里行间流淌着欧阳修绵长的深厚情意。

正是这样的真心换真心，欧阳修长期精心构织起来的庞大朋友圈，终于促进了古文运动在更大范围更长时间的顺利发展。

彪炳千秋留文名

据中国书店 1986 年出版的《欧阳修全集》所载，欧阳修共有文章 2651 篇传世。此外，欧阳修还担纲主持《新唐书》75 卷的编写，并自撰《新五代史》74 卷，其著述可谓内容宏富，卷帙浩繁。

在欧阳修的文学著述中，尤以散文创作成就最高，影响最大。他一生写了 500 多篇散文，有政论文、史论文、记事文、抒情文、笔记文等，可说诸体皆备。早期欧阳修为了摆脱贫困，实现做官受俸养家糊口的目标，也写过不少迎合流行潮流的"时文"，诚如他自己所言："仆少孤贫，贪禄仕以养亲，不暇就师穷经，以学圣人之遗业，而涉猎书史，姑随世俗作所谓时文者……"（《与荆南乐秀才书》）但总体来看，欧阳修的散文大都内容充实，风格流畅。叙事则简练而婉转，议论则徐致而严密，写景则跳跃而多姿，抒情则直接而真挚。

其实笼统地说欧阳修的文章如何只是一个方面，他为文的风格和态度，或许更为普通人所敬重。在古代的文人笔记中，就有这么几件耐人寻味的逸事。

欧阳修在翰林院任职时，有一次与三名属下出游，途中见一匹飞奔的马踩死了一只狗。见状，欧阳修大概想借机了解一下这几位翰林的作文水平，就主动提议：请你们三人分别描述一下这事。

三位翰林都知道欧阳修喜好平易简洁的文字，于是一人首先开腔："有黄犬卧于道，马惊，奔逸而来，蹄而死之。"平心而论，这段话有原因铺垫，有事件过程，还有最终结果，已经算是很简练了。接着，第二人也说道："有黄犬卧于通衢，逸马蹄而杀之。"很明显，这段描述较前一人更简练了。轮到第三人了，他出言更简练："有犬卧于通衢，奔马毙犬于道。"看来不能再减字了。

谁知欧阳修听后笑道："像你们这样用词造句去修史，恐怕写一万卷也没法收笔。"三人知道这是一个请教的好机会，忙连声问道："那您觉得这事该如何写呢？"欧阳修捋捋胡须，扳起指头："'逸马杀犬于道'，六字足矣！"

三位翰林面面相觑，不禁有些惭愧地笑起来，内心却被欧阳修为文力求精简的精神而折服。

欧阳修在诗、词、文、赋等方面都是当之无愧的大家，但他仍十分重视文学语言的锤炼，力求精益求精，有时甚至到了"语不惊人死不休"的地步。

据《宋稗类钞》记载，有一次欧阳修替人写了一篇《相州锦堂记》，其中有两句是这样的："仕宦至将相，富贵归故乡。"因是急就章，写完后就被人带走了。但欧阳修仍觉得有所不妥，斟酌再三，有了新想法，于是派人连夜追回原稿，将原句改为"仕宦而至将相，富贵而归故乡"。表面上看起来只是各加了一个"而"字，基本意思并没有改变，但有了"而"字，语气就由急促转为舒缓，音节显得抑扬顿挫，在词义的衔接上也就更加委婉曲折，摇曳多姿。

又据南宋的周必大《平园续稿》记载：欧阳修手写了好几份《秋声赋》文稿，其实别的文稿也是如此，每份文稿的用字都未必相同。即便他的自选集《居士集》，不仅篇目要反复考虑后才确定，连收录的每篇文章也要参校其他文本，然后精心修改，有的文章增减的字数竟达百字之多。就说名篇《醉翁亭记》吧，南宋时的朱熹曾揭示了开头文字修改的真相：欧阳修将这篇文章公之于众后，不久即有人买到了文章的草稿，见其中的第一句并不是"环滁皆山也"，而是"环滁四面皆山也，东有乌龙山，西有大丰山，南有花山，北有白米山，其西南诸峰，林壑尤美，望之蔚然而深秀者，琅玡（琊）也。"有数十个字，然后用笔绕着这些文字旁画了个大圈，大砍大削后圈外另写了五个字："环滁皆山也。"

欧阳修这种严肃认真一丝不苟的精神，一直延续到他年迈之时，以致他的夫人也感到不解："当今之世，你的文章也算是到顶了，难道还怕他人挑出毛病不成？"欧阳修答道："我倒不是害怕现在的人挑刺，而是担忧后人耻笑啊！"

毋庸置疑，欧阳修的散文创作与其古文理论如同双翼，相辅相成推进了北宋时期由他为领袖倡导的古文革新运动，从而开创了一代文风，奠定了文化宋代的基础。

仅以欧阳修表现在诗、词、赋等文体上的成就来看，就堪称中国文学史上少见的高峰。苏轼曾由衷地赞叹欧阳修："论大道似韩愈，论事似陆贽，记事似司马迁，诗赋似李白。"

其实欧阳修的文才远不只表现在文学上，他在研究经学典籍《春秋》时，能够不囿于前人旧说，有自己的独到见解；在金石学方面有开创之功，编辑整理了自周代至隋唐的金石器物、碑刻铭文上千件，并撰写了《集古录跋尾》十卷四百多篇，是今存最早的金石学著作；在史学方面功绩卓著，除了主持官修的《新唐书》外，还自己撰写了《五代史记》(《新五代史》)，总结了五代的历史经验与得失，很有借鉴价值。此外，欧阳修的书法亦著称于世，朱熹曾说："欧阳公作字如其为人，外若优游，中实刚劲。"

熙宁三年（1070年），已进入晚年的欧阳修继在滁州时自号"醉翁"外，正式改号为"六一居士"，其来由是：有集录三代以来金石遗文一千卷，藏书一万卷，琴一张，棋一局，酒一壶，外加老翁欧阳修一人周旋其间。由此可见，晚年的欧阳修乐在其中的是哪些宝物了。

第二年七月，欧阳修以太子少师的身份辞职。仅过了一年，欧阳修就在家中逝世，享年六十六岁。一个月后，获朝廷赠太子太师。

熙宁七年（1074年），获赐谥号"文忠"，故后人除了称欧阳修为欧阳永叔之外，又常称"欧阳文忠"或"欧阳文忠公"。此后，相继被特赠太尉，加赠太师，追封康国公、兖国公和秦国公、楚国公。

王安石评价欧阳修："其积于中者，浩如江河之停蓄；其发于外者，烂如日星之光辉。"

日本的"汉学泰斗"吉川幸次郎认为欧阳修："他在学问文章方面的名声，以及在政治上的地位影响，与日俱增，至于众莫能及的地步。……不但在政治上，在文化上也是当代最高的领袖人物。"

德国著名汉学家陶德文则认为欧阳修："以其多方面的才华鹤立于同时代的文人中……其光华始终超越群星。"

在欧阳修的安葬地河南新郑市郊的欧阳寺村，专门建了个环境优美的陵园。若是雨后初晴，在阳光照射下，升腾的雾气如烟似雨，景色炫丽，因而"欧坟烟雨"成为新郑古代八景之一。

在欧阳修自号"醉翁"的安徽滁州，专门在琅琊山建了个纪念馆，重建的醉翁亭中有他的门生大书法家苏轼手书的《醉翁亭记》碑刻，被称为"欧文苏字"，亦为一绝。

而在欧阳修的家乡，则兴建了一座永叔公园，内有欧阳修纪念馆等建筑和相关雕塑、碑廊，不仅展示了欧阳修的生平业绩，还彰显了欧阳修故乡的深厚文化底蕴。

特别值得一提的是：出生时距欧阳修逝世相隔半个世纪的同乡周必大（1126—1204），一直仰慕先贤欧阳修。宋庆元二年（1196年）他从左丞相职位上正式告老还乡，此后就专心致志了却在任上未完成的心愿，将多年精心编修的《欧阳修文集》刻版印刷成书。经过多年的努力，这部共153卷、洋洋百万言的《欧阳文忠公集》以印装精美、校勘准确的面目问世，被历代收藏家视为宋版图书的上品。20世纪20年代，时任江西省图书馆馆长的欧阳祖经以2000元大洋的高价，从当时全国古籍集散地的北京琉璃厂购得宋版《欧阳文忠公集》残本30卷，如今已成了江西省图书馆的镇馆之宝。这部珍藏古籍可以通过数字影像的方式查阅，而原书则存放在樟木箱内，置于恒温恒湿的库房中以科学方式永久保护。

曾巩：
另辟蹊径成大家

不事张扬，不求闻达，却是北宋诗文革新运动的主将；文章简单质实，朴素无华，却雍容典雅，韵味悠长；他是唐宋八大家中的佼佼者，文人学子"得其文，手抄口诵惟恐不及"。

在中国,"唐宋八大家"的称谓由来已久。

最早可以追溯到明初,朱右遴选了唐宋八位名家的散文结成《八先生文集》,这可说是"唐宋八大家"的缘起。明中叶唐顺之在纂集《文编》时,也仅选取了相同的唐宋八位名家的文章。到明末的古文家茅坤,上承二人之识见,选辑《唐宋八大家文钞》164卷,在社会上影响深广,以至《文钞》行而《文编》废。自此,"唐宋八大家"正式定名。清代魏源选编有《纂评唐宋八大家文读本》8卷。

在中国文学史上,以唐宋八大家为领袖和核心,先后掀起了波澜壮阔的古文革新浪潮,有力地荡涤了文坛的流风积弊,在提倡散文、反对骈文方面,给予了当时和后世的文学界深远的影响。

时至当代,知道"唐宋八大家"的人定然不少。但若较起真来,这"八大家"究竟是哪八位文章大家,恐怕能说全的还真不多。屈指数来,不外乎唐代韩愈、柳宗元,宋代欧阳修、苏洵、苏轼、苏辙和王安石,另外一个则除了他的家乡人,能张口就说出的真可谓少之又少。面对这种尴尬,无怪乎有学者戏称,曾巩在唐宋八大家中是"非常7+1"。

这位现今已名气不显的散文大家,就是江西南丰人曾巩。有评论者认为,他在散文方面取得的成就,甚至超过除欧阳修、苏轼外的其余大家。自北宋至清末,他的文章一直被视为读书人的案头必备之范本。他那以理寓文的独特性,在南宋时甚至被认为是"于周(敦颐)程(颐、颢)之先,首明理学"的理学名家,有着上承孟子下启程朱理学之功。

此外,曾巩还与欧阳修、苏轼、王安石并称,有"宋四家"或"宋朝古文四家"之说。

天赋异禀勤奋郎

曾巩（1019—1083），字子固，南丰（今江西南丰）人，世称"南丰先生"。

说起这南丰的曾氏，那可是个地道的耕读世家，曾巩就曾不无骄傲地自称"家世为儒"。有资料记载，曾巩的祖籍为山东，其先祖是孔子的得意门生曾参。

太久远的史实难以考证无从细说，就从曾巩的祖父、北宋散文家曾致尧（947—1012）开始算起吧，不长的77年之间，曾家竟出了19位进士。其中祖父辈有7人，父辈有6人，曾巩这孙辈也有6人。此外，曾巩的妹夫王安国等一批人也都是进士。曾巩的祖父曾经官至尚书户部郎中，去世后被追封为"密国公"；父亲曾易占（989—1047）为太常博士，先后任如皋、信州县令等职。

据《宋史·曾巩传》记载，年幼时的曾巩生性警敏，识字早，几百字的文章才读罢就能背诵，简直就不像一个儿童。不过，曾巩本人则从未承认自己是先知先觉的神童，他说自己也乐于与家人或其他儿童在一起嬉戏。只是到了十六七岁时，读了六经之言以及当时特别优秀的文章，才明白其中的奥妙之处并由此钟爱作文，进而发奋努力刻苦学习。

曾巩八岁那年，生母去世。分身乏术的父亲无奈之下，只得将子女送回老家，让曾巩的祖母帮助抚养。虽然没有严父在身边督促，但一是兄弟几个都有良好的自律精神，无须棍棒伺候就能捧起书本；二是有老祖母悉心疼爱照料，衣食不愁，自然聚精会神勤学苦读。为了能够在有限的时间内，更加专心致志全力以赴地学习，曾巩还在山上找到一个僻静的山洞，常在那里以自强不息的精神，博览群书，力求融会贯通，化为笔下的锦绣文章。估计让曾巩始料不及的是，当年那个仅可遮风避雨的小山洞，如今竟然成了一个追怀先贤的著名风景点。山洞前建起了一座"读书岩亭"，石壁上既镌刻有大理学家朱熹手书的"书岩"二字,旁边还镌刻着朱熹手迹"墨池"二字。前来此地的游人,想来在欣欣然观景的同时,更会被曾巩的苦学精神所感动吧。

曾巩十二岁时,或许是一时好奇,也可能是一时性起,挥笔尝试写作《六论》,居然很快写成,且文辞很有气魄,让读过的人都啧啧称奇。

天圣十年(1032年),也就是曾巩十四岁时,父亲曾易占调至泰州如皋任县令。大概是父亲以为自己在这个位置上短时间内不会有什么变动,加之有了一位十分贤能的新夫人朱氏,于是把孩子接到如皋。当然在这里曾易占并不是为了享受天伦之乐,而是为了在如皋僻静的中禅寺东厢房继续让曾巩日夜苦读,钻研古文。六十五年后,曾巩的幼弟曾肇到泰州当一把手,故地重游,父兄已逝,嗟叹再三,特题写了"隐玉斋"名留存至今。

虽然不能常在父亲身边,但父亲在如皋任县令,让曾巩也多少耳闻目睹了父亲理政的业绩。曾巩父亲曾易占到任时,正值发生严重饥荒,于是就向州府多次陈明灾情,申请救济,并克服重重困难,外出购买粮食,解决了几万人的饥饿问题。民众心里有杆秤,都明白曾易占的确是为民谋利益的清正官员,是百姓的父母官。第二年,农作物逐渐成熟了,看来将是一个丰收年。州里觉得前一年亏空了,丰年就必须补歉,提出要像往年一样征税。其他县迫于上司压力,纷纷照办,唯有如皋县令曾易占坚决抵制不执行。到了年末,灾荒又起,泰州各县都有百姓外出逃难的,唯有如皋无人外逃,因为他们家中都有储备粮,因而大家心中不慌,安居乐业。为了让更多的民众知书识礼,曾易占还在如皋修建孔庙,重教兴学,为当地长治久安奠定了坚实基础。

父亲以民为本人性化治理如皋的做法,潜移默化地在小曾巩心中留下深刻的印象,也为他成年后长期任地方官树立了效法的榜样。

过了三年,曾巩随父亲的任职地点改变,来到饶州玉山(今江西玉山)

继续刻苦攻读。十八岁时赴京赶考,虽因不谙时文写作未能录取,但可喜的是与在京的王安石相识,并自此结为终生的挚友。

本以为家中的太平日子还将持续下去,不料曾巩的父亲在玉山县令任上,虽然励精图治,政绩优秀,却因凛然拒绝知州的索贿,竟遭"贪赃枉法、收受贿赂"的诬陷而被罢官,不得不回到老家。

幸而此时的曾巩已学业初成,在二十岁时进入太学,后上书欧阳修并献《时务策》,深得欧阳修赞许,认为曾巩的文笔独特,十分难得,并说:"过吾门者百千人,独于得生为喜。"(《上欧阳学士第二书》)毫无疑问,曾巩的文章,在某种程度上正契合了欧阳修的散文主张,因而在诸多太学生中,他唯独对曾巩格外赏识。曾在给别人的诗句中写过这样的话:"吾奇曾生者,始得之太学。初谓独轩然,百鸟而一鹗。"(《送杨辟秀才》)

受考试以堆砌辞藻、多用典故的四六骈体文为录取标准的制约,不谙时文的曾巩未能考中进士。当曾巩前来向恩师欧阳修辞行时,欧阳修特地写了篇称赞曾巩、抨击考试制度的《送曾巩秀才序》:

> 广文曾生,来自南丰,入太学,与其诸生群进于有司。有司敛群才,操尺度,概以一法考。其不中者而弃之;虽有魁垒拔出之才,其一累黍不中尺度,则弃不敢取。……
>
> 呜呼!有司所操果良法邪?何其久而不思革也?况若曾生之业,其大者固已魁垒,其于小者亦可以中尺度;而有司弃之,可怪也!然曾生不非同进,不罪有司,告予以归,思广其学而坚其守。予初骇其文,又壮其志……

序中,欧阳修指出,广文馆的曾巩,来自南丰,与众多生员参加由有司组织的考试。而有司选拔人才,却只有一个标准,不符合的,纵是才华超群,只要细微之处与尺度不同,就弃而不取。……哎,难道考官手中的标准就是优质的考核办法吗?为什么延续如此长的时间都没想加以变革呢？况且像曾巩这样的学识水平,在思想内容方面已达到出类拔萃的高度,在文章技巧方面亦中规中矩,然而考官却无情地淘汰了他,这不是很奇怪的事吗！所幸曾巩既不非议同参加考试的人,也不怪罪有司考官,只是把准备回家乡继续攻读的想法告诉我,打算拓展所学的范围,并坚守自己所遵循的基本原则。起初我为曾巩文中所表现出的才气而惊讶,现在又为他的志向而赞叹。

此时的欧阳修还只是个馆阁校勘,手中并无录取考生的实权。尽管他对曾巩的卓越才华十分看好,对曾巩的落榜遭遇深表同情,对现行的考试制度十分不满,对改变曾巩的处境却无能为力,唯有鼓励曾巩不泄气,放眼量,再努力。

是的,此时曾巩的文章已初露大家气象,所写文章亦名闻遐迩,为众多文人士子推崇,以至后人评价曾巩在出仕前就已"身在乡野,名闻天下"。不过因曾巩长于策论,而轻于应举时文,故此后仍屡试不第。

命运,有时就是喜欢这样捉弄人,也考验人。

持家读书两兼顾

尽管曾巩的文章已广为各个领域的人们称道,然而一次又一次参加科举考试都扫兴地铩羽而归,不能不说是件让人灰头土脸、很没面子的事。乡里有好事者就如此讥刺曾巩和他的兄长曾晔:"三年一度举场开,落杀曾家两秀才。有似檐间双燕子,一双飞去一双来。"

乡邻的白眼和冷嘲热讽,给曾巩兄弟带来了一定的心理压力。如此反复再三,身体本就不好的哥哥曾晔终于含恨去世。然而曾巩仍坚持住没有倒下,反而化压力为动力,不仅没有因此而气馁打退堂鼓,反而更加坚定了以世儒为荣以儒学为业的决心。恰如初唐四杰的王勃所说"穷且益坚,不坠青云之志"，曾巩算是身体力行地完全做到了。

庆历七年（1047年），年近花甲的曾易占接到一纸通知，去京城待命。这对罢官赋闲已长达十一年之久的老父亲来说，或许已是人生的最后一搏，自是欣喜异常。于是由曾巩陪同，踏上了漫漫进京路。至五月，满心以为即将获得新职的曾父，并没能实现最后的愿望，不幸在南京（今河南商丘）病逝。二十九岁的曾巩克服重重困难，求得贵人相助，得以将父亲的灵柩送回老家安葬。

回到南丰，有继母和四个弟弟、九个妹妹在那里，需要他作为主要劳力来支撑这个家。由此可见此时曾巩肩上的担子有多沉重，日常生活有多艰难。正如他在三十三岁时所写的长诗《辛卯岁读书》中表述的那样："吾性虽嗜学，年少不自强。所至未及门，安能望其堂。荏苒岁云几，家事已独当。经营食众口，四方走遑遑。一身如飞云，遇风任飘扬。山川浩无涯，险怪靡不尝。……"

不难想象，要独当家事，确保一家不饿肚子，这绝不是一件容易的事。而如此艰辛的劳作之余，还要不中断自己和兄弟的学业，以应对科举，这是需要多少毅力与恒心才能做到的事！

回乡第二年，曾巩就想方设法在老家南丰置购田地，以作为养家糊口之需。当然，这还是远不足以支撑家中众多开支的。于是，曾巩开始了"四方走遑遑"的打工之路。据说他的足迹几乎遍布大半个大宋版图：往西北，去过淮阳、汝南等地，一直到汴京；向东，沿着运河，过五湖，入浙江；沿长江上溯，到过鄱阳湖和洞庭湖周边，到过武汉；向南，入广东，由英德、罗定至南海边。多少个严寒酷暑，多少次艰难险阻，都没能打击曾巩独当家事的责任心。或许正是这种苦难的经历，在某种意义上也成了一种不可多得的财富，铸就了曾巩不惧艰险、从容应对的才能与心态。

话又说回来，曾巩不可能是一般意义上的去全国各地"打工"，毕竟他已经是一个声名在外的文人，背井离乡，到处奔波，绝不会仅为赚钱，肯定还带着访师讲学、以文会友的目的。因为曾巩的文名远扬，"自朝廷至闾巷海隅障塞，妇人孺子皆能道公姓字。其所为文，落纸辄为人传去，不旬月而周天下。学士大夫手抄口诵，唯恐得之晚也"。也就是说，无论曾巩走到哪里，凭借早已扬名天下的文章，大家都已知道他的姓名字号，而且他笔下的文章广为士人学子传抄、诵读，甚至担心别人已拥有而自己还没有。这话说得可能有点言过其实，但距事实真相也不会太远。

当然，最难能可贵的是，即使在这样穷困潦倒诸事繁杂忙于维持生活之际，曾巩仍不失继承"世儒"的初心，未泯灭学业上的进取之志。除了自己好学不辍苦学深究之外，还要想方设法辅导弟弟们读书学习，以求得科考之名，不辱"世儒"门楣。

由于家境困难，弟妹达两位数，曾巩直到三十二岁才结婚，这在古代是相当罕见的。其实曾巩晚婚，应该还有一个理由，就是要为父亲守孝三年（有说法是只要二十七个月即可）。有的年谱说是曾巩直到三十六岁才成婚，综合各种资料来看，此说可能不准确。

上天没有辜负这位天赋异禀而又勤奋贤孝的好男儿。

嘉祐二年（1057年），回乡十年已届三十九岁的曾巩带着弟弟曾牟、曾布（后来贵为宰相）、堂弟曾阜和妹夫王无咎、王几赴京参加贡举。恰逢欧阳修担任礼部贡举的主考官，以翰林学士身份主持进士考试，而世人皆知欧阳修一直反对"太学体"，大力提倡平实文风，坚持要以古文和策论为主，以诗赋为辅，来测试考生的真才实学。这对曾巩和他的亲人来说，无疑是个千载难逢的绝好机会。

曾巩一行六人，平日所学自然都随了曾巩，因为曾巩不仅在年龄上是兄长，在学业上也是最具影响的。因而六人所学知识范围、文章写作风格等，都近似曾巩。主考官欧阳修素来青睐曾巩的才学，爱屋及乌，连带与曾巩文风相似的也一并得到青睐。

　　黄榜高悬，曾巩等六人竟然脱颖而出，全都中了进士！大喜过望的曾巩，不由得回想起临行前继母所说的愿望：你们之中只要有一人中了进士，就是吉星高照，祖坟生烟啊！想到这里，曾巩不由得感慨万千，涕泪交流。

　　在选录过程中，据说还发生了这样一件阴差阳错的事：在定夺最优秀的策论试卷时，欧阳修看到其中一份非常出色，因姓名被糊盖了，就凭直觉认为是曾巩所作无疑。有心把这份试卷点为第一名，又担心张榜之后授人口实，遭人闲话，会传言他徇私舞弊照顾自己最喜爱的得意高足兼老乡。反复斟酌后，只好忍痛定为第二名。不料试卷公开之后，才发现本应是第一的苏轼竟屈居第二。

　　此事真假难辨，就当作一桩科举考试的奇闻逸事吧。

辗转七州官运蹇

　　中了进士后，曾巩为官的第一站是在太平州（今安徽当涂）任司法参军，也就是为地方官按法断刑提供法律依据的文官。这个职位，对他后来写作的构思缜密、文风朴实应该有一定的影响。

　　干了几年司法参军，曾巩就在当地以熟悉法规条文及按罪准确量刑而闻名。但这份工作对于这样的文章大家来说，确实是有些屈才了。到了嘉祐五年（1060年），恩师欧阳修实在看不下去，就向朝廷举荐曾巩到京师当馆阁校勘、集贤校理。在这个职位上，曾巩负责《战国策》《说苑》等大量古籍的整理、编校工作，并撰写了大量目录序文，如《〈战国策〉目录序》《〈梁书〉目录序》《〈陈书〉目录序》等等。这些文章不仅阐明了相关古籍存世散失的脉络，还别出心裁地将儒家的义理学说融入朝代兴亡的叙述之中。

就这么一连整理了九载古籍，到了熙宁二年（1069年），曾巩调任《宋英宗实录》检讨，这可是史官中十分重要的职务，谁知不久就被外放越州（今浙江绍兴）任通判。

这是怎么回事呢？

原来这时正是王安石得到神宗重用，开始"熙宁变法"之时。曾巩与王安石早就是一对惺惺相惜的挚友，后来又成了姻亲，曾巩还多次向欧阳修举荐过王安石。然而在涉及变法的方式等问题上，两人产生了较大分歧，这让曾巩很是忧伤，在《过介甫归偶成》一诗中写道："心交谓无嫌，忠告期有补。直道讵非难，尽言竟多迕。知者尚复然，悠悠谁可语。"可见王安石根本没有看在老友的情分上放下身段冷静考虑采纳曾巩的忠直建议，反而认为他与自己的看法相左，完全是在为难自己。加之曾巩刚到《宋英宗实录》任检讨，很自然被王安石看成是反对变法的司马光一边的人。自知左右为难的曾巩无计可施，于是主动要求外补去了越州，也算是远离了权力的旋涡中心。

还在京都时，曾巩就与同出欧阳修门下的苏轼相识，并成了十分投缘的好朋友，经常在一起你唱我和。后来苏轼的伯父去世，苏轼专门邀请曾巩为他的伯父写墓志铭。由曾巩凝聚情感撰写的铭文，不仅生平评价准确，而且叙述文采斐然，完全对得住师弟对自己的信赖与托付。当曾巩外放任越州通判后，同样对变法持不同意见的苏轼，很可能是有意到距越州很近的杭州任通判的。

熙宁四年（1071年）六月后，曾巩就陆续在齐州（今山东济南）、襄州（今湖北襄阳）、洪州（今江西南昌）、福州（今属福建）、明州（今浙江宁波）、亳州（今属安徽）等知州任上打转。

尽管每隔几年甚至只一两年，就要转徙不同的地方任职。但曾巩在每个职位上都能恪尽职守，有所建树，离开时都给当地留下了被百姓称颂的政绩。

在越州，恰逢闹饥荒，城里义仓的储备粮严重不足，而且各地的灾民也不可能都聚集到城里来购买粮食。经曾巩一番调研后，责令各地的富户申报可满足自用后的库存粮食余额，并准确地设定了一个十五万石的额度。当申报的余粮达到这个数额之后，就将这些粮食以略高于市场行情的价格，就近卖给当地的灾民度过荒年，有效地消除了饥荒可能带来的后患。为鼓励尽快恢复生产，曾巩令州府出粟钱五万，贷给民众购买种粮，待秋收后与田赋一并交纳。

在齐州，曾巩上任不久，就以"自首有奖，抗拒严惩"的策略，连续打掉了两个作恶多端的黑社会团伙，实行"保伍"之法，使社会风气迅速好转。后来朝廷准备修黄河，要从齐州抽调两万民夫。按现有户籍人数推算，得"三丁抽一"。曾巩决定重新开展一次户籍调查，结果发现了大量未入籍人口。按新登记的人口推算，只需"九丁抽一"即可满足朝廷下达的任务指标，又合理减轻了百姓的徭役负担。此外，曾巩还积极疏浚河道、筑城防水、构建亭馆等，美化齐州。

在洪州，上任伊始，正赶上瘟疫流行，开销很大，而手头的钱却不多。曾巩精打细算，分级设防，储存所需药品和食品，利用官舍建立临时隔离场所。医生全力以赴，染病者个个登记在册。由于防范和医治措施到位，因而当朝廷的救济下拨时，就立即可以按需分发到位，效率奇高。恰在这时，前往讨伐安南的万人大军很快就要过境洪州。曾巩根据军队的各种需要提前制定详尽预案，悄然做好应对准备，所以当大军来到洪州直至离开，洪州的老百姓居然未受惊扰，没有察觉到与平时有什么不同。

在福州，曾巩提出官不能与民争利。当时官府的"职田"（用于补贴官员收入）所种的蔬菜大量上市，导致市场上的菜价越来越低，职业菜农的收入大为下降。曾巩知道后，立即责令将这些国家划拨的"职田"改种其他农作物，所得充作公用，从而保障了菜农的合法利益。

历经多年的忙碌与奔波，频繁的转任与迁徙，曾巩已是五六十岁的人了，精力和身体大不如前，加之一直寓居在京城的继母已经八十多岁，需要孩子在身边陪侍尽孝。此时的曾巩，对官场已渐生厌倦之心，多次表示为了养亲不愿远仕。甚至去明州上任前，提出能否允许他"暂至京师迎侍母赴任"这样的合乎情理的乞求，都未能获得有关部门同意。

直至元丰三年（1080年），朝廷发文要年逾六十的曾巩改任沧州（今属河北）知州，而赴任需途经京城开封。曾巩敏锐地意识到路过开封时，必须设法求得宋神宗亲自面见自己一次，才有可能出现改变自己命运困顿的机遇。于是精心写了封言辞恳切、情感真挚的《授沧州乞朝见状》，开篇即说："窃念臣远离班列十有二年，伏遇陛下神圣文武，当天受命……"

这份状子还真打动了宋神宗，同意召见曾巩。宋神宗对他"节约为理财之要"的高论十分赞赏，认为"世之言理财者，未有及此"，当即决定把曾巩留下，在三班院任"勾当"负责管理人事。

从五十一岁出京，到年逾六十还要去沧州。兜兜转转十来年，曾巩先后已在七处任地方官，至今人已老，鬓已霜，体已衰，灯将枯。不过能在垂暮时分，实现自己多年的愿望留在京城，仍不失为一件梦寐以求的大好事，虽然实在是来得太迟了些，但终归远胜于不来啊！

曾巩如愿留在京城以后，与宋神宗有过几次直接面谈。期间所表现出来的见识和才学，使神宗意识到曾巩的确有着卓越的史学才能，更适宜修史。于是，宋神宗一纸诏令："曾巩史学见称士类，宜典五朝史事。"于是成为史馆修撰，管勾编修院，判太常寺，兼礼仪事。

要知道当时修国史的可谓人才济济，负责抓总的历来是朝廷大臣，从未有过把编修重任托付一人的，更何况是将宋太祖、宋太宗、宋真宗、宋仁宗、宋英宗五朝国史统交一人负责。

得到任命，曾巩诚惶诚恐，前去拜谢皇上，一则谢恩，二则借机表示如此大任，不是一人所能独自承当的。宋神宗回应道：这也不是一时心血来潮的提名，而是考察已久反复权衡才作出的慎重决定。你就当仁不当，无须再推辞了。

要说修这《五朝国史》，也的确是不容易。因为书中所涉人物事件，都离本朝太近，各种盘根错节的关系还若隐若现，在表述和评价时都难以下笔。此外，中央机关和地方应提供的资料也不全，还有些人心存不满恶意攻击《五朝国史》。曾巩思前想后考虑再三，决定洗手不干了，于是写了份《拟辞免修五朝国史状》交给宋神宗。

宋神宗接到曾巩的这份辞职报告，很快就同意了。原因是此时他另有重要安排，将曾巩提拔为中书舍人，负责执掌草拟诏命。曾巩以年老体弱不能胜任为由仍是不从，并极力推举刘攽替代自己。但宋神宗主意已定，坚决要他走马上任。皇命难违，曾巩只得恪尽职守，努力做好分内事情。

桃李不言自成蹊

在曾巩的所有作品中，当数他的散文最出色，被人广为称道。要不是这样，又怎么会被后世列入"唐宋散文八大家"之中呢！

曾巩的散文，以其寓理于文、构思缜密、文风质朴、语言典雅而名动两宋，泽被明清。他的文章不仅在普通士子中广为流传，成为学习的楷模；许多名家大腕亦赞美有加，以为后世难及。

恩师欧阳修早就认为曾巩是"百鸟而一鹗"的人才，文章也自是高超特出的魁垒锦绣，这在前面已有叙述。

至交王安石对曾巩也是倍加推崇，在《赠曾子固》诗中赞道："曾子文章众无有，水之江汉星之斗。……借令不幸贱且死，后日犹为班与扬。"将曾巩的文章比作地上之江河，天上之星斗。假如不幸贫贱苟且去世，文学成就仍可与班固、扬雄比肩。

宋代最杰出的文学家苏轼对这位学兄也是极尽夸赞："醉翁门下士，杂沓难为贤。曾子独超轶，孤芳陋群妍。"(《送曾子固倅越得燕字》)意思是欧阳修门下的文人才子多不胜数，但独有你最为超群拔萃，犹如在百花丛中傲视群芳呀。

曾巩去世后，同时代的人就认为："自唐衰，天下之文变而不善者数百年。欧阳文忠公始大正其体，一复于雅。其后公与王荆公介甫相继而出，为学者所宗，于是大宋之文章炳然与汉唐侔盛矣。"(韩维《朝散郎试中书舍人轻车都尉赐紫金鱼袋曾公神道碑》)也就是说，自唐没落以后的数百年间，天下文章已脱离正轨，到了欧阳修才开始走上正道，恢复典雅的古文样式。之后有了曾巩、王安石相继出现，他们的文章被读书人视为楷模。自此，宋朝的文章才与汉唐的文章同样灿烂夺目。

而同为"唐宋八大家"的苏辙，更是称颂曾巩："儒术远追齐稷下，文词近比汉京西。"(《曾子固舍人挽词》)认为曾巩的儒学素养已接近战国时的大儒水准，而文章美妙则与两汉时的顶尖高手相近。

到了南宋时，大哲学家朱熹对曾巩"词严而理正"的文章尤其喜爱，经常诵习，以至手不释卷，认为他的文章独具特色，既有思辨说理，又显端庄文采，是孟子、韩愈以来写得最好的，比欧阳修的还要好。他曾说过："予读曾氏书，未尝不掩卷废书而叹，何世之知公浅也。"由此可见朱熹不仅自己钟爱曾巩文章，而且深为曾巩不为更多人所了解而叫屈。有朱熹这位大理学家的喜好，以至南宋时有一些人竟然把曾巩当作重要的理学家来祭祀和尊崇，几乎又成了一个理学大圣人。

至明代时的文坛，有个"唐宋派"的重要代表人物叫茅坤，不仅倡导人们学习唐宋古文，还选辑了《唐宋八大家文钞》一书，将曾巩与韩愈、柳宗元、欧阳修、苏轼等人并列。为什么要把曾巩列入其中呢？他的理由是:学习先秦两汉文章,这只是源头,莫若学习唐宋文章,这才是高潮时期。而学习唐宋文章,又莫若学习宋代文章,已成江海之势,更为成熟平阔。显然,在宋代诸大家中,又以曾巩的文章最值得效仿,其中既有儒家的义理之说,又有文章的方圆规矩,是学习唐宋古文精髓的最佳路径。

此说一出,影响此后文坛数百年。

清代康熙年间,被誉为"天下第一清官"的著名学者张伯行重新选编《唐宋八大家文钞》,其中韩愈文60篇、柳宗元文18篇、欧阳修文38篇、苏洵文2篇、苏轼文26篇、苏辙文27篇、曾巩文128篇、王安石文17篇。这样选编的理由,同样是编者认为曾巩的文章比其他大家更得儒家经典的精髓,并深得《史记》《汉书》的章法,所以选文就得向他倾斜。

清代中后期有个著名的文学流派桐城派,更是认为历朝历代中,唯有曾巩才是所谓"道统、治统、文统"三者合一的不二人选,主张写文章就得以曾巩为最佳楷模,尊奉儒家思想,服从现实政治。

随后,五四运动的滚滚洪流荡涤了数百年来被传统文人奉为金科玉律的理念,"桐城谬种"被批倒批臭,主张"文以明道"的曾巩文章大家的地位也就随之一落千丈。西方散文进入国门后,更是一新人们对传统文学领域中的旧散文观念,进而代之以记叙、抒情、写景为主的"美文"新散文观。

然而曾巩的杰出不会被世人遗忘,他的散文自有其高妙之处。当从浮躁归于平静,把曾巩文章重新纳入视野时,人们就会惊喜地发现,一度被冷落的曾巩散文,读之恰如进入秋天,竟是那么恬静,那么醇厚,那么美好!

波泽春涨《墨池记》

通常人们都认为,曾巩的文章魅力,议论性散文主要表现在所写的各种"序"中,叙述性散文主要表现在所写的各种"记"上。通过这些"序""记",

曾巩的文章个性凸显，例如：《〈战国策〉目录序》等散文就以条理分明、说理深刻、剖析微言、阐析疑义、不露锋芒而为人称道；而《墨池记》等散文则以记事精细、议论恰当、抒情真挚、平易自然而为人叹服；同时《醒心亭记》与欧阳修的《醉翁亭记》，还被誉为写景记事散文的双璧。

当然，曾巩最为人称道的散文，还属他的各种"记"，最具代表性的当推《墨池记》：

　　临川之城东，有地隐然而高，以临于溪，曰新城。新城之上，有池洼然而方以长，曰王羲之之墨池者，荀伯子《临川记》云也。羲之尝慕张芝，临池学书，池水尽黑，此为其故迹，岂信然邪？

　　方羲之之不可强以仕，而尝极东方，出沧海，以娱其意于山水之间；岂其徜徉肆恣，而又尝自休于此邪？羲之之书晚乃善，则其所能，盖亦以精力自致者，非天成也。然后世未有能及者，岂其学不如彼邪？则学固岂可以少哉，况欲深造道德者邪？

　　墨池之上，今为州学舍。教授王君盛恐其不章也，书"晋王右军墨池"之六字于楹间以揭之。又告于巩曰："愿有记"。推王君之心，岂爱人之善，虽一能不以废，而因以及乎其迹邪？其亦欲推其事以勉其学者邪？夫人之有一能而使后人尚之如此，况仁人庄士之遗风余思被于来世者何如哉！

　　庆历八年九月十二日，曾巩记。

细读曾巩的散文，似乎领略不到充盈在李白、苏轼诗文中那种纵横捭阖、神鬼莫测的豪迈之气概，更多的是感受到迂回曲折、娓娓道来的中和之韵味。这篇记体散文就是这样。先叙说在江西临川城的东面，临近溪旁有一块并不显高的地方，叫新城。新城上面，有个低洼的长方形水池，人说是王羲之洗笔砚染黑的墨池，荀伯子写的《临川记》中有记载。王羲之曾经仰慕张芝"临池学书，池水尽黑"的精神，但说这里就是他的临池旧址，难道是真的吗？

写到这里，曾巩故意将笔宕开，并不去考证此地此池是否真是当年王羲之的墨池，而是顺势回顾王羲之不愿做官，遍游吴越，泛舟江湖，寄情山水的人生经历，进而推测王羲之是有可能在这里停留过的。至此，笔锋一转，言及王羲之的书法，到晚年时才达到极致。然后瓜熟蒂落般引出一番求学的道理，也是本文的高潮和主旨所在：王羲之的书法能有这般造诣，完全是他自身刻苦努力的结果，并不是老天赐给的。后人的书法没有能够企及他的水准，是不是未能像王羲之那样下苦功呢？由此看来，在学习上是绝不能懒惰的，何况还要具备深厚的道德修养，那就更应多多用功了。

文末，作者顺便交代了写作本文的前因后果及感言：在墨池的旁边，是抚州州学的校舍。教授王盛因担心墨池隐藏的故事不为人知，就写了"晋王右军墨池"六个字悬挂在门前两柱之间。还对我说："希望你来写篇文章记载这事。"我推测王先生的用意，大概是不忘人之长处，即使是一技之长亦不能被忘却，由此而延及其曾留下的遗迹也应得到尊重。估计是想以此来勉励他所教育的学生吧？一个人有一种特殊才能，后人就如此崇尚，何况是那些品德高尚、举止端庄的正人君子，对后世的影响更是不可估量啊！

通篇文章，没有层层递进的演绎，没有辨伪存真的考证；没有移步换景的铺叙，没有纵横激昂的说理；没有旁征博引的联想，没有随心所欲的比附……有的，是不疾不徐、环环相扣的叙事节奏，是细致周密、水到渠成的行文方式。对无法考证的往事，存而不究；对隐含其中的道理，言而不论。文章当行则行，当止则止；不蔓不枝，恰到好处；温婉含蓄，理明言止。全文处处不露斧凿之痕，有如浑然天成，给人一种舒缓、真纯、沉静、平稳的美感。

类似《墨池记》这样的文章，曾巩还有不少；也只有曾巩这样的大家，写出来才让人为之折服。

前人评价唐宋八大家，认为韩愈文章"如崇山大海"、柳宗元文章"如幽岩怪壑"、欧阳修文章"如秋山平远"、苏轼文章"如长江大河"、王安石文章"如断岸千尺"，而曾巩文章则"如波泽春涨"。这些象征，的确是深得个中三昧才能得出的贴切比喻。可以看出，其他大家的文章自是宏阔悠远，气势不凡，而曾巩则完全是另一个路数。读曾巩的文章，就如同漫步在春风拂面的河滩上，清风吹起并不起眼的阵阵涟漪，一波一波拍向地势渐高的立脚处，很快鞋面就湿润了。啊，春潮正在不知不觉中涌动着！

《宋史·曾巩传》评价其文："立言于欧阳修、王安石间，纡徐而不烦，简奥而不晦，卓然自成一家，可谓难矣。"很显然，"波泽春涨"就是曾巩散文的魅力所在啊。

其实曾巩除文章之外，他的许多诗歌也是很有寄寓兴味的，如《人情》诗：

> 人情当面蔽山丘，谁可论心向白头！
> 天禄阁非真学士，玉麟符是假诸侯。
> 诗书落落成孤论，耕钓依依忆旧游。
> 早晚抽簪江海去，笑将风月上扁舟。

诗中愤怒讨伐了虚伪人情大于真诚人心的社会现象，表达了坚持信念、回归家园、云游四方的心愿。

又如与唐代贺知章诗同题，内容却一褒一贬的《咏柳》：

> 乱条犹未变初黄，倚得东风势便狂。
> 解把飞花蒙日月，不知天地有清霜。

诗中把春天的柳树比喻为得势便猖狂的小人，借以讥刺邪恶势力，读之让人深省：小人得志、奸佞当道的局面终究不会久长，他们的罪恶行径终将得到历史的惩罚。

无怪乎钱锺书先生在《宋诗选注》中，对曾巩的诗给出了一个很高的评价："他的诗远比苏洵、苏辙父子的诗好，七言绝句更有王安石的风致。"

只是相对于曾巩的赫赫文名来说,他的诗名被遮掩了,恰如他的书法也很好,却未以大书法家闻名于世一样。

文章不朽惠后世

曾巩回到京都第三年的元丰五年(1082年)九月,继母去世,按制得守孝三年。于是与诸位弟弟张罗着,一起将继母的灵柩运回老家南丰。

曾巩体质素来不是很好,二十七岁时曾得过一场肺病。数十年来,不是青少年时夙夜苦读,就是入仕后戮力公事。晚年更是抱病操劳,又叠加丧母之悲,到江宁(今江苏南京)时已病重无法继续南下,只得留下来就地治疗。奈何此时曾巩气若游丝,汤药已无力回天。曾因政见不同而一直疏远了的挚友王安石,在熙宁九年(1076年)第二次罢相后已在江宁居住数年,闻讯后迅速赶来,并动用自己的关系协助处理需办事务。

元丰六年(1083年)的四月十一日,曾巩在江宁病逝。

曾巩逝世后过了一百多年,直到南宋理宗时(1225—1264),朝廷才追赐谥号"文定"。但同时期的文人却不胜悲恸,纷纷撰文赋诗,表达自己对这位一代文学巨匠的追思之情。其中,尤以同为唐宋八大家之一的苏辙《曾子固舍人挽词》表达得最为真挚深沉:

> 少年漂泊马光禄,末路骞腾朱会稽。
> 儒术远追齐稷下,文词近比汉京西。
> 平生碑版无容继,此日铭诗谁为题。
> 试数庐陵门下士,十年零落晓星低。

诗中,既有对曾巩"少年漂泊""末路骞腾"而后终得回报的人生历程回顾,也有对曾巩取得的文化学术成就的肯定与赞佩。诗末,还借此流露出对欧阳修门下士子渐趋凋零似晨星寥落的感伤。

曾巩的亲弟曾肇对自己的兄长则更是称颂有加:"是时宋兴八十余年,海内无事,异材间出。欧阳文忠公赫然特起,为学者宗师。公稍后出,遂与文忠公齐名。自朝廷至闾巷海隅障塞,妇人孺子皆能道公姓字。其所为文,落纸辄为人传去,不旬月而周天下。学士大夫手抄口诵,唯恐得之晚也。……世谓其辞于汉唐可方司马迁、韩愈,而要其归,必止于仁义,言近指远,虽《诗》《书》之作者未能远过也。"(《子固先生行状》)其所言虽不无溢美之词,但亦不为太过。

后世在道德文章方面受惠于曾巩的,可谓不可胜数。如南宋大理学家朱熹就坦称:"爱其词严而理正,居尝诵习。"又如明代诗人、散文家,嘉靖八才子之首的王慎中就是如此。据《明史·王慎中传》记载:"慎中为文,初主秦汉,谓东京之下无可取,已司欧、曾作文之法,乃尽焚旧作,一意师仿,尤得力于曾巩;顺之初不服,久亦变而从之。"

曾巩当年有感于自己读书的艰难,在有了一定条件后,曾在小时成长之地抚州临川兴建了一所"兴鲁书院",意在不忘祖先,"上承曾子之家学,以继周公孔子之传者",并亲自制定学规,邀请名家前来讲学。此后书院惠及乡人,明清两代时的兴鲁书院是抚州六县(临川、崇仁、宜黄、乐安、金溪、东乡)的讲学之所,为本地培育出了大批人才,大戏剧家汤显祖就曾就读于兴鲁书院。如今在抚州城区有一条名为"兴鲁坊"的东西向街道,就是当年的兴鲁书院所在地。至于省城南昌的"子固路",则纯粹是为了纪念这位不可忘却的文化巨人而命名的。

曾巩的原籍在南丰,因而在他病逝后,也就顺理成章运回老家安葬。至今在南丰县杨梅坑村,仍保留着其墓地,属于抚州市第二批文物保护单位。

曾巩的文章还在,当年的遗迹尚存。

可以想见,曾巩的道德文章,不仅不会泯灭消亡,还会更加发扬光大,激励一代代学子勤学上进,成就更加美好的明天。

王安石：
雄才豪情入诗文

他有政治家的胸怀、改革家的胆魄、思想家的远见，而改革变法却让他饱受千年争议。幸有内容充实、感情丰沛、意境开阔、蕴含深沉的诗歌，结构谨严、说理透彻、笔力雄健、纵横捭阖的散文，成就了他文学家的千载美名。

1021—1086

江西临川人

不同时代的文人，在其留存于世的作品中，不但留着自己的独特气质和风格，还会自觉或不自觉地打上特定的时代烙印。

在宋代，按照宋太祖定下的"以文取士"的规矩，只有能写出圣贤文章的高手，尤其是能写出被朝廷取士认可的"时文"，才可能一举成名，进而走上仕宦之路，被世人推重赞赏。正因如此，那些凭借科场文章一举入仕的文人，他们因有着其他未担任过官职的文人所不具备的经历和识见，往往能写出眼光独到、胸襟宽广、反映重大事件的诗文，被同时代和后世的士子文人所追捧、崇尚。

不过做官也容易影响文学创作才能的发挥。比如南朝时的江淹，少年时即以诗歌辞赋扬名于世。可自从他当了大官以后，就再也写不出像以前那样的优美词句了。后人据此留下一个"江郎才尽"的成语，以为是江淹肚子里的文才"保鲜度"已到期。实则因江淹当了大官后，经常忙碌于烦琐的行政事务中，无暇像过去那样专注于文学写作，自然就容易疏于文辞艺术了。

当然，官做得大的文人，也许可以从一个侧面表明他做官样文章时，能展纸提笔一挥而就，高屋建瓴气势如虹，八面玲珑滴水不漏。但这绝不意味着写作诗文也一定能做得和官样文章同样好。作为"一人之下，万人之上"的高级行政官员，有宋一代江西籍宰相达五十人之多。然而在诗文造诣和影响力方面，真正称得上独领风骚的，却寥若晨星，屈指可数。其中近千年来以诗文成就广为人知，而政治举措备受訾议非论；近代又以改革功绩大受褒扬，而文学贡献则粗略带过的，史上唯有王安石一人。

尤其值得一提的是，在"唐宋八大家"中，这位头上顶着伟大政治家、思想家和改革家光环的王安石，还是唯一担任过宰相官职的。

少年立下青云志

王安石（1021—1086），字介甫，号半山，抚州临川（今抚州东乡上池村）人，生于父亲任职的临江军（今江西清江）。据史载，王安石小时候就以聪明伶俐闻名于邻里，还具有超强的记忆力，是个名副其实的神童。而后天的良好教育，则使王安石如虎添翼，与同龄孩子大不相同。但凡接触过这个神童的人，都明白他不仅书读得多，文章也写得好，忍不住会为之啧啧称奇。

既然被大家视为神童，关于他的故事也就不少，其中有一则是这样的：

离王安石住处不远的街口，有家面馆，是少年王安石上学必经的地方。因为王安石光顾的次数不少，里面的大厨、伙计也都熟悉他。

有一回，店老板大概想试试王安石的聪明程度，就和大厨、伙计商量一番，预设了个小局，看看这个神童能不能想出办法解套。王安石来到店内后，按老习惯点了一碗肉丝面，结果左等不来，右等还是没来。而店伙计每每端着热气腾腾的大碗面，都旁若无人般从王安石身边走过，看都不看他一眼，径直给了其他后来的顾客。这让王安石很不高兴，便问店伙计是怎么回事。谁知伙计进了厨房，只给王安石带来一双筷子，说是这碗面他端不成，得王安石自己去才行。王安石听伙计这样说，心中好生奇怪，就接过筷子，起身到后厨看个究竟。大厨见王安石来了，忍不住笑地指了指锅台上一碗已溢出汤来的肉丝面说："这就是你的肉丝面，多加了些肉丝。要是你能徒手将面端到外面桌子上，还不洒掉一滴面汤，这碗肉丝面就算店里请客免费送你。"王安石一听是这么回事，知道是店主有意出难题考考自己，便也笑了笑，说声"可不许反悔啊"，便将手中的筷子插进碗里，把面条几乎悉数挑起。此时碗中约只有一半的面汤，王安石再端到自己的桌上就易如反掌了。

凭着随机应变的能力，王安石不仅毫无悬念地白吃了一碗加料的肉丝面，还赢得了店老板、大厨、伙计和在店里用餐的食客一片叫好声。自此，王安石的聪明机智就传得更远了。

这则故事的真伪已无从稽考，当然也不必太过认真。

我们只需知道，王安石的确打小就聪颖过人，且学习十分刻苦。

其实王安石小时候读书的外部环境并不是很好。他的母亲逝世得早，因而王安石的少年时期，基本上是跟随仕宦的父亲王益生活，隔不了几年就要来一次远途迁徙，如十岁时随父去韶州（今广东韶关）等。好在王安石天性喜好读书，加之记忆力过人，因而对他的学业影响并不大。反倒是由于父亲平日忙于政务，使少年王安石有机会从小就对社会万象民生疾苦有相当深度的接触，对宋朝百年"盛世"潜伏着的重大危机也有了初步的认知。这为他日后从政早早开阔了眼界，增加了宝贵的阅历，也由此立下了"矫世变俗"的志向。

景祐三年（1036年），父亲服完丧等待朝廷安排工作，王安石像过去一样随父来到京城。在京城，王安石借助以文会友的方式，结识了仅比自己大两岁的江西同乡、南丰人曾巩。已有相当文名的曾巩看到王安石的文章，深为折服，于是转而向已在文坛享有很高声誉的欧阳修推荐，并得到欧阳修的很高评价："翰林岁月三千首,吏部文章二百年。老去自怜心尚在,后来谁与子争先？"颇值得玩味的是，早已文名盛行于世且在京城上过太学的曾巩，居然连续参加四次会试，才在三十九岁那年中进士；而王安石在十九岁时因其父突然病逝于江宁（今江苏南京）通判任上，必须为父守孝，直到二十二岁时才初次参加科举考试，竟然就高中一甲第四名。这"第四名"，据说还是"被第四名"，因为按初定结果，应是头名状元。

这是怎么回事呢？

据史料记载，当主考官将前十名的考卷呈送皇帝钦定最终名次时，此前已初步排好了先后名次：王安石第一、王珪第二、韩绛第三、杨寘第四。这位宋仁宗先打开预排第一的王安石的试卷，看得心花怒放，连连叫好之际，忽然发现其中有出自古籍《尚书》中的"孺子其朋"四字，其本意是周公劝诫成王的话，但首先是"孺子"就很刺眼，接下来"其朋"就更为忌讳——因为宋代是最痛恨臣僚在私底下拉帮结派，勾搭朋党的。这下可把之前对王安石的好印象给冲得一干二净，仁宗当即要求把排第二的王珪换到前面来。结果一查，王珪属于"在职应试"的考生，按祖宗之法不能当状元；于是把排第三的韩绛换成第一，结果发现他也是"在职应试"的考生，同样不符合硬性条件。这样一折腾，就只好与同是"应届生"的杨寘互换了，于是杨寘成了那一届的状元，王安石只得屈居第四名。

甫一亮相，就有了这么一个高起点，王安石可谓春风得意，能够在人生舞台上振翮高飞，凌云展翅，去实现自己的远大政治抱负了。

屡辞京官重实绩

朝廷分派给王安石的第一个公务员职务是"签书淮南节度判官公事"，简称"签判"，具体工作就是在扬州政府办公厅当个大秘书。当时的一把手是扬州知州韩琦（1008—1075），弱冠之年就名登进士第二名，后成为执政大臣，因与范仲淹、富弼等主持的"庆历新政"失败，被贬至扬州。实事求是地说，惺惺惜惺惺，韩琦还是认定王安石有才有识，是可以造就的年轻人，对他还是很器重的。当然，王安石也很尊重韩琦。平日里如果以工作是否称职来评价王安石，那自是无可挑剔。但若提及王安石的日常生活细节，则让这个韩知州直抓脑袋，频频皱眉。

一天上午，王安石又是衣冠不整、蓬头垢面、眼皮浮肿地匆匆赶往府衙上班。这一幕恰被韩知州从窗口见着，心里估摸着这年青人怎么如此邋邋遢遢，全没有年青人应有的衣衫整洁、充满朝气的模样？莫非是昨夜沉湎于歌楼酒肆，纵情于风月场上？看来得敲敲警钟，提醒提醒。想到此，这位扬州主官立即走出办公室，远远地朝王安石招招手，约他过来聊聊。至于具体内容，大约先是鼓励一番，然后是长篇大论的劝诫：像你这样前途无量的青年人，理当奋发上进，惜时读书……

王安石只是面无表情地闷着头听，也不分辩，也不解释。韩知州见训了半天话，好似对牛弹琴，不闻回声，只得收住话语，摆摆手让王安石回自己的办公室去。

此前其他同事都知道王安石被知州召见，这时纷纷围上前来，好奇地问知州对他谈了些什么。王安石只是淡淡地说了句："韩公不了解我。"

的确，高高在上的韩知州真不了解王安石在业余时间都干了些什么。因为王安石草草用过晚餐，回到住处就是通宵达旦地看书，或是撰写他初涉官场的思考录《淮南杂记》等文章。待到天快放亮时，尽管精力充沛但仍感到筋骨疲累的他往往只是眯眯眼睛小憩一会，接着脸不洗头不梳就急匆匆地赶去衙门上班。所以众人眼中的王安石，自然是衣冠不整，精神欠佳的邋遢模样。

按照北宋的规定，凡是会试名次在前的进士外放三年后，都有资格申请去朝廷担任馆阁之职。虽说这类职务本身并不显赫，但因有机会常在皇帝眼前晃来晃去，出头露面的机会就多，随之获得提拔的机会也就比做地方官多得多，正所谓"近水楼台先得月，向阳花木易为春"嘛。对那些有资格申请的极少数进士来说，这可是稍纵即逝千载难逢的机遇，通常都会牢牢抓住不容错过的。然而王安石想的却不是这样，觉得趁自己还年轻，宜留在基层施展自己的才学，干出实实在在的成绩，方是正道。至于在馆阁任职的人，多一个少一个无关紧要，倒是能把一个县由穷至富，才是验证主官综合施政能力的试金石。于是王安石向朝廷写了份报告，要求交给他一个贫困县，以施展自己的才学，改变当地的穷困面貌。

朝廷有关部门收到王安石的报告，大概觉得这个年轻人有志气，有抱负，于是在庆历七年（1047年）批准王安石以"大理评事"头衔，出任明州（今浙江宁波）鄞县知县。

面对这块陌生的地方，初来乍到的王安石第一件事就是率领有关官员组成考察队，行走数百里路，花了十三天时间实地摸清了全县的基本情况，并撰写出《鄞县经游记》。随后根据鄞县虽有淡水却有海水倒灌，以致"田不可稼，人不可饮"的现状，迅速采取得力措施整治。据《宋史》记载，王安石在鄞县"起坡堰，决陂塘，为水陆之利；贷谷与民，出息以偿，俾新陈相易，邑人便之"。在初始阶段，是大兴农田水利基本建设，以根绝水患；后期则是在庄稼青黄不接之时，将县府储备的粮食以百分之二十到百分之三十的低息贷给渔民和农民，秋收时再还粮付息，有力地遏制了以往被迫借百分之百至百分之三百的高利贷惨状再度出现。很明显，这就是王安石后来任宰相时推行的"青苗法"雏形。

第二年，王安石在鄞县创办了第一所县学，使当地的子弟不出县境就可求学，并在民众中形成尊重知识、重视教育的风气，逐步改变教育落后的面貌。

此外，王安石还将原来的一乡五里制进行调整，由十家组成一小保，十小保组成一大保，十大保组成一都保，各级均设保长，请当地的贤良人士担任。

王安石在鄞县第一个"改革实验区"三年多的时间里，利用主官的权限实施大刀阔斧的改革，以满腔的政治热情和忧民情怀，殚精竭虑，身体力行，在治水、兴学、富民等方面都卓有建树，为他后来的"庆元变法"积累了初步的地方治理经验。

在鄞县任职期满，王安石的业绩已广为人知，并迎来了又一次入职京都的好机会。可王安石觉得在地方工作的经验仍然不足，还想继续在地方上历练。于是又一次要求，继续任地方官。皇祐三年（1051年），朝廷按王安石意愿，以"殿中丞"身份，让他出任舒州（今安徽潜山）通判。

这通判虽是知州副手，说来权力不小，但遇事却只有建言献策的份，至于能不能付诸实行，则全凭知州一句话。因而在舒州的三年任上，王安石面对政事的种种弊端，民众的水深火热，碍于守成的知州不敢作为，而自己难以作为，内心十分郁闷痛苦。他曾写下《感事》长诗，哀叹百姓困苦，官吏腐败。其中有这样的句子："丰年不饱食，水旱尚何有。……特愁吏之为，十室灾八九。原田败粟麦，欲诉嗟无赇。间关幸见省，笞扑随其后。况是交冬春，老弱就僵仆。州家闭仓庾，县吏鞭租负。"

直至离任，王安石在舒州都没有什么见诸史籍的业绩，倒是三年后他离开舒州途中，与亲友游览景点后留下的文章——《游褒禅山记》，以其因事见理成为流传千古的名篇，其中"世之奇伟、瑰怪、非常之观，常在于险远，而人之所罕至焉，故非有志者不能至也"，亦成为他多年后力推新法的强大精神支柱。

离开舒州赴京，这回朝廷特地为王安石安排了个"集贤校理"的重要馆阁职位。这个官位的职责虽只是掌管整理皇家图书事务，但供职一两年后，即可带职补缺，并可越级提拔。毫无疑问，这个职位还是很诱人的，可王安石却没有半点兴趣，一再坚持不肯接受。当朝宰相文彦博遂推荐他担任"群牧司判官"，但王安石仍坚持不肯上任。就这么僵持了好一段时间，连欧阳修也觉得不合适，就劝道："你不想当京官，可你一大家子人还指望着你来养活呢。"好说歹说，王安石总算接受了"群牧司判官"这个待遇丰厚的职位。

在这个职位上干了一年多，期间王安石多次写辞职报告，强烈要求外派。朝廷奈他不何，又要保持"野无弃贤"的声名，就给予王安石"太常博士"的身份知常州。本想在这个职位上大干一场，不料才待了半年多，王安石就被朝廷提升为提点江东刑狱。待他沿着江东路所辖的江宁府所辖七州二军四十三个县跑了一圈后,于嘉祐五年(1060年)五月,被朝廷委任为三司度支判官,又回到京城。这个职位让王安石有了一个熟悉全国财赋状况的机会,为他后来具备"因天下之力而生天下之财,取天下之财以供天下之费"的理财思想,奠定了厚实的宏观基础。

早在提点江东刑狱任上,王安石就给宋仁宗写过一封长达万言的《上仁宗皇帝言事书》,建议朝廷全面改革当时的法度,并以管好财政作为整个改革的中心。然而这份凝聚了王安石变法思想的万言书,并没有引起皇帝和执政大臣的重视,这让王安石深感失望,自此对时局变革有些心灰意冷,不抱幻想。

此后,王安石还担任过刑部员外郎、知制诰、纠察在京刑狱。但胸怀改革大志的王安石无意于此,一直在寻找时机离开因循守旧的朝廷。

嘉祐八年(1063年)八月,母亲在京逝世,王安石当即以此为理由,迅速辞去为皇帝起草文书的知制诰等光鲜职务,十月即扶柩回到葬有父亲的江宁,并在这里静心守孝。即便守孝期满,王安石仍不愿回到京城,而是继续留在江宁家中,一边收徒讲学,一边撰写《洪范传》等著作,阐发自己的变革思想。

此时的王安石,虽然人在六朝古都江宁,但声名却一直在京都开封传扬。连他后来的主要政敌司马光也由衷地赞叹道:"介甫(王安石)独负天下大名三十余年,才高而学富,难进而易退。远近之士,识与不识,咸谓介甫不起则已,起则太平可立致,生民咸被其泽矣!"

两度为相志未酬

治平四年(1067年)正月,英宗卒,才二十岁的神宗赵顼继位。不久,即颁发诏书,任命王安石出知江宁府。得此诏命,且是任江宁主官,按说王安石应该欣然接受这个职务才符合情理。然而他却并不乐意，以病还未好作为理由，向神宗呈送了《辞知江宁府状》。

这回王安石心里有什么顾忌呢？

原来王安石离开京都已久，以为神宗只是把他当一个普通的政治人物看待。王安石不知道在此之前，身为皇太子的赵顼，其实早已看过他呈给父皇的万言书。身处最高层，赵顼对北宋已呈积贫积弱的衰败乱象有着切肤之感，因此对文中提出"合于当世之变"的改革主张，推行富国强兵的诸多政策，拍手叫好完全赞同。虽然赵顼十分欣赏王安石的才华，但碍于父皇的威势，只得将自己的想法按捺在心中。如今既登大位，正需王安石这样有远大政治抱负和治国理政才华的贤臣辅佐，所以急不可耐地先行任命王安石为江宁知府这一要职。

得知王安石不明白自己的良苦用心，居然拒绝任职江宁，这可把神宗惹急了，于是一连三次派使臣前往宣示圣命。王安石才知道新皇帝对自己将有重托，变法大业实现有望，终于应承了下来。

到了这年的九月，江宁知府的乌纱帽才戴半年，王安石即被神宗钦定为翰林学士兼侍讲。虽然王安石没有赴任，但这已经清楚无误地向所有人宣布，王安石已是新任皇帝的心腹了。

第二年也就是神宗正式即位的熙宁元年（1068年）四月，即诏王安石自江宁入京，"越次入对"，也就是打破常规单独面见皇上。随后，王安石又针对北宋繁华掩盖下的贫弱现状，上神宗《本朝百年无事札子》，详细论述了太平世象后面隐藏的巨大危机，并提出了初步的施政强兵纲领，得到神宗的完全赞同。

梦想有一番治国大作为的神宗在发起论辩并经反复比较后，最终确定采用王安石的变法思想。于是在熙宁二年（1069年）二月，神宗擢拔王安石任参知政事（副宰相），负责主持全国范围的变法大业。

王安石不负重托，以"天命不足畏，祖宗不足法，人言不足恤"的义无反顾精神，全身心投入变法大业之中。他先按照自己独特的唯才是用标准选贤任能，并带领这帮人夜以继日地准备变法工作，还专门成立了独立于原有机构的"制置三司条例司"负责改革事项。至此，一场波澜壮阔、影响深远的政治、经济、社会变革运动，自上而下地正式拉开了序幕。用此时王安石自己在《元日》诗中的说法："爆竹声中一岁除，春风送暖入屠苏。千门万户曈曈日，总把新桃换旧符。"

首先颁行比较成熟的《均输法》《青苗法》《农田水利法》等，很快获得显而易见的实际成效，全国上下为之欢呼，一片叫好声。神宗看在眼里，喜在心头。熙宁三年（1070年）十二月，正式拜王安石为相。

王安石在神宗的支持下，大刀阔斧地奋力前行，又趁势接连推出《保甲法》《市易法》《保马法》《将兵法》等。

看到国库由亏空迅速转而充盈，军队也开始强盛起来的状况，神宗自是喜笑颜开，对王安石更是深信不疑，大力支持。那些对王安石毁谤、对新法攻击的官员，无论职务大小，不是降级撤职，就是贬去边远的外地。此时的神宗与王安石的关系，在许多人眼里，似乎已是君臣一体。

熙宁六年（1073年）九月，宋军已收复宕、叠、洮、岷、河、临（熙）六州，取得北宋从未有过的"熙河大捷"。消息传来，神宗龙颜大悦，竟当众解开自己身上所佩的玉带，赐给王安石，以示最高奖赏。

然而随着变革的深入推进，对立者越来越多，反对新法的呼声也越来越大。其中不仅有朝廷大员，很多地方官吏和众多百姓也叫苦不迭。加之王安石在识人用人上的一些偏颇，要在全国进一步全面推行变法，已越来越困难。

此时，变法已走到了十字路口。

就在这变法最艰难的时刻，年轻的神宗皇帝却开始心存狐疑，遇事变得犹豫不决瞻前顾后起来。想起推行变法的这几年，自己并没有遗弃先祖的"异论相搅"即允许不同议论相互制约的遗训，暗自庆幸除了重用王安石推荐的官员外，还提拔了不少反对变法的大臣。览古知今，毕竟历来有能力者多功高震主，对王安石也不能不防啊。

熙宁七年（1074年）三月，王安石不顾众多反对意见，在灾民流离之际强力推行《方田均税法》。这下可算捅了马蜂窝，朝廷内外响起一片斥责声。已对变法持怀疑观望态度的神宗见此情状，知道再也不能一味宠着王安石了。为了面子，也是为了留有回旋余地，神宗再以观文殿大学士的头衔，让王安石出知江宁府。

王安石的外放，标志着新法遭遇到首次重大挫折，保守派开始全面否定变法，改革派内部也四分五裂。

神宗见此乱象，心里亦很是不快，毕竟变法是自己曾同意和支持的。若是全盘推翻，岂不是否定了自己当初的英明决策？这可不行！

第二年二月，神宗即召回王安石，重新委以宰相职位。然而此时的神宗早已不是七八年前的神宗，王安石也不是七八年前的王安石，政局就更不是七八年前的政局了。

已显老态的王安石奉旨回京重新参与朝政，途中才过江，就忍不住写下了那首广为世人称道的《泊船瓜洲》："京口瓜洲一水间，钟山只隔数重山。春风又绿江南岸，明月何时照我还？"后人多对诗中的"绿"字用法赞不绝口，其实王安石此时的心情已全无七年前进京的喜悦，而是心事重重，愁云密布，巴不得早日回家安度晚年了。

对时下的乱局了然于心的王安石，自知已无力重振变法大业，重续改革辉煌，因而接旨前就已两度推辞再任宰相要职。到任后，发现实际情况远比自己之前想象的还要糟糕得多：以司马光为首的反对派，正来势汹汹地大举反攻倒算；而自己一直信任有加、辞职前推荐为宰相的吕惠卿不仅无力带领改革派继续变法大业，反而自乱阵脚，在内部大搞山头，还处处提防自己会东山再起……更为要命的是，当初大力支持变革的神宗仿佛成了站在岸边的旁观者，再也没有那种"君臣一体"共掀变法大潮的感觉了。

王安石并未死心，仍提出了一些举措，却屡屡被掣肘、拉后腿、射暗箭，或以各种理由明推暗拒。满腔悲愤的王安石只得无可奈何地向皇上发牢骚："天下事如煮羹，下一把火，又随下一杓水，即羹何由有熟时也。"而神宗听后，只是意味深长地笑笑，此事就不了了之，仍一切照旧。

面对现状，王安石预感到曾经轰轰烈烈的变法运动气数将尽，大厦将倾，自己独木难支，唯有尽早离开朝廷让皇上另择贤明是上上之策。于是在短短的几个月内，王安石一连上了十道辞呈以明心志。而为了表示挽留之意，神宗一概不同意。直至上第十一道辞呈，神宗才降旨批准，除去宰相实职而以"判江宁府"的官衔代之。

没有朗朗明月相伴，只有瑟瑟秋风随行，王安石带着壮志未酬的莫大遗憾，黯然回到安葬有父母与兄长的江宁。第二年，索性连"判江宁府"的官衔也辞去了，终日以骑驴游山逛景、结交新朋旧友、吟咏诗歌曲词为乐事。他看似云淡风轻，但胸中的忧国忧民之情依然澎湃如大江潮涌。只要读读他的词作《桂枝香·金陵怀古》，就不难从中窥探出王安石的忧患意识和深沉情思：

> 登临送目。正故国晚秋，天气初肃。千里澄江似练，翠峰如簇。征帆去棹残阳里，背西风、酒旗斜矗。彩舟云淡，星河鹭起，画图难足。　念往昔、繁华竞逐。叹门外楼头，悲恨相续。千古凭高，对此谩嗟荣辱。六朝旧事随流水，但寒烟衰草凝绿。至今商女，时时犹唱，《后庭》遗曲。

不负贤妻品自高

王安石的结发妻子叫吴琼，江西金溪柘岗人，出身官宦人家，祖父、父亲和叔父都是进士。两人的结识，源自王安石十三岁那年，因祖父去世随同父亲在临川老家守孝。期间，与吴琼等柘岗的表兄妹在一起同窗共读，可说是青梅竹马，两小无猜。后来到了谈婚论嫁的时候，一个是天赋奇绝名动乡里的才子，一个是外美内秀诗文俱佳的才女，两人也就自然而然地组成了一个家庭。

婚后，在随夫宦游的生活中，夫妻二人虽然未必有多少卿卿我我的缠绵，但吴夫人相夫教子，严谨治家，却是有口皆碑的。此外，她还依然保持着对文学的爱好，且创作格调高雅清新，文采绮丽。所作《约诸亲游西池》，内有名句："待到明年重把酒，携手。那知无雨又无风。"被认为情感真挚洒脱，词风清丽婉约，是难得的上乘之作。无怪乎宋人的笔记中，多有"荆公（王安石）妻吴夫人最能文"的记载。

能文已颇受人钦佩，而贤淑则更令人敬重。吴夫人对丈夫的癖性爱好知之最深。

王安石性格"拗"，是出了名的"拗相公"。还在他和司马光都任群牧司判官时，顶头上司"群牧使"正是大名鼎鼎的包拯。一次包拯请客，向群僚劝酒。被称为"司马牛"的司马光虽然平素不大喝酒，但碍于领导的盛情，仍勉强喝了几杯。唯独王安石倔强任性，不管包拯如何劝，就是滴酒不沾，颇伤包拯面子。

王安石不喜参加宴请，也不喜请客，平日在家饮食更是非常简单随意。对此，夫人完全尊重丈夫的意愿。

有一天，儿媳家的亲戚来京上门做客。这位亲戚是个家境富有的年轻人，自以为第一次到宰相家，定会被招待得很好。谁知到了开饭时间入席坐定，饭菜还没准备好。直到喝了几杯酒，才上了两块胡饼（即烤制的馕，近似烧饼），加上几份切成块的肉，还有一份菜汤。娇生惯养的年轻人哪里受得了这个，勉强吃了胡饼中间的一小部分，就不再动筷了。王安石见此，就把只剩下圈圈的胡饼拿过来全吃了。那个年轻人见到位极人臣的王安石居然如此节俭，顿时羞惭满面起身告辞了。

有一次，与王安石同参加宴席的人面带惊讶神色地告诉吴夫人："你家相公吃饭时其他什么菜都不吃，只把鹿肉丝吃光了。"对丈夫的习性了如指掌的吴琼心想：我家官人素来不讲究饮食好与差，哪会只挑餐桌上最好的菜吃？就笑着问道："那盘鹿肉丝摆在什么位置？"来人回答道："就摆在他的正前面。"吴夫人心里有数，就说："下次你们把鹿肉丝放远点试试。"果不其然，第二次宴席后，那人更是惊讶地告诉吴夫人："你家相公只吃光了离自己最近的那盘菜，那盘鹿肉丝他根本没动筷子！直至散了席，他也不知道自己吃了什么，甚至没动过上次吃过的鹿肉丝！"

在北宋时期，由于士大夫阶层待遇丰厚，生活条件优渥，因而纳妾蓄妓成了上流社会的风尚，是有身份地位人物的标配。大凡稍有品级的官宦士人，在正妻之外，不仅家中有或多或少的侍妾，而且还经常出入烟花柳巷寻欢作乐。在官吏尤其是高官中，能够洁身自好的不是没有，但绝对是凤毛麟角。

王安石就是这极少数中的一位。可这难能可贵的品质，并没有赢得时人的尊敬，反而引起不解、误解，甚至挖苦、讽刺，乃至波及吴夫人的名誉，说她是个妒妇等。

且不管后人的价值取向，纳妾狎妓在当时是广受推崇的潮流。虽然王安石本人可以不纳妾，可以对周围的风言风语置若罔闻，但王安石的夫人可受不了。她无法容忍别人对自己心爱的丈夫的攻击，更不能容忍别人对自己声名的亵渎。于是在王安石官至知制诰要职，家境也逐渐好了起来的时候，贤惠的吴夫人决定不能亏待丈夫，想让他也能享受上层人物都有的待遇。于是在某一天，吴夫人瞒着丈夫，偷偷地托人买了一个年轻女子回来。

待王安石回到家，按往日的习惯又是一头扎进书房，突然发现平日清寂无人的书房里，冒出一个美貌女子。

这是怎么回事？

王安石不禁勃然大怒，急急问道："你是谁？"那女子慌忙回答："是夫人让我来侍候您的。"再细加盘问，原来这女子的丈夫是军中一名押运粮草的官员，因所负责督运粮食的船只沉入水中，倾尽家中钱财也不足以赔偿损失，万般无奈之下，只得卖出自己年轻貌美的妻子。

听到此，王安石心中不由得好一阵伤感。沉默了会，又接着问道："夫人花了多少钱买你？""九十万。"女子答道。

于是王安石派人找来女子的丈夫，责令这对夫妇要和好如初。为使他们无后顾之忧，除了不用归还那九十万外，还资助给他俩一些银两，以度过眼下的困难日子。

在当时，九十万钱对王安石这个高官来说，也是一笔很大的开支。然而王安石不仅自己不近声色，还仗义疏财，无论在哪个朝代，都远远超出了一般士大夫的道德水准。差不多同时期的大诗人黄庭坚就曾发出这样的赞叹："余尝熟观其（王安石）风度，真视富贵如浮云，不溺于财利酒色，一世之伟人也。"

熟知丈夫脾性的妻子吴琼见此，虽表面上有些嗔怪丈夫，心底里却为王安石的高尚品行而由衷叫好，为有这样一位学识节操都堪称世人楷模的丈夫而深感自豪！

多少年后，王安石先吴夫人而去，家中除了大量图书之外，其他遗留财物很少。但吴夫人对此毫无怨言，搬去小女儿家，依靠小女婿为生，享年超过七十五岁,这在古代实属高寿之列。

长枪大戟著文章

王安石不仅是一位杰出的政治家和思想家,同时也是一位卓越的文学家。他的一生著述甚多,文章、诗词俱佳,且均具大家风貌,但又有着独特的风格。这与他把文学创作与政治活动紧密联系起来,强调文学的作用首先在于为社会服务、强调文道合一、"务为有补于世"、文章的现实功能与社会活动的高度统一密切相关。

王安石的著作宏富,其中诗词遒劲清新,豪气纵横,意境开阔,风骨凛然,有力地冲击了宋初的浮华文风;而散文则长于说理,言简意赅,笔力雄健,见识超群,具有大家风范。

我们先试读被誉为千古名篇的"中国历史上第一篇驳论文"《读孟尝君传》:

> 世皆称孟尝君能得士,士以故归之,而卒赖其力以脱于虎豹之秦。嗟乎!孟尝君特鸡鸣狗盗之雄耳,岂足以言得士?不然,擅齐之强,得一士焉,宜可以南面而制秦,尚何取鸡鸣狗盗之力哉?夫鸡鸣狗盗之出其门,此士之所以不至也。

全文才不到百字,意思不难明白,却成了中国古代议论文的经典作品,不同凡响的巧妙之处在哪呢?

世人都知道战国时期的孟尝君以善于招揽人才而闻名,号称门下有食客三千。然而在王安石看来,孟尝君只不过是一个鸡鸣狗盗乌合之众的首领罢了,根本谈不上是得到了贤士。为什么这样说呢?因为以当时齐国强大的实力,只要得到一个称得上是贤士的人才,就可以南面称王,制服秦国,哪还用得着那些本事不大的鸡鸣狗盗之辈的力量。正是由于滥竽充数的鸡鸣狗盗之徒充斥于孟尝君的门庭,才导致真正的贤士不归附于他啊。

你看,从立起"驳"的靶子,到亮出自己的观点,继而提出论证理由,最后顺理成章地得出让人信服的结论,可谓环环相扣,严谨自然,势如破竹,气贯长虹,具有不容置辩的巨大逻辑力量。

而本是轻松惬意的记游文字,在王安石的笔下,却有着另一番理趣。如《游褒禅山记》:

> 褒禅山亦谓之华山。唐浮图慧褒始舍于其址,而卒葬之;以故其后名之曰"褒禅"。今所谓慧空禅院者,褒之庐冢也。距其院东五里,所谓华山洞者,以其乃华山之阳名之也。距洞百余步,有碑仆道,其文漫灭,独其为文犹可识,曰"花山"。今言"华"如"华实"之"华"者,盖音谬也。
>
> 其下平旷,有泉侧出,而记游者甚众,所谓前洞也。由山以上五六里,有穴窈然,入之甚寒,问其深,则其好游者不能穷也,谓之后洞。余与四人拥火以入,入之愈深,其进愈难,而其见愈奇。有怠而欲出者,曰:"不出,火且尽。"遂与之俱出。盖余所至,比好游者尚不能十一,然视其左右,来而记之者已少。盖其又深,则其至又加少矣。方是时,予之力尚足以入,火尚足以明也。既其出,则或咎其欲出者,而余亦悔其随之而不得极夫游之乐也。
>
> 于是余有叹焉。古人之观于天地、山川、草木、虫鱼、鸟兽,往往有得,以其求思之深而无不在也。夫夷以近,则游者众;险以远,则至者少。而世之奇伟、瑰怪、非常之观,常在于险远,而人之所罕至焉,故非有志者不能至也。有志矣,不随以止也,然力不足者,亦不能至也。有志与力,而又不随以怠,至于幽暗昏惑而无物以相之,亦不能至也。然力足以至焉,于人为可讥,

而在己为有悔；尽吾志也而不能至者，可以无悔矣，其孰能讥之乎？此余之所得也。

余于仆碑，又以悲夫古书之不存，后世之谬其传而莫能名者，何可胜道也哉！此所以学者不可以不深思而慎取之也。

四人者：庐陵萧君圭君玉，长乐王回深父，余弟安国平父、安上纯父。至和元年七月某日，临川王某记。

全篇文字区区数百，而记述游览褒禅山的文字仅占全文的一半，所描写的景物多一笔带过。其余近半文字，则着力于这样一个理性的探求上，即欲达到超越常态的美好境界，就必须付出超乎寻常的艰苦努力，具备超乎常人的坚韧意志，舍此别无他途。整个说理过程渐次推进，酣畅淋漓，缜密周致，无懈可击。即使是近文末处根据开头对"华"的读音纠谬，也引申出"学者不可以不深思而慎取之"的感喟。

王安石在主持变法前期，曾一连收到政敌司马光的三封质疑改革、反对新政的信函。于是回了一封《答司马谏议书》，深刻剖析了司马光的荒谬之处。其文高屋建瓴，攻防有度，在直斥对方言论要害的同时，义正词严地表明了施行新政的历史必然性和一往无前的坚定立场，成为政论文的典范之作。

总体来看，王安石的散文不以情感渲染见长，只是点到为止；而以阐发哲理为重，立意精当为上。这与王安石"以适用为本，以刻镂绘画为之容也"的为文观念相契合。

长使英雄泪满襟

第二次罢相后回到江宁的王安石，再也没有回到京都。

尽管人已远离朝廷，但王安石仍无时无刻不牵挂着改革的进程。然而从京城传来的所有相关消息，都让他一次一次地大失所望。新法相继被废，旧法重新施行，王安石痛心疾首，忧心忡忡，茫无所措，毕竟已不是朝中人。但王安石仍心存幻想，以为他呕心沥血推行的新法，现在虽然遭冷遇甚至废弃，但终会被人们赏识，如同他笔下的梅花那样："墙角数枝梅，凌寒独自开。遥知不是雪，为有暗香来。"

然而现实是残酷的。当自知自己曾倾尽心力推行的变法已彻底失败后，王安石将主要精力移注于著书。其中《字说》就是他殚精竭虑花费数年时间，运用与现代研究文字学相近的方法，从形、声、义、位四个方面进行的文字训诂著作。据记载，王安石写《字说》时，非常用心，也非常刻苦。在他的书桌上往往摆放着数百粒石莲，嘴里一边嚼着苦莲以帮助提神，一边思考着如何下笔行文。有时石莲嚼完了，预定的章节仍未完成，竟会不知不觉间咬起自己的手指头，以至咬出血来还不自知。

为了排解因变法失败而郁积在胸的忧思愁绪，王安石还遍访江宁的山川名胜，古寺名宅，结交友人。在他留传至今的一千五百多首诗中，约三分之一是在江宁写就的，内容多为描写当地的不同景物，其中有关钟山的诗词就达近百首。

元祐元年（1086年），保守派全面得势，新法全部废除。已是老病缠身的王安石不堪这最后一击，终于在四月六日，带着忧国忧民的无尽遗憾与悲愤，在半山园家中溘然长逝。

一颗政治、文学巨星，就这样从北宋寂寥的夜空陨落了！

王安石去世后，朝廷赠太傅头衔。绍圣元年（1094年）获谥号"文"。

宋人所著《道山清话》记载："王安石配享文宣王庙庭，坐于颜（回）、孟（子）之下，十哲之上。"

王安石去世后四十一年，北宋灭亡。

对王安石在变法上的功过是非，近千年来多为恶意攻讦之词，谓其"变乱祖宗法度，祸国殃民"。尤其是宋高宗为开脱父兄的历史罪责，诏命重修《宋神宗实录》，全面否定王安石变法，把"国事失图"归咎于王安石个人，并成为此后的官方定论。反对派更是以修史等方式，在政治上全面否定王安石的功绩。

直至近代，国外有列宁称"王安石是中国十一世纪时的改革家"，学者始把王安石变法和二十世纪三十年代美国新政同视为世界经济史上影响巨大的事件。而梁启超所撰写的《王安石传》认为："若乃于三代（夏商周）下求完人，惟公（王安石）庶足以当之矣。"此论一出，无异于为王安石及其变法彻底翻案，并为此后大多数研究者所认同。

尽管王安石作为政治家、思想家、改革家的功过得失，有着如坐过山车般起落悬殊的评说。但对王安石在文学上取得的杰出成就，则鲜有歧义纷争。

王安石的散文多姿多彩，被纳入"唐宋八大家"之列。其论说文针对时政或社会问题，观点鲜明，分析深刻，结构严谨，说理透彻，语言精练，逻辑力量极强。而其短文则尤显简洁峻切，形成了"瘦硬通神"的独特风貌。

王安石的诗歌以第二次罢相为界可分为两个阶段，在内容和风格上有明显区别：前期更为注重社会现实，表现手法直露；后期多写景咏物寄怀，更重炼意修辞。时人称王安石丰神远韵的诗歌风格为"王荆公体"，有"如空中之音，相中之色，欲有寻绎，不可得矣"的评说。

王安石的词今仅存二十余首，大多为抒写情志、阐释佛理的内容，在表现风格上于雄阔豪放中不失雅致含蓄。

为纪念王安石这位伟大的政治家和文学家，他的故里东乡上池村不仅被建设成江西第一批省级风景名胜点，还是省级文物保护单位。

在抚州，建有王安石纪念馆，是一座兼具江南园林意境和宋代建筑遗韵的仿宋府第园林式建筑群。馆内展示了王安石的家世谱系、早年的活动情况以及从政后的功绩,还有他的大量诗词文章等。

在王安石首次出任县令的浙江鄞县,也建有王安石纪念馆,以照片、绘画、实物等展品,生动形象地介绍了王安石的生平和治鄞政绩。

黄庭坚：
江西诗派定一尊

在他之前，中国历史上没有特色鲜明的诗歌流派；在他之后，没有任何诗歌流派比他创立的更有影响。他认同杜甫的现实主义创作风格，崇尚"点铁成金""夺胎换骨"的诗歌技法，争议巨大，影响深远。

在整个宋代文坛上，最为活跃、最能作为代表的，无疑是词这种文学样式。但若由此而以为其他文学样式就不值一提，则是大错特错。因为宋代的散文与历朝历代相比，无论就整体还是个人进行比较，都丝毫不逊色，在某些方面甚至有着超出前朝的独特成就。而就诗来说，被误解、遭低估的情况就更为严重，甚至有人认为诗至唐代已达顶峰，唐后的诗就可基本略去，不必读也无须读。其实，虽然宋诗就总体成就而言，不及唐诗的高度，但若对宋诗所取得的累累硕果视而不见，只凭主观印象，就抱着有宋一代唯词可观的看法，实则大谬。

宋代的诗体、派别不少，如上承晚唐的"西昆体"，就在宋初上层知识界和举子中间很盛行。但是经过欧阳修、梅尧臣、苏轼等倡导的古文运动涤荡，很快就走向没落。到了中后期，中国诗坛上开始活跃着一个以唐代诗圣杜甫为学习榜样的诗派，这就是宋代影响最大、拥有人数最多的"江西诗派"，也是中国文学史上第一个有正式名称的诗歌派别。此前虽有王安石、苏轼等大家，但他们在诗歌中展现出的高绝才情，其他人难以学习、模仿，故而没有形成风格相近、题材相似的独立创作群体。

"江西诗派"的成员多数认同杜甫的现实主义创作风格，并受同一位江西人的诗歌创作和诗歌理论影响，崇尚"点铁成金""夺胎换骨"的文字推敲技巧。"江西诗派"对后世的影响很大，其余波一直延及近代的同光体诗人。

这位"江西诗派"的创立者、宋代最伟大的诗人之一，就是黄庭坚。

早慧神童惊乡里

黄庭坚（1045—1105），字鲁直，号山谷道人，又号涪翁，生于洪州分宁（今江西修水）杭口乡双井村的一个书香门第、官宦家庭，其祖父、父亲和叔叔都是进士出身。

据不多的史料记载，黄庭坚幼年时就聪颖过人，天资卓绝。在黄庭坚满周岁按习俗"抓周"时，放满笸箩的玩具、铜钱等，他都看不上眼，独独相中了浑身漆黑的笔墨，让家人开怀大喜。两三岁时，就开始识字写字。到后来，书只要读过几遍，就能朗朗背诵。黄庭坚读书范围既广且杂，不仅有儒家经典，还有历史传记、笔记小说等。于是"双井神童"的美誉不胫而走，传遍家乡。

早在皇祐三年（1051年），黄庭坚才七岁，就作了一首《牧童》诗：

骑牛远远过前村，吹笛风斜隔岸闻。

多少长安名利客，机关用尽不如君。

让不少有文化的乡里人为之啧啧赞叹，尤其是最后两句的感慨，远超出许多成年人的认知深度，更别说同龄人了。

八岁那年，村里有人去京都参加礼部考试。黄庭坚特地写诗一首为之送行：

青衫乌帽芦花鞭，送君归去玉阶前。

若问旧时黄庭坚，谪在人间今八年。

字里行间，充溢着小小黄庭坚对自己才学的自信，还有对干出一番大事业的热切期待。

被冠以神童之名的黄庭坚，不但学业优异，而且其学习的刻苦程度更远胜于常人。在他还未满十周岁时，就已把父亲留在老家的图书都读了个遍。早在黄庭坚三四岁时，他的舅舅李常就已中进士。李常是个很有学问的官吏，后来一直做到户部尚书、御史中丞兼侍读、加龙图阁直学士。他曾将自己的九千卷图书全部捐出，成立私人图书馆（将书放于僧舍供大家阅读），苏轼还为此特地撰写了《李氏山房藏书记》。有一次李常路过黄家时，有意试试小外甥的读书情况，就随意从书架上拿出几本书问其中的内容，黄庭坚竟然没有不知晓的。李常不由得惊叹：这个外甥的长进真是一日千里，假以时日，必为国家栋梁之材。

有一天，舅舅李常又来到黄家，见黄庭坚正在认真临帖写字。于是又想试试外甥的才学如何。他想到刚才走进书房时，见院内有一棵桑树，便以桑、蚕、茧、丝与锦缎之间的关系为线索，吟出顶真上联：

    桑养蚕，蚕结茧，茧抽丝，丝织锦绣。

才思敏捷的黄庭坚见到对自己关怀备至的舅舅，自是十分高兴。听到舅舅所出的上联，手执毛笔偏着小脑袋凝神一想，立即应答下联：

    草藏兔，兔生毫，毫扎笔，笔写文章。

同样是顶真格，与上联可说对得严丝合缝。能短时间内对出这样颇有难度的联句，可把当舅舅的李常乐坏了，一时笑得合不拢嘴，直夸外甥将来定会有大出息。从此以后，他对黄庭坚更是器重，并尽力给予指教，促其更快进步。

小小的黄庭坚后来没有如同王安石笔下的仲永那样"泯然众人矣"，在很大程度上，得归功于家庭的培养，黄家几乎是举全家之力给了他最好的成才条件：延请名师，进入书院，游览名胜。处于奉行"诗为文之余"观念的时代，甚至还允许纵情诗酒。这种难能可贵的宽松学习环境，使老年时的黄庭坚仍念念不忘温情的童稚岁月："住在江南最少年。"

黄庭坚十四岁那年，突然从广东传来噩耗，远在岭南任职代理康州（今广东德庆）知州的父亲黄庶病逝。家中顶梁柱瞬间崩塌，十多口人的主要经济来源随之断绝，仅有的一点积蓄也耗费在将父亲的灵柩运回故土安葬的过程中。突如其来的变故，使尚年幼的黄庭坚过早地尝到了人世的艰辛，但也锤炼出坚强、宽厚、正直的品格。

在这艰难之时，一直关注着黄庭坚成长的舅舅李常毫不犹豫地伸出了援手，把黄庭坚一家接到他做官的高邮。从此以后，黄庭坚就在李常的督促下，继承父志，寒窗苦读，努力实现自己的远大理想。

十七岁那年的冬天，著名学者孙觉从京都回到家乡高邮。李常与孙觉是多年的好友，得知这一消息，便立即吩咐黄庭坚跟上自己，前往孙觉住处拜访，目的很明显，无非是指望孙觉多多指点自己寄予厚望的外甥。孙觉一番经史子集、诗词歌赋的全方位考察之后，加之黄庭坚那儒雅持重、落落大方的神态，便立即认定眼前的少年是一位当世可遇不可求的奇才。孙觉随即与李常商议，要将自己的爱女孙兰溪许配给黄庭坚。

自此以后，黄庭坚不仅喜得贤内助，更在舅舅和岳父两位良师的教导下，道德文章等诸方面都有了长足的进步。

并世二星结深谊

黄庭坚十九岁那年的秋天，按规定回到家乡，参加洪州府举行的考试，夺得魁首。次年进京省试却不幸落第。有传说由于黄庭坚早就文名大振，因而此次参加省试后等待放榜之时，已有人说他中了省元（省试第一名）。众多考生都在酒家举杯庆贺，这时有一人进来告知，在座的考生仅有三名中榜，其中并无黄庭坚。得知落第的考生均悻悻散去，只有黄庭坚仍神色不改地自斟自饮，直至喝完杯中酒，才踱着方步去看榜，脸上并无沮丧的神情。两年后黄庭坚继续参加乡试，主考官读毕黄庭坚的试卷，不禁拍案叫好，理所当然地黄庭坚又一次成了解元。第二年春天进京参加礼部考试，后名列进士榜单，开始了后来的宦海沉浮。

中了进士后，通常会得到朝廷授官。黄庭坚也不例外，被授予了个余干县主簿的职位，也就是执掌文书等职责的低级官员。干了一段时间，调任汝州叶县（今河南叶县）县尉。黄庭坚新任的官职大小和原来的差不了多少，于是后来天寒地冻之时写了首发牢骚的诗《冲雪宿新寨忽忽不乐》：

县北县南何日了，又来新寨解征鞍。
山衔斗柄三星没，雪共月明千里寒。
小吏有时须束带，故人颇问不休官。

江南长尽梢云竹,归及春风斩钓竿。

这诗自然是对自己当个终日忙于行政事务、且还得纠缠于迎来送往的小官吏的不乐意,可为了生计又不得不低眉行事的无奈。诗中还抒发了自己的心情,期望有朝一日能享有持竿钓鱼在春风里的悠闲。

做个终日忙碌的地方小官,这终究不合黄庭坚的理想。过了几年,机会终于来了,朝廷发文,要各地推举选拔在"四京"(即北京大名,今河北大名;南京应天,今河南商丘;西京洛阳;东京开封)担任学官的人才。这机遇正属于像黄庭坚这般有准备的人。果然,他以他的才学优等入选在北京国子监当教授,几年下来成绩斐然。当然学官也是有聘任期的,时间到了就得离开。也算是惺惺相惜吧当时留守北京的政坛大佬文彦博知道这事后,认为黄庭坚确实是个不可多得的人才,于是一再挽留他接着干。

就这样,黄庭坚在北京国子监接连干了八年。这比起在基层终日忙于事务性工作,自然更符合黄庭坚的脾性。毕竟在这里,不但可以钻研学问,还可以全身心致力于诗歌创作等。这不,在元丰元年(1078年),黄庭坚写了两首古风,自觉挺满意,于是恭恭敬敬地抄了一份寄给时任徐州太守的苏轼,既是表示仰慕之意,更有以诗会友之情:

古诗二首上苏子瞻
(一)

江梅有佳实,托根桃李场。
桃李终不言,朝露借恩光。
孤芳忌皎洁,冰雪空自香。
古来和鼎实,此物升庙廊。
岁月坐成晚,烟雨青已黄。
得升桃李盘,以远初见尝。
终然不可口,掷置官道傍。

但使本根在，弃捐果何伤。

（二）

青松出涧壑，十里闻风声。

上有百尺丝，下有千岁苓。

自性得久要，为人制颓龄。

小草有远志，相依在平生。

医和不并世，深根且固蒂。

人言可医国，可用太早计。

小大材则殊，气味固相似。

苏轼比黄庭坚大八岁有余，当时已是名满天下的大文豪。读了黄庭坚的诗后，苏轼大为赞叹："超逸绝尘，独立万物之表；驭风骑气，以与造物者游，非今世所有也。"此话一出，自然黄庭坚的诗名急剧上扬，两位旷世文豪也由此结下了亦师亦友的深厚感情。虽然黄庭坚与张耒、晁补之、秦观都游学于苏轼门下，合称"苏门四学士"，但唯有黄庭坚被世人与苏轼合并尊称为"苏黄"。

在南宋著名文学家杨万里的《诚斋诗话》中，记载了这么一件由蜀人李珪讲述的趣事。苏轼虽然名满天下，却不拘明星身份，在哪里都好开玩笑。有一次，他路过润州（今江苏镇江），当地太守设宴招待他。酒席过后，几名歌姬开始演唱黄庭坚的《茶词》。当唱到"惟有一杯青草，解留连佳客"时，苏轼板起面孔，脸色阴沉地说："偏偏留下我吃草。"大概是以为大文豪真生气了，歌姬赶紧站立在苏轼身后，依靠在他坐的折叠椅边，想赔不是。谁料此时的苏轼突然高兴得手舞足蹈、浑身颤动起来。经不住剧烈闹腾的折叠椅随即"啪"地一声断裂，苏轼立马摔了个屁股墩，跌坐在地上。参加宴席的宾客见此情景，个个都笑得前仰后合。从这件趣事中，似乎也可想见苏轼与黄庭坚的关系非同一般，两位在文学艺术界的知名度恐怕也在伯仲之间。实际上这首《茶词》,源于黄庭坚的《好事近》:"歌罢酒阑时,潇洒座中风色。主礼到君须尽,奈宾朋南北。暂时分散总寻常,难堪久离拆。不似建溪春草,解留连佳客。"不知是否为歌姬见机行事,临时对原词作了改动。

宦海沉浮志不移

宋神宗即位后,启用王安石任宰相,开始在全国推行新法,即历史上著名的"熙宁变革"。然而新法一开始实行,就遭到以司马光为首的保守派激烈反对,并由此形成新旧两党。随着两党之间的争斗愈演愈烈,变法之争逐渐蜕变为官僚集团之间的争权夺利,直至北宋灭亡。

在这场旷日持久的党争之中,黄庭坚其实是处于"说项依刘我大难"的窘困处境。一方面,他对王安石的人品十分尊崇:"余尝熟观其风度,真视富贵如浮云,不溺于财利酒色,一世之伟人也。"(《跋王荆公禅简》)但另一方面,他的内心又对新法持有不同意见,因而在政治立场上是站在旧党一边的,对司马光和苏轼兄弟等都很尊重。当司马光逝世后,黄庭坚作挽诗表明了自己的真实情感:"毁誉盖棺了,于今名实尊。哀荣有王命,终始酌民言。"这种左右为难的态度,注定了黄庭坚不会去积极参与这场新旧党之争,但终其一生,他都未能置身这场险恶斗争的旋涡之外。当元祐(1086—1094)党争兴起时,黄庭坚的舅舅李常和岳父孙觉,也是他的人生两大导师,均因坚持自己的政治理想,卷入了冤祸之中,同在元祐五年(1090年)病死在远谪的途中。这对黄庭坚来说,无疑是非常沉痛的打击,并影响到了他后来的精神状态和诗文内容。

元丰三年(1080年),黄庭坚改任吉州太和县(今江西泰和)知县。这是他首次担任地方主官,官虽不大,责却不小。在太和,黄庭坚主张法须便民,不宜扰民,应宽政安民。当时正在推行变法后的盐政新规,要求百姓只能购买官盐,如果买了私盐就必须严惩。起初,黄庭坚看新法规定的条文,觉得官盐减少了中间商差价比私盐更便宜,应该会更受百姓欢迎。可事实上百姓却想方设法抵制和反抗,这到底是为什么呢?经过多方调查,黄庭坚终于明白百姓并非有意刁难官府,而是痛恨官吏暗地里依仗权势进货垄断,丧心病狂地层层加价,致使官盐远比原来的私盐还贵得多。过去百姓过的是有米缺盐的日子,而现在为了完成摊派性任务而把米换成盐,是既缺米也缺盐。这让穷苦百姓还怎么活下去?

通过深入民间的调研,黄庭坚得知了真相,自是怒火中烧,断然制止了摊派官盐层层盘剥的恶劣做法,受到百姓的交口称赞。为了让县衙官吏能够警醒自律,全县百姓能够安居乐业,黄庭坚还特地书写了"尔俸尔禄,民膏民脂;下民易虐,上天难欺"十六个大字,命工匠刻制成戒石铭碑,立在衙门一侧。此后,各地争相效仿,与太和衙前内容相同的戒石铭碑也成了全国州府县衙门前的必置之物,而黄庭坚亲书的这块戒石铭碑则成了如今泰和县博物馆的镇馆之宝。

元丰八年(1085年)三月,神宗去世,年幼的哲宗即位,由神宗的母亲高氏代理执政,起用司马光为宰相。黄庭坚被召入汴京任秘书郎,后经司马光的推荐,参加了几个月校定《资治通鉴》的工作后,被任命为神宗实录院检讨官、集贤校理,负责主持编写《神宗实录》。到了元祐八年(1093年),黄庭坚升任国史编修官。这年哲宗亲政,第二年改元绍圣,提出要继承神宗在熙宁、元丰年间实行的政策,并起用新党的蔡京等人。大权在握的蔡京等人虽然明里打着神宗和王安石的旗号,事实上却在干着排除异己的勾当,意在借机打击所有旧党人员。首先从旧党主修的《神宗实录》下手,责令国史院核实《神宗实录》的记载情况,然后以"诬毁先帝""修实录不实"的罪名治罪。绍圣元年(1094年)十二月,黄庭坚被贬为涪州(今四川涪陵)别驾,但另行安排在黔州(今四川彭水)居住,实际上就是要让黄庭坚在当地的社会地位还不如一个普通居民。而黄庭坚也因此自号"涪翁",努力让自己适应四川的人文地理环境。

寄宿在黔州开元寺的黄庭坚终日沉醉于诗书之中,就这么平静地过了四年。但迫害并未到此终结,这时又借一位远亲任职地点的原因,朝廷以"回避"为由,竟将黄庭坚继续向西迁往戎州(今四川宜宾)。连遭打击的黄庭坚到戎州后,在州南的一个僧寺里住下来。为了自保,黄庭坚对别人均称自己已经"身如槁木,心如死灰",还把自己在寺中的居室叫作"槁木寮""死灰庵"。后来搬出寺庙,另租了一处民房,不宜再起"槁木""死灰"一类的室名,就改称为"任运堂",以表明自己将听任命运安排,无意世事变化。有关官员见黄庭坚似乎已意志消沉,便很少前来骚扰。此时黄庭坚的心境,完全可从他的两首词中看出来:

　　黄菊枝头生晓寒,人生莫放酒杯干。风前横笛斜吹雨,醉里簪花倒著冠。　　身健在,且加餐。舞裙歌板尽清欢。黄花白发相牵挽,付与时人冷眼看。(《鹧鸪天·坐中有眉山隐客史应之和前韵,即席答之》)

　　紫菊黄花风露寒。平沙戏马雨新干。且看欲尽花经眼,休说弹冠与挂冠。　　甘酒病,废朝餐。何人得似醉中欢。十年一觉扬州梦,为报时人洗眼看。(《鹧鸪天》)

此时的黄庭坚几经官场的霜雪,对官场的是是非非,变幻莫测,可说已是冷眼相看,心头寒彻。

漫长而悲凉的三年时间又这么过去了。

到了元符三年(1100年)正月,哲宗去世,徽宗即位。至十月,蔡京等人相继被贬出京。来年改元为建中靖国元年,到三月时黄庭坚接到权知舒州(今安徽安庆)的任命,四月被召为吏部员外郎。似乎官运亨通向前发展。然而此时的黄庭坚眼观动荡的时局,确实已有些心灰意冷,不愿进京高就，因而两次上表，情真意切地说明自己身体羸弱，不堪重用，请求就在太平州（今安徽当涂）或无为军（今安徽无为）做个地方官为宜。

崇宁元年（1102年）的四月，黄庭坚如愿接到知太平州的任命书。一番辗转，黄庭坚至六月到达太平州。不料天有不测风云，才当了九天的太平知州，吏部就下来免职公文。一打听，方知徽宗亲政后又重新起用蔡京一干人马，因而对所谓旧党人物的迫害较绍圣年间更加冷酷无情。一年后，甚至下诏销毁三苏父子、秦观、黄庭坚等人的诗文集。几个月后，又下诏在各地设立"元祐奸党碑"，以图将旧党中有影响的人物赶尽杀绝。划入"奸党"名单的共有一百二十余人，苏轼、黄庭坚等都赫然在列。黄庭坚祸起之因，是有人找出他所作《承天院塔记》中的"天下财力屈渴"等语句，诬告他"幸灾谤国"。黄庭坚因此遭到严惩：除名羁营宜州（今广西宜州），也就是剥夺全部功名，作为罪犯遣送边地宜州，交由地方政府严加看管。

从太平州到宜州，路途遥远。为了不让一大家子都陪着自己这戴罪之身到穷乡僻壤流放，黄庭坚最初打算把家眷安顿到桂林，自己一人去宜州。但经过永州时，得知前路仍崎岖漫长，朝廷设定的期限又很快将到。为免却家人陪着吃苦受累，遂决定将家中其余人留在这里，托付在永州任职的女婿李彦明帮助照料，然后独自南下前往宜州。谁也没有料到，黄庭坚孤身去瘴蛮之地宜州后，从此就与妻儿相距千里，天各一方，彼此生死两茫茫，再没有团聚重逢之日！

经过长途跋涉，黄庭坚于崇宁三年（1104年）五月十八日到达宜州。起初租住民房，受到官府刁难，只得搬迁到寺庙，仍不断受到骚扰。如此半年下来，不堪其扰的黄庭坚被迫搬到城外的戍楼里栖身。那是久已失修破败不堪，难以挡风避雨的狭窄旧房。见此，对黄庭坚不幸遭遇深表同情的人都摇头叹息，为其生存条件担忧。而性格乐观豁达、倔强豪爽的黄庭坚不顾虚弱的身体，在这里仍经常手不释卷，有时饮酒浩歌，有时挥毫赋诗。遇有慕名前来求诗索书的，请教学问的，黄庭坚概不拒绝，总是不让来者失望，尽己之力设法予以满足。

江西诗派立楷模

黄庭坚的仕途坎坷，但他对诗文保有的创作热情从未消退过，他所主张的诗文理论也从未变更过，因而他在宋代文坛一直处于崇高的地位，从未下坠动摇过。

在一代大文豪苏轼看来，黄庭坚虽然与自己有交流切磋，但其所作的诗已属妙绝当世的"瑰玮之文"。而黄庭坚虽有游学苏轼门下的经历，但在写诗作文方面却与亦师亦友的苏轼大不相同。例如苏轼的诗文具有奔放恣肆的特点，而黄庭坚的诗文则显出峻峭深曲的特色；苏轼诗文的内容多牵涉当时的重大社会事件，而黄庭坚则很少关注政治，即使讥刺现实的作品，其遣词用语也十分内敛，很少锋芒毕露。

通观黄庭坚的诗作，多属阐发义理、登临怀古、咏物寄意和题赠友人的内容。之所以这样，当然与黄庭坚一直崇尚学习唐代大诗人杜甫关联密切。而这种所好也是有其深厚渊源的。黄庭坚的父亲黄庶就是一位喜好杜甫诗风的诗人，这对他的儿子产生了一辈子的影响。

环顾同时代诗人，最为杰出的当属苏轼这样的大文豪，而像他那种不拘一格、以超人才气为胜的诗作，又绝非常人所能模仿学习。

可不可以找出一种方便普通人提高诗歌创作水平的好方法呢？

黄庭坚有着广泛阅读历代诗歌典籍的基础，因而对当代的流行诗风并不满意，更谈不上喜欢。再则，历览前朝各代，竟无人针对诗歌的表现形式和语言技巧等方面，提出一套可供参照学习的有效方法。这种现狀再继续保持下去，当然是不可取的，有志之士应该努力加以改变，不能在这方面无所作为。

从幼年时起，黄庭坚就对集唐诗之大成者杜甫的诗歌情有独钟，对杜甫"读书破万卷,下笔如有神"的名言更是心领神会。通过多年的钻研，黄庭坚不断有所发现，有所总结，认为"词意高胜,要从学问中来尔"(《论作诗文》)，从而逐渐形成了自己的诗歌风格，并在杜甫诗歌艺术表现手法的基础上，提出了自己的一套"诗法"，即诗歌创作理论。最著名的有"夺胎换骨"和"点铁成金"论，也是黄庭坚最富特征的诗歌创作主张，突出表现在这两段话语中：

> 自作语最难，老杜（甫）作诗，退之（韩愈）作文，无一字无来处，盖后人读书少，故谓韩、杜自作此语耳。古之能为文章者，真能陶冶万物，虽取古人之陈言入于翰墨，如灵丹一粒，点铁成金也。文章最为儒者末事，然索学之，又不可不知其曲折，幸熟思之。(《答洪驹父书》)

> 山谷云:诗意无穷,而人之才有限。以有限之才,追无穷之意,虽（陶）渊明、少陵（杜甫），不得工也。然不易其意而造其语,谓之换骨法;窥入其意而形容之,谓之夺胎法。(《冷斋夜话》卷一)

俗话说："熟读唐诗三百首，不会作诗也会吟。"被视为黄庭坚诗歌创作纲领的这两段话，讲的其实也是这个道理，强调的是广泛读书的重要性。只要肯花时间气力去广读博览，将前人的诗文精华融入自己的记忆库中，需要时即可自然生成新意，甚至熔铸出新的佳词妙句，这就是"夺胎换骨""点铁成金"的本意吧。世上会写诗的士人学子多如牛毛，但能以才气为诗的却寥若晨星，如果转而以学问为诗，就有可能开拓出广大的空间。

自从黄庭坚一新耳目的诗论新鲜出炉，许多诗人都如获至宝，翕然相从，蔚然成风，并很快形成一个独具特色的诗歌创作群体。此前已有很大诗名的陈师道见到黄庭坚的诗论后，十分佩服，竟将自己过去的诗作焚毁殆净，从此便以新法指导自己和引导他人的诗歌创作。后来的事实表明，陈师道也是学习黄庭坚诗论学得最好的，并以其卓越的诗歌成就被后人与黄庭坚并称为江西诗派领袖，尊为"一祖（杜甫）三宗（黄庭坚、陈师道、陈与义）"。

当然，"江西诗派"并不是黄庭坚等人自命的，而是后来也学黄庭坚诗法的吕本中在所作的《江西诗社宗派图》里，把黄庭坚、陈师道为首的这一诗歌流派命名为"江西诗派"。之所以冠名"江西"，是源于诗派中的黄庭坚等十一人的籍贯所在地；而黄庭坚本人不仅是这一诗派的领袖人物，同时他还习禅很深，借以称呼这一有着相似题材内容和风格倾向的松散型诗歌团体，应是挺贴切的。划入"江西诗派"中的人物，在《宗派图》中列举了二十五位，实际成员远大于这个数，因为吕本中本人亦是这一诗派中的人物，何况还有更多后来者。因为这一诗派本身就是影响深广、人数众多的非地域性诗歌流派，所以凡是学习、认同黄庭坚诗法的人，相互之间未必相识相知，但都可划入"江西诗派"之中。

至于"一祖三宗"之说，则源于宋末元初时的方回根据江西诗派的成员均主学杜甫，就把杜甫列为江西诗派之祖；而黄庭坚、陈师道、陈与义是这一诗派的核心，因而把他们三人称为江西诗派之宗。此说一出，写诗的人都纷纷认同，觉得符合事实，于是江西诗派"一祖三宗"就成了沿袭至今的定论。

后人常指责宋诗，尤其是讥刺宋诗中遵循黄庭坚诗歌理论的诗人拾人牙慧，通篇典故，形象干枯。实际上这样的诗人只能称为江西诗派的末流，因为黄庭坚的诗歌理论还要求诗人不拘泥于前人，而应以"自成一家"为努力的最终目标，以"无斧凿痕"为最高的艺术境界。江西诗派中的诗人虽以师友关系相传，但又各有所长，风格同中有异。至于后来因政治局势严酷，文字狱现象日盛，宗法黄庭坚诗歌理论的人更倾向于退入书斋，吟咏小圈子生活，推敲文字技巧，应该说这是当时整个文坛的普遍现象，似不宜单单归咎于黄庭坚和江西诗派。

黄庭坚留传下来的诗，均以法度严谨、说理细密的特征，影响了整个江西诗派的诗人，也影响了之后的南宋诗风。如果不带偏见地客观评价，以江西诗派为主的庞大诗人群体所创作的大量诗歌，在很大程度上集中代表了宋诗的全部特点，包括优点和缺点。

一代文豪寂寞死

在被贬到宜州这段不长的日子里，黄庭坚经历了一个冷遇苛待到温情关照的曲折过程。

黄庭坚到宜州起初被安置在一位姓黎的本地人家，处于当地政府的严密管制之中，所受到的待遇可想而知。这也难怪，毕竟此时的黄庭坚是朝廷重犯，对外的公开身份是除名羁管的罪人，一般平头百姓是不能接近不敢接近的。据南宋时的大诗人杨万里在《宜州新豫章先生祠堂记》所载，崇宁三年（1104年）五月十八日黄庭坚到达宜州，初租住当地人的住房，因不符合规定而遭太守亲自前来驱赶；继而借住寺庙，又被驱离；第三次改住旅舍，仍被官方前来干预。无奈之下，只得迁往戍楼居住，以便于看管。最终因饥寒交迫，在戍楼中去世。对此，豁达的黄庭坚本人并不介意，曾自书：如果不是当年中了进士而改变了自己后来的人生轨迹，大概在老家住的房子也同样不能避风挡雨，这有什么难以忍受值得忧愁呢。

不过据近些年学者研究黄庭坚亲笔日记《乙酉家乘》（又名《宜州家乘》）所载，情况并不完全是这样。尤其是在宜州的后期，黄庭坚的境遇还算苦中有乐，场面还是挺温馨的。

《乙酉家乘》所记时间起自崇宁四年（1105年）正月初一。此前的腊月二十七，黄庭坚的长兄黄大临（元明）千里迢迢，特地赶来宜州看望遭贬谪的黄庭坚，并在这里一连待了四十天。不消说，长兄的前来，对于独居宜州的黄庭坚来说，带来的不仅是心灵的慰藉，还有因此得到改善的居住环境。更何况他还带来了当朝皇帝将"大赦天下"，对元祐党人减轻处罚，因而弟弟可能回到永州与家人团聚的特大好消息。可想而知，长兄的到来，极大地振奋了黄庭坚的精神。于是黄庭坚郑重其事地选择在正月初一开始书写《乙酉家乘》，要在生命的旅途中来一次全新的起步，不经意间还开创了一项新纪录：中国第一回有了正式的私人日记。《乙酉家乘》所记的都是黄庭坚日常起居生活，亲人朋友信札往来，与宜州当地人情来往，与朋友游山玩水，下棋饮酒，吟诗赋词等生活琐事。

打从长兄黄大临来过宜州之后，黄庭坚的生活开始有了质的改善。不仅有官员前来走往，普通百姓也敢于探望、亲近这位才华横溢的钦犯了。而在前一年，顶着书法大家头衔、后世更名列"宋四家"的黄庭坚竟需卖字度日，借钱买米，现在却常有人携带礼物上门，邀其赴宴等美事，甚至还有慕名远道而来的外省友人自愿照料他的日常起居生活。

当然，最让黄庭坚高兴的事，莫过于能经常和朋友一起，相携游山玩水，下棋饮酒。据《乙酉家乘》中的记载，黄庭坚过去曾认为"无益于事"的下棋有十余次；接受赠酒有十次，其中最多的一次竟有"十二壶"之多；参加聚会饮酒也有十余次。

不管怎么样，黄庭坚在宜州的后半期，沉郁已久的心情终于大为好转，生活也过得更为充实。除了有兴致填词写诗外，他还时常应约送人书法作品。让人没有想到的是，前一年初来宜州时的借钱帖子，居然也成了当地人珍藏的物品，以至后任的宜州令竟要动用职权，在离任时强行带走这一书法精品。当然更让人为之惊目咋舌的是，黄庭坚的书法作品《砥柱铭》

长卷，时近千年后居然现身在 2010 年的北京春季拍卖会的现场，并卖出了 4.368 亿元的天价！如果按字数平均计算，每个字的成交价竟高达百万元！这对当年穷困潦倒的黄庭坚来说，不仅是一个天文数字，恐怕是连做梦也不曾想过的吧！

虽然此时的黄庭坚心情比过去好了许多，但他老病的身躯，却在毫不留情地一天天衰败下去。即使与朋友郊游，内心深处的愁绪忧思仍挥之不去萦绕心头。这从黄庭坚的两首词中就可略知一二：

> 天涯也有江南信，梅破知春近。夜阑风细得香迟，不道晓来开遍、向南枝。　玉台弄粉花应妒，飘到眉心住。平生个里愿杯深，去国十年老尽、少年心。(《虞美人·宜州见梅作》)

> 诸将说封侯，短笛长歌独倚楼。万事尽随风雨去，休休，戏马台南金络头。　催酒莫迟留，酒味今秋似去秋。花向老人头上笑，羞羞，白发簪花不解愁。(《南乡子·重阳日宜州城楼宴集即席作》)

第一首词作于刚来宜州不久，身在如同天涯般的边地，竟然和在江南家乡一样看到了遍开的梅花，欣喜之情溢于言表。然而纵有如此美景，想到年迈的自己贬离京都已整整十年，曾有的鲲鹏之志早已消磨殆尽，不由得黯然心碎！

第二首词写于来宜州的第二年重阳节，当酒席上的友人慷慨激昂地谈论着要仕途上进时，作者却在一旁孤独地"短笛长歌"，感叹着时光已逝，万事皆空，即使强作欢颜，亦无法掩饰心中无尽的悲凄忧伤。

就在这次参加重阳节宴席后不久的一个阴雨天，黄庭坚又是一番"借酒浇愁愁更愁"的微醉之后，坐在一张折叠椅上。这时觉得浑身阵阵燥热袭来，于是将脚从栏杆间隙处伸到外面去，让雨水直接淋在光脚上。顿时，黄庭坚感到浑身清凉，身心舒畅，不禁兴奋地回头对旁边的人说道："真舒服啊！

好像我这辈子都没这么畅快过呀！"

然而任谁也没想到，就因这短暂的痛快，竟轻而易举地击倒了早已老病缠身的黄庭坚。很快，染上风寒的黄庭坚一病不起，不久即在这年的农历九月三十日与世长辞，享年六十一岁。他曾经朝思暮想的"大赦天下"诏令，就在年底正式下达，可黄庭坚最终没能等到这一天的到来，永远地失去了回永州与家人团聚的机会！

亲情乡情传后世

一代文学巨匠黄庭坚溘然长逝，但他生前的业绩、他的孝子事迹、他对故乡的依恋之情，仍被后人代代传颂。

黄庭坚的孝顺，是出了名的。据《宋史·黄庭坚传》记载，在母亲年迈病重的那些年月，黄庭坚每天早晚都要多次探视母亲的状况，以至睡觉时连衣服也不脱，方便随时去母亲的病床前端水喂药。母亲去世后，黄庭坚在其墓旁搭建了个小茅屋居住。因难以接受丧母的现实，心情过于哀痛，结果生了一场大病，差点自己也随母而去。

《二十四孝》中记录了这么一个"涤亲溺器"的故事，说的是黄庭坚在朝中为官时，坚持每天为年事已高的母亲洗涤便桶。按当时黄庭坚的官职，家中应该是有婢女仆人的，可他不管公务多么繁忙，都得自己亲自去洗刷母亲的便桶，一直到母亲去世。很多人表示难以理解，觉得堂堂一个京官，放着奴婢不用，连这样的琐屑小事都要亲力亲为，完全没有必要。黄庭坚得知旁人有这种看法后，笑笑说："孝敬父母是做人的本分，与我的地位高低有什么关联？儿女孝敬父母，只是报答父母养育之恩的应有行为，这本身就是应尽的义务和责任呀，怎能假手他人呢？"

得知黄庭坚的真实想法后，原来对此有些不解的人都纷纷赞叹："黄庭坚真是一个兼具才华与品行的名士,为官必为清官,为人必为君子。"

黄庭坚任太和知县时,就乐于在公务之余登上始建于唐代的快阁游憩。元丰五年(1082年),还在这里留下了一首脍炙人口的《登快阁》诗,如同王勃登上滕王阁写出语惊四座的《滕王阁序》一样,使得本来并不出名的楼阁名闻天下。全诗是这样的:

> 痴儿了却公家事,快阁东西倚晚晴。
> 落木千山天远大,澄江一道月分明。
> 朱弦已为佳人绝,青眼聊因美酒横。
> 万里归船弄长笛,此心吾与白鸥盟。

诗中,黄庭坚自称如同痴儿一般,喜滋滋地处理完当地政务之后,如释重负一身轻松地在这滨江快阁倚栏赏景。举目远眺,只见树木落叶之后的近岭远山,衬托得天空更为高远阔大;一条奔流不息的赣江清澈如练,映照得月儿也分外明净光亮。可叹的是如今世上知音难觅,知己难逢,即使表面上愿意顺从,也只是因为有实际利益驱使所致。忆及一路走来的崎岖仕途,真希望有朝一日能高兴地吹着笛子,悠闲地乘船回到家乡,毕竟我的内心深处是更乐于与白鸥为伴,过逍遥自在无忧无虑的生活啊。

此时年已三十八岁的太和县令黄庭坚,每日被繁杂的公务所累,或许怎么也不会想到此时渴求的"万里归船弄长笛"的美好愿景终是未能实现。在时隔二十三年后,反而变成了在距家乡千山万水的宜州,吟出"短笛长歌独倚楼"的孤寂诗句。

在仕途上的蹇困潦倒,使得黄庭坚愈加思念家乡的美好。他在诗词中,或委婉或直接地多次表达了这种意愿:"乞我一牧童,林间听横笛。""脊令各有思归恨,日月相催雪满颠。""寄声谢乡邻,为我具两桨。""五更归梦三百里,一日思亲十二时。""吾家双井塘,十里秋风香。""茶甘酒美汲双井,鱼肥稻香派百泉。暑风披襟著菡萏,夜月洗耳听潺湲"。"修水浓青,新条淡绿，翠光交映虚灵。锦鸳霜鹭，荷径拾幽蘋。香渡栏干屈曲，红妆映，薄绮疏棂。风清夜，横塘月满，水净见移星。"……

黄庭坚在故乡生活的日子，满打满算还不及他人生的三分之一，可他对家乡魂牵梦绕的真挚思念，却贯穿于他人生的时时刻刻。他乡的景物，常让他想起故乡，即便是每日东升西落的太阳，也会使他生出"落日使人思故山"的喟叹。在他谪居黔南时，就曾有和白居易"时物感人情，忆我故乡曲"一样的真情流露。

然而黄庭坚并未实现在故乡终老的夙愿。

崇宁四年（1105年）九月三十日，黄庭坚在宜州逝世，直到大观三年（1109年）才回到双井安葬，与他毕生无限眷恋的故土真正融为一体。

黄庭坚去世后二十五年的建炎四年（1130年），朝廷追封他"直龙图阁学士"，加太师；又过去一百四十五年后的德祐元年（1275年），追赠谥号"文节"。

悠悠九百年后，黄庭坚仍然受到一代代人的崇敬。

在他的家乡分宁（今修水），修建有黄庭坚纪念馆，是江西省十大历史文化名人纪念馆之一。馆内建有濂山书院、黄庭坚书法碑廊、当代名人书黄庭坚诗词碑廊、景观桥、爱莲池、观景廊等，为后人全面了解这位创立了江西诗派的文化巨匠，提供了许多宝贵的资料。

双井村是黄庭坚的出生之地，也是他的长眠之地。当地一直对这位千年一出的乡贤敬重有加，对其墓园时加修缮。如今，黄庭坚墓园与纪念馆同为江西省文物保护单位。

黄庭坚的衣冠冢则有两处，一处在黄庭坚的第一次贬谪安置地黔州（今四川彭水），为县级重点文物保护单位；另一处则位于黄庭坚第二次贬谪所在地宜州（今广西宜州）。在宜州，还建有山谷祠，以示后人对黄庭坚永久的怀念之情。

杨万里：
雅俗共赏诚斋体

一生写诗两万余，留传至今逾四千。爱国诗深沉愤郁，含蓄内敛，曲折多讽，意味深长；山水诗不拘一格，诙谐多变，崇尚自然，平易浅近。诗歌被尊称为"诚斋体"，诗人则被誉为一代"诗宗"。

杨万里

1127 — 1206

江西吉水人

北宋的百余年间，金戈铁马不再纵横疆土，纷乱的时局逐渐归于平静祥和，全国处处呈现出一派歌舞升平、经济腾飞的太平盛世景象，长卷《清明上河图》就真实地再现了这一空前的繁荣面貌。随着社会秩序安定，科举制度渐臻完备，文人得到了可以更加自由发展的空间，文学艺术也相应呈现出百花争艳、名家辈出的盛况。

然而到了北宋末年，这一切已悄然发生了巨大变化：北方的强大辽国竟被由女真族建立起来的金朝所消灭。得陇望蜀的金朝接着兵指宋朝，分两路南侵。昏庸无能一心求和的宋徽宗、宋钦宗尽管同意割地赔款，但仍于靖康二年（1127年）四月被掳掠至北方囚禁，从此北宋灭亡，史称"靖康之变"。

经此"靖康之变"，宋钦宗的弟弟赵构匆匆继位，即宋高宗。随后赵构逃难，迁都临安（今浙江杭州），史称"南宋"。虽然赵构仍然奉行"割地赔款称臣"的"主和"投降政策，但在南宋前期，"抗敌""北伐"总体上已成为时代最响亮的号角，"爱国诗"也就顺理成章地成为诗歌的重大主题，宋诗由此迎来了难能可贵的中兴期。

就在这个时期，从江西走出了一位与陆游、尤袤、范成大并称"南宋四大家""中兴四大诗人"，且是风格独特、影响深广的一代诗宗。他自号"诚斋"，创立了与众不同的"诚斋体"，一改许多宋诗缺乏形象性、音乐美，艺术感染力差的陋习缺憾，创作了大量雅俗共赏的传世名诗。时为太子、后为宋光宗的赵惇曾亲笔为他题写了"诚斋"二字。

这位不同凡响的南宋大诗人，就是杨万里。

博览群书屡拜师

杨万里（1127—1206），字廷秀，号诚斋，吉州吉水（今属江西吉安）人。在北宋灭亡、高宗继位的建炎元年（1127年）的九月二十二日，吉水黄桥镇湴塘村迎来了一位男婴的诞生。这家的户主杨芾只是一个乡村私塾教师。杨芾的祖父杨希开和父亲杨元中，都是踏实认真的读书人，均未能如愿考取功名，没走上"学而优则仕"的坦途，但他们眼光独到，为振兴杨氏家族着意谋划远景，一以贯之地出资办学堂，"重教有方，泽厚于后人"。杨芾虽然自小就受到良好的教育，诗文书画样样精通，对《易经》的研究尤为精深，还酷爱购书与藏书。然而在仕途上，杨芾与祖辈、父辈一样，没有"一日看遍长安花"的登科经历，唯有把三代人沉甸甸的期望交付给这个新生的小男婴身上，期望他有朝一日能振翮高飞，鹏程万里。于是，这个男婴被正式取名为"杨万里"。

一个普通乡村塾师的贫寒的家境，基本的温饱生活都难以保障，但杨芾遇到中意的书必购必藏的习惯从未中止，一如他培养杨万里成才的热情之火从未熄灭过。

家中人口多了，却因家贫无栖身之所。于是，父亲杨芾在无奈之下，选在流经村旁的南溪河南边，建起了三间茅屋。茅屋建成了，却没有门，只得向族叔杨杞借来一扇门，只是依旧遮掩不住贫困的寒酸真相。这位族叔随口吟了首绝句记述此事："三间茅屋独家村，风雨萧萧可断魂。旧日相如犹有壁，如今无壁更无门。"诗中既有对杨芾学问的肯定，更有对其潦倒贫寒处境的慨叹。或许正是杨万里对年幼时家境蹇困记忆太过深刻，他在晚年时所撰写的《诚斋诗话》中，还特地将此绝句收录其中。

为了全家不至于挨饿受冻，父亲杨芾不得不远至安福等邻近县域教书。杨万里八岁那年，深爱着他的母亲在贫病交加中不幸离世。但即便身处如此艰难的环境，依然没有动摇父亲培养杨万里成长的意志和信心。到了读书年龄，白天，杨万里就跟随父亲去他执教的地方学习；夜晚，回到家中，则一头扎进父亲的藏书堆里。父亲曾多次骄傲地指着自己众多的藏书，语重心长地对少年杨万里说：古代圣贤的思想精华都在里面啊！你若是不刻苦学习,博览群书,又怎么能从中获得教益呢?

正是由于父亲的不断勉励和谆谆教诲,使得小小的杨万里早就在心头立下大志:不以腹饥衣破而忧,而以经典不知为耻。当杨万里五十多岁时的一个夜晚,回想起自己少年时的学习情况,留下了这样的诗句:"忆年十四五,读书松下斋。寒夜耿难晓,孤吟悄无侪。虫语一灯寂,鬼啼万山哀。雨声正如此,壮心滴不灰。"(《夜雨》)生活的贫穷与读书的孤寂,磨砺了杨万里的坚强意志,也丰富了他的精神世界,为他日后步入仕途,成为一代诗宗,作了不可或缺的厚重铺垫,成了受用不尽的人生财富。

身为私塾教师的父亲很清楚自己的学识有限,要帮助儿子走得更远,飞得更高,不仅要以经典书籍为师,还必须多投名师,方能成就大学问,博得大前程。经父亲的安排,杨万里十四岁时,拜高守道为师;十七岁时,拜王庭珪为师;二十一岁时,拜刘安世、刘庭直为师;二十七岁时,仍拜同为庐陵老乡的大学问家刘才邵为师。虽然这些师傅如今已不为人所知,但在南宋初年的庐陵(今吉安),可都是闻名遐迩的大儒名士。如王庭珪曾为进士、获赐国子监主簿等官职;王庭珪还是一位大诗人,他在任时,曾力主"委任贤相良将以扫宿愤,恢复中原",辞官后在安福归隐并设帐授徒,先后"主庐陵文盟者六十年"。

此外,在绍兴二十六年(1156年)时,已授赣州司户官职的杨万里还跟随父亲,前去拜访当时力主抗金的名臣大儒、已谪居南安的张九成,以及有节操的同乡名臣胡铨。绍兴二十九年(1159年)十月,杨万里调任永州零陵县县丞。当时主战派领袖张浚正谪居永州,闭门谢客。杨万里三次前往拜谒都未能见上一面,于是修成情真意切的书信一封,并转请张浚的儿子出面介绍,才得以入门相见。这一见,果然效应立显。比杨万里大整整三十岁的张浚阅人无数,自是慧眼识珠,很快就认定眼前的这位年轻官吏,正是一位不可多得的惊世才俊。于是张浚语重心长地告诫杨万里:

元符年间（1098—1100）曾经是高官显贵的风云人物不可胜数，然而真正能够流芳后世、与日月争光的，唯有邹志完、陈莹中两人而已！并勉励杨万里在这动荡不已的时代，无论在何时、居何处，都应坚持"正心诚意"，方能成就大业。杨万里自感此箴言必将使自己受益终生，当即决定把自己的书房命名为"诚斋"，并以此为自己的号，以明其志。恰值胡铨当时谪居在衡州，杨万里又转请他据此写了《诚斋记》。事毕，杨万里大喜过望，认为是"一日而并得二师"，张浚、胡铨亦成了他终生效仿的楷模。

勤奋苦读、转益多师的这些经历，对成长中的杨万里，无疑产生了终生难忘的印象，并潜移默化地促成了他日后令人瞩目的成就。

借力好风上青云

绍兴二十一年（1151年）春，踌躇满志的杨万里远赴临安（今浙江杭州）参加礼部考试，不料初试失利，落第而归。虽说此时的杨万里不免有些失落感，但自己心里有数，仍需苦读问师砥砺，于是安心在家乡继续求学。

功夫不负有心人。绍兴二十四年（1154年），时已二十八岁的杨万里不出所料地进士及第。

隔了一年，朝廷授予杨万里赣州（今属江西）司户参军的职位，也就是掌管户籍、赋税、仓库交纳等事项的官员。

到了绍兴二十九年（1159年）十月，杨万里赣州任满赴任永州零陵县。在这里，遇到了他服膺一生的贵人张浚，并得到张浚谆谆教诲与勉励。没过几年，孝宗即位，起用张浚为相。当上宰相的张浚惦记着永州见到的杨万里，随即推荐他为临安府教授。可杨万里还没来得及上任，就得知父亲病重。匆匆赶回家乡，不久父亲病故，只得以"丁忧"在老家服满孝期。

待守孝三年期满后，又于乾道六年（1170年）改任奉新（今属江西）

知县。正是在任奉新知县期间，杨万里做了一件深得民众拥戴的大事。

杨万里上任伊始，恰逢奉新遭遇大旱。在巡查监狱时，杨万里发现牢中关满了因交不起税赋的普通百姓，他们衣衫褴褛，面黄肌瘦，连声喊冤。狱中人满为患，官府财政空虚。这到底是怎么回事呢？莫非其中有什么蹊跷？杨万里经过明察暗访，很快就发现这种怪现象是一帮贪官污吏从中盘剥私吞所致。杨万里因此勃然大怒，下令立即全部释放因交不起税赋而被关押的囚犯，并酌情放宽缴纳税赋的期限，适度降低数额；同时对违法乱纪欺压百姓的官吏，则依法严惩不贷。结果百姓纷纷前来交清税赋，不出一月就基本完成入库任务。剩余少量未交纳的，则严令禁止上门催逼施虐，更不允许鞭打、逮捕的情况出现。对极少数有意偷逃税赋的，则将其姓名张榜公布，激发其尚存的羞耻之心，促其尽快主动交清。

虽然杨万里在奉新做县令仅有半年时间，但是他不仅在当地留下了好的政声，还初次实践了他"不扰民"的施政理念。在他之前，有五任奉新知县均因治理不力而在任上就被罢黜，唯独杨万里做县令时间虽短，但由于政绩显著，当地百姓竟为他建生祠祭祀。由此可见杨万里在百姓心目中的分量有多重！

由于右相虞允文的推荐，杨万里来到京城临安，任国子博士。正是这位虞允文读到杨万里上的政论《千虑策》后，深为文中对靖康之难以来历史教训的深刻总结，对当下朝廷腐败无能的直率批评，以及所提出的一整套振兴国家的方针策略赞赏不已，认为"东南乃有此人物！……当以此人为首。"然而没过几个月，大学问家张栻因事得罪虞允文，被排挤出京知袁州（今江西宜春）。杨万里出于同情张栻受到的不公平遭遇，虽然虞允文对自己有提携之恩，但依然公开反对张栻不当去位的错误决定，并直接给虞允文写信，晓之以理，促其更正。虽然最终未能改变结局，张栻仍被贬谪，但杨万里仗义执言的耿直行为，一时广为人们称道。

淳熙元年（1174年）正月，杨万里外放知漳州（今属福建）。临行之际，还忙着给皇帝送上一封信札，忠告他要特别警戒贪官污吏横行，多多奖掖鼓励清官廉吏上位。

淳熙四年（1177年）春，杨万里出知常州（今属江苏）。正是在常州的两年里，杨万里作诗有所顿悟，诞生了后世称之为有独特诗风的"诚斋体"！

淳熙六年（1179年）正月，杨万里转任提举广东常平茶盐公事。于是在这年的二月就携家眷离开常州。临行前，将应当领取的万余缗积存于官库的薪酬全部自愿充公，只带着两袖清风一身正气离任。与杨万里同时代的诗人徐玑称赞他："清得门如水，贫唯带有金。"意思是说杨万里的门前清白如水，廉洁得只有缠在腰间标明官职的玉带才镶嵌有金子。

淳熙八年（1181年）二月，杨万里改任广东提点刑狱，主要掌管刑狱之事，并总管所辖州、府、军的刑狱公事，核准死刑等，也有权对本路的其他官员和下属的州、县官员实施监察。这年冬天，一支数年来活跃于福建、广东地区的上千人的土匪队伍，在匪首沈师的带领下，正大举向广东梅州进犯。杨万里临阵不乱，遇险不慌，沉着冷静地指挥调度军队和其他各方力量，一举击败来势汹汹的匪徒，并乘胜追击至广东潮州，彻底剿灭了沈师的残余力量。远在京都临安的孝宗得知这一捷报，高兴地夸赞杨万里有"仁者之勇"，赐直秘阁。

到了淳熙十一年（1184年），杨万里因继母去世离任服丧，期满后，被朝廷召入京任吏部员外郎。次年迁任吏部郎中，曾应诏上书，纵论时事。后来还提出诸事皆以"人才为最急先务"的见解，并附呈《淳熙荐士录》，举荐了六十位行正品端的人才，其中就包括后来成为大理学家的朱熹。利用自己能够面见皇帝的机会，杨万里多次对一些时局大政直言不讳地批评，对如何清除一些当朝弊端提出了不少切中肯綮的建议。久而久之，宋孝宗认为杨万里确实是个道德学问都堪为帝师的良才，于是亲自提拔他担任东宫侍读。成为太子的老师后，杨万里更是恪尽职守，精心为太子讲述前朝的历史沿革，鞭辟入里地分析改朝换代过程中的治乱得失，当下时事政局的由来与变迁。而太子对这位老师亦是恭恭敬敬，虽有储君之贵，却对杨万里执弟子礼。对杨万里所表现出的倔强脾性，则以"也有性气"淡然处之。一日集会后，太子兴之所至，还特地为老师书写了"诚斋"两个大字，并在一侧写下"赠侍读杨检详"六个小字。杨万里得此墨宝，自是激动万分，后来还特地写了篇《跋御书诚斋二大字》专门叙述这件事。

就在兼任东宫侍读官的同时，孝宗还不断地提拔杨万里晋升新职，先后任尚书省右司郎中、左司郎中、秘书少监等职。

做官做学问到了这个份上，真算得上是顺风顺水。杨万里自是因得到最高层的赏识而满怀赤诚，大有指点江山指斥方遒的火热政治激情。看到杨万里受到皇上恩宠有加的现状，朝廷百官都以为此后杨万里的仕途未可限量，前景定是一片锦绣光明。

忠言直谏惹祸殃

有高峰必定有低谷，激情过后必定是冷淡。

在官场上，言多必失，行多必误，因此谨言慎行是明哲保身的不二法宝。久居官场的杨万里，似乎并未完全参透其中的奥秘。

时值山河破碎的危难时期，杨万里极力主张抗战，反对屈膝议和。为此在进奏皇帝的许多"书""策""札子"中，他一再痛陈国家存在的弊病，痛斥投降的荒谬，爱国之情溢于言表。在《千虑策·国势上》中，他呼吁"为天下国家者不能不忘于敌，天下之忧，复有大于此者乎！"并寄望统治者要时刻不忘备战防乱、御敌制胜。在《千虑策·君道中》，他毫无顾忌地指责孝宗皇帝在隆兴元年（1163年）五月因举兵北伐被金军击溃于符离之后产生的畏敌情绪,以致"前日之勇一变而为怯,前日之锐一变而为钝"。他甚至还像当太子的老师般教导当朝皇上:"民者,国之命而吏之仇也。"提醒皇帝要节财用,薄赋敛,结民心,只有这样才能做到民富而后邦宁,实现国家的兴盛。

所有这些进言,毫无例外地惹得父子两朝皇帝都对他没有好感,其时还会不冷不热似嘲似讽地说他"直不中律",只是杨万里并没真正放到心里去。

淳熙十五年(1188年)三月,在拟定的配飨宋高宗赵构庙祀功臣名单中,竟然没有张浚的姓名。杨万里对此十分愤慨:张浚不仅是自己的恩师,更是国家的大功臣。于私于公,于情于理,都必须争取让张浚进入配飨之列,这可是一个死后盖棺认定的大是大非问题,不能有半点含糊,不能有半点退让,必须抗争到底!

为了取得张浚能配飨高宗庙祀的名分,杨万里甚至不惜与翰林学士洪迈撕破脸皮,指责他"不俟集议""专辄独断",无异为"指鹿为马"。没想到这下可闯了大祸,因为谁有资格配飨高宗,最后只能由一个人来定,那就是至高无上的孝宗皇帝,其他人都没有资格,最多也就是负责草拟个建议名单而已。如今杨万里居然敢讥讽配飨名单不当,把孝宗气得差点七窍生烟:这不明摆着是指桑骂槐?他眼里还有我这个大宋皇帝吗?莫非嘲笑朕是尸位素餐如同木偶傀儡不管事?莫非嘲笑朕老迈昏庸糊涂不懂事?莫非嘲笑朕大权旁落受人胁迫管不了事,天下乾纲无力独断?这么胡言乱语胆大妄为的人岂能留在朕的身边!得赶紧把他赶出京城,不要再污了朕的眼睛!

讲私情,认死理,以至不经意间竟然伤了皇帝至高无上的尊严,何况在此事发生之前,孝宗皇帝就对杨万里得理不让人的刚直脾性看不惯,曾贬斥他"直不中律",这就注定了杨万里的官运难以亨通。很快,杨万里就被削去直秘阁官职,离开京城,远去筠州(今江西高安)了。至于配飨庙祀的问题,则是在近四十年后的宋理宗宝庆二年(1226年),将二十四位功臣都画了像放在昭勋阁，张浚也位列其中，算是彻底了却了杨万里当年的心愿，遗憾的是此时他长眠家乡的土地上已二十年了。

没想到第二年（1189年）二月，孝宗禅让，光宗继位。当年五月，曾当过光宗老师的杨万里就复位直秘阁，很快入京。此时的杨万里自是兴奋异常，以为从此以后可以得偿夙愿，尽心竭力辅佐曾经教过的太子如今的皇上治国理政了。进京才一个月，升任朝议大夫。不久即连上三札，请求光宗要用人唯才，防止奸佞得逞，甚至提出五大措施："一曰勤，二曰俭，三曰断，四曰亲君子，五曰奖直言。"因光宗改元绍熙，于是以焕章阁学士之职充当金国贺正旦使的接伴使，并在第二年五月以秘书监兼任实录院检讨官。对于"接伴使"这个责任重大但在具体事务中却又颇感屈辱的职务，杨万里心里既高兴又难过。高兴的是皇上对自己如此信任，将这么重要的外交重担交给自己；难过的是堂堂大宋国，竟要摧眉折腰讨好趾高气扬、盛气凌人的敌国来使。

在负责接待金国贺正旦使的行程中，杨万里第一次横渡淮河迎接金使。面对曾经两岸一统的大好河山，如今却以淮河为界，南北分治，心中顿时涌起无限感慨，愤然写下四首绝句《初入淮河》。

其一

船离洪泽岸头沙，人到淮河意不佳。
何必桑干方是远，中流以北即天涯！

到了曾经是内河的淮河，如今却割裂成两国的界河，杨万里的心境如何好得起来？过去要到遥远的桑干河才算是到了塞北边境，而今船到中流，淮河以北就已经是不能逾越的天尽头了！

其三

两岸舟船各背驰，波痕交涉亦难为。
只余鸥鹭无拘管，北去南来自在飞。

淮河南北两侧的舟船各自沿岸航行，连激起的波纹亦难相接。只有天上的鸥鹭可以无拘无束，在淮河的上空南来北往地自由飞翔。

是啊，目睹山河破碎，人民受难，已怒发冲冠、义愤填膺，却还得强作欢颜迎候敌邦使臣，这对接伴使杨万里来说，更是一种旁人难以感受的痛苦折磨和煎熬！

秘书监是个需要经常出头露面的官员，但什么时候该亮相，又不完全由自己说了算。就在绍熙元年（1190年）的十月，《孝宗日历》也就是大事记正式修成，照例应由身为秘书监的杨万里作序。也不知是有心还是无意，宰相却吩咐了别人去做。杨万里自知是严重失职，于是上表请求去职。好在光宗念师生之情，将他挽留下来。接着要向退位的孝宗进献赞颂其丰功伟绩的《孝宗圣政》，宰相指定杨万里为进奉官。想想这个场面就很尴尬：两年前由孝宗皇帝亲自交代打发走的讨厌鬼，现在却郑重其事地向孝宗呈送《圣政》。前事难忘，孝宗心里实在憋闷，回头就好好教训了新皇帝一顿。太上皇发了话，这回光宗也没辙，只得将杨万里改任江东转运副使，打发出京城了事。

绍熙三年（1192年），朝廷下令在江南各郡普遍推行铁钱会子，也就是可兑换铜钱的纸币，与铜钱并行于世，实际上是为了缓解国库空虚。身为地方官吏的杨万里得知即将施行的这一政策，认为不利于普通百姓日常使用，也不利于社会稳定经济繁荣，于是立即上书谏阻，并且拒不奉诏执行。这种大胆的忤逆行为，深深刺痛了制定这一政策的朝廷大员，很快杨万里就接到一纸通知：转赴赣州（今属江西）任知府。

拂袖而去归故乡

久处官场的杨万里已是六十多岁的老人，他从最初为官就在赣州任司户参军,对那里的风土人情是了解的,再去那里做知府肯定有驾轻就熟的便利。但在杨万里的内心深处,自知此次一去赣州,恐再无回京报国之路。想想这几十年来宦海沉浮,只因忠言直谏,竟数遭祸殃。自己的弟子、如今的皇上光宗又与太上皇关系不睦,时有明顶暗撞之言行,若是真去了赣州,即便是光宗想为自己出头,也回不了京都。就算回了,处于这样复杂凶险的人事关系之中,也断难施展自己的平生抱负。

就这么思前想后,不由得嗟叹再三:我本将心向明月,奈何明月照沟渠!罢罢罢,我就从此绝了入仕之心,回我吉水南溪安度晚年去吧。

能告老还乡,这对杨万里来说,还真是一种最好的结局。

早在初为京官时,杨万里就知道官场复杂,京官难做,稍有不慎,说不准什么时候朝廷的一纸公文下来,头上的官帽就会应声落地。因而从入朝为官开始,他就做好了随时归隐的准备,预先留足了从杭州回老家的路费,并放在箱中加锁,密藏于卧室里,谁也不得动用。他还多次叮嘱家人,不得买家具等用品,以免回老家时行李增加累赘。

如今能够全身而退,也算一件幸事吧。用杨万里自己的话来说,就是:"如病鹤出笼,如脱兔投林。"杨万里既然不是被罢职免职,退休工资还是得拿一份。于是以年老多病为由"乞祠官",也就是享受不占编制的官员待遇,以确保人退休了,平日生活还能有稳定的经济来源,这与陶渊明不愿为五斗米折腰就得自食其力种地收割是完全不同的。

带着一些随身的衣物等轻便行李,全家人回到故乡吉水南溪,杨万里正式开始了他戏称为"自此幽屏,遂与世绝"的隐居生活。

要在家乡长久居住,遮风避雨的房屋是必不可少的。由于杨万里父亲在世时搭建的三间茅屋没有修葺,早已墙倒顶塌,根本无法住人;杨万里自己任赣州司户参军期满时回乡搭建的简易茅屋,自离开南溪后就没有修缮过,如今已是柱歪椽烂,难以栖居。于是杨万里在南溪东头找了块荒地,建了几间砖屋，特地命名为"东园"，住下后就再也没有离开过。

杨万里在老家无官一身轻，每天都是优哉游哉地消闲度日。不过他的弟子光宗皇帝可没忘记他。即使被胁迫提前把皇位传给儿子、自己只能做太上皇之时，仍不忘让继位的宁宗诏请杨万里赴京。已对政局失望的杨万里哪里肯去，一再婉言推辞。朝廷奈何他不得，于是在宁宗庆元元年（1195年）将杨万里升职为焕章阁待制，提举兴国宫，当然这都是虚职，不必每天点到坐班的。庆元四年（1198年）正月，进封吉水县开国子，食邑五百户。庆元五年（1199年），升职为宝文阁待制。到第二年底，进封吉水县开国伯，加食邑二百户。

改元为嘉泰后的第三年（1203年）八月，宁宗下诏杨万里进宝谟阁直学士，并赐给紫衣玉带；第二年正月，进封庐陵郡开国侯，加食邑三百户。

到了又一次改元的开禧元年（1205年），宁宗大概以为杨万里的身体还不错，竟然还诏请他赴京任职。此时的杨万里已近八十，只能以老迈力衰坚辞不就。第二年二月，朝廷将杨万里升为宝谟阁学士。

垂暮之年受到朝廷一次又一次恩宠眷顾的杨万里，虽然回到老家再也没有出仕，但他的内心却仍时刻牵挂着国家的安危，时局的变化，百姓的福祉。毕竟杨万里的胸膛里还跳动着一颗火热的爱国之心，只要有从外地特别是京城临安来的友人，他都要仔细询问时事大局。

相比起陆游爱国诗篇的奔放直露，同样浓烈的爱国情怀，杨万里表现得更加深沉愤郁。杨万里一生都力主拒敌抗战，反对求和投降，在给皇帝的许多"书""策""札子"中，都鲜明地坚持北上抗金的立场。闲居吉水南溪的十五年里，尽管光宗、宁宗两位皇帝多次请他进京，但杨万里深知朝廷正是奸臣当道，自己难有大的作为，只好"辞而不往"。时代略晚于杨万里的南宋诗人葛天民就夸他"脊梁如铁心如石"，应是知人之见。

洗尽铅华诚斋体

杨万里一生写诗两万余首,留存至今的《诚斋集》收录各类诗四千二百余首。

有人根据《诚斋集》中各分辑所作的自序,认为杨万里的诗风先后有四次变化,即"模仿期""过渡期""形成期"和"发展变化期"。虽然大体这样细分不是不可以,但如绝对化则恐怕失之真实。

按照杨万里本人在《诚斋江湖集序》中的说法,在绍兴三十二年(1162年)七月之前,他曾写了千余首诗,因基本上都是模仿江西派诗人的写法,爱掉书袋,喜用典故,强调字字有来历,句句有出处,后来全部烧毁了。虽然他话是这么说,但他对江西诗派的黄庭坚等人仍是十分信服的,实际上江西诗派也是杨万里成长过程中的一块重要基石。细读部分散发着浓郁"诚斋体"气息的诗,其中不难看出江西诗派对他的影响。在杨万里六十岁以后,饮水思源,不但为江西派的总集作序,还增补了吕本中的"宗派图",来了个"江西续派",并认为江西派好比"南宗禅",是诗中最高的境界。一些南宋人把杨万里也划进"江西诗派"的队伍里,绝不是凭空臆断。比如杨万里喜以俗语入诗,但是并不是任何白话俚语都入诗,而须是时间长、有来历的方可,在看似随意中不乏谨严,直白中显露含蓄,张合中不失分寸。用他自己的话,就是"诗固有以俗为雅,然亦须经前辈取熔,乃可因承尔"。

杨万里广学其他大家的诗法,博采众长,取法乎上,推陈出新,另辟蹊径,进而独创新体。这一独创的"诚斋体",具有风格纯朴、构思新巧的特征,对转变当时诗坛的沉闷风气,起到了示范和促进作用。当时就有很多极高的评价,如姜特立:"今日诗坛谁是主,诚斋诗律正施行。"项安世:"四海诚斋独霸诗。""雄吞诗界前无古,新创文机独有今。"周必大:

"诚斋大篇短章，七步而成，一字不改。皆扫千军，倒三峡，穿天心，出月胁之语。至于状物姿态，写人情意，则铺叙纤悉，曲尽其妙。笔端有口，句中有眼。"而同为"南宋四大家"的陆游，也投去钦佩的赞语："诚斋老子主诗盟，片言许可天下服。"并真诚地认为："文章有定价，议论有至公。我不如诚斋，此评天下同。"南宋诗论家严羽认为杨万里转益多师之后，"已而尽弃诸家之体，而别出机杼"。

从学江西诗派，到学王安石，学晚唐诗人，以至到最后形成"诚斋体"，按常理应有一个较长的蜕变过程。但据杨万里自己所言，只是一个极为短暂的瞬间。

却说某一天，已到常州就职的杨万里准备写首诗，便磨墨展纸提笔，觉得思路还没与前人相通，又放下；写上几个字，似乎汉唐味不浓，典故尚缺，又圈掉。凝神苦想了许久，"忽有所悟"，于是将笔一掷，索性谁也不学，干脆到后花园去溜达散心，到古长城去登高望远，见到田野的枸杞、菊花不妨采它几把，看到山间的花竹来了兴致，就顺着往上攀爬一段……如此这般随心所欲放任自由之后，顿觉世间万象都迎面扑来，处处是诗意，样样是诗材。惊喜之余，让儿子执笔，自己随口吟了几首，居然每首都别有新意，每首都不忍删改。

从此以后，杨万里开始觉得作诗真是件很容易的事，世界上万事万物，不必精挑细选便可作诗；字词句也不必反复推敲锤炼，哪怕口语俚句也可入诗。杨万里常常是触景生情，见物诗成，无须构思，张口即来。这种诗句泉涌的"活法"，让同时代的人十分赞叹，以为他有"死蛇弄活""生擒活捉"的特异功能。生活于南宋晚期的严羽在他的《沧浪诗话》"诗体"部分，整个南宋时期独独标举出"杨诚斋体"，可见这位重视诗的艺术性和由此造成对人心感发的诗评家，对杨万里独创的诗体是何等青眼有加。

读毕杨万里在常州所写的代表作《小池》，即可对"诚斋体"窥斑见豹：

> 泉眼无声惜细流，树阴照水爱晴柔。
> 小荷才露尖尖角，早有蜻蜓立上头。

泉眼、树阴、小荷、蜻蜓，这些出现在诗中的寻常景物，都是城郊乡间所习见的，实在看不出有什么值得特别关注之处。然而杨万里不仅慧眼独具地发现它们完全可以作为诗的素材，更在笔下给这些平常景物中融注了自己深沉的情感。

通过诗中明白晓畅的字句，眼前很自然地会出现这样一幅画面：汇入小池的泉水悄然无声，那是因为珍惜涓涓细流；树阴映在小池平静的水面上，那是因为喜爱春日晴好的柔美风光。还未舒展开的荷叶刚刚从池水中探出尖尖的嫩芽，就已经有只蜻蜓捷足先登站立在上面。

全诗小巧精致，情趣盎然，通俗明快，活泼自然，完全符合"诚斋体"诗所具有的新、奇、活、快、风趣、幽默的鲜明特点。

又如《闲居初夏午睡起》：

> 梅子留酸软齿牙，芭蕉分绿与窗纱。
> 日长睡起无情思，闲看儿童捉柳花。

吃过梅子之后残留下的酸味仍让牙齿发软，透映出芭蕉的窗纱似乎均沾了翠绿。初夏之际日长人困，刚刚睡起还处于慵懒状态，闲来无事只管看儿童兴高采烈地扑捉随风飘飞的柳絮。杨万里在这里写的完全是真情实景，生活气息浓烈，没有一丝半点扭捏作态。寥寥数语，初夏闲居的恬静闲适和乡村情趣就跃然纸上。

杨万里一生爱荷花，大概写过上百首与荷相关的诗。其中广为人称道的是《晓出净慈寺送林子方》：

> 毕竟西湖六月中，风光不与四时同。
> 接天莲叶无穷碧，映日荷花别样红。

诗中以色彩的反差，壮阔的画面，独特的聚焦，将西湖写得既充满阳刚之气，又尽显柔和之美。

从表面上来看，是写六月的西湖风景到底和其他时节不一样，一直延伸到天边的莲叶呈现出没有尽头的碧绿，唯有映照着太阳光芒的荷花才显得特别红艳。但其实杨万里写这首诗的本意，是想以西湖独有的美景，苦劝为皇帝起草诏书的直阁秘书林子方（也是自己的下属与好友）不要远去福州任职，最好留在京城天子身边，才更有利于日后在仕途上的发展。但后来人读此诗，则大多没考虑其潜藏的本意，而是情不自禁地入迷沉醉于诗中如同白描般所绘就的六月西湖美景。

一首本为送别的小诗，竟写得如此"流转圆美"，的确称得上是富有"诚斋体"特色的代表作。

此外，杨万里还十分注意学习民歌的长处，并有意识地融会于个人的创作中。如《竹枝歌》："月子弯弯照九州，几家欢乐几家愁。愁钉人来关月事，得休休去且休休。"杨万里在诗前直率地坦言：因公事出差路过今江苏丹阳时，听到当地人"讴吟啸谑""一唱众和"的民歌，就在自己的诗中直接融入了最有特色的用词，即"月子弯弯"等。

杨万里的诗歌特色，正如当代大学问家钱锺书先生所言："如摄影之快镜，兔起鹘落，鸢飞鱼跃，稍纵即逝而及其未逝，转瞬即改而当其未改，眼明手捷，踪矢蹑风，此诚斋之所独也。"

忧国忧民死方休

杨万里自绍熙三年（1192年）回到吉水浞塘的南溪水畔，自此就一直长住下来，再也没有离开过。

在浞塘，杨万里不再有官府衙门的公事，但生活的恬静闲适，并未减少他对时局变化的关注，对百姓忧患的体察。而每日里读书吟诗，更是少不了的必修课。经他长子杨长孺编定的《退休集》中，就收录了诗歌八百余首。这些诗有的是杨万里关注民生疾苦、心系家国存亡的感怀咏叹，有的是一些日常生活中的情趣爱好和与友人往来等的真实记述。

在杨万里退休期间，他曾经的弟子光宗皇帝和光宗的儿子宁宗皇帝，都屡次诏请杨万里这位老臣回京任职，但均被他婉言谢绝。

杨万里还在回乡不久时，曾写过一首《感兴》：

去国还家一岁阴，凤山锦水更登临。
别来蛮触几百战，险尽山川多少心。
何似闲人无藉在，不妨冷眼看升沉。
荷花正闹莲蓬嫩，月下松醪且满斟。

诗中轻松地描述了自己一年来游山玩水、把酒赏景的状况，完全是一副怡然自得、坐看风云变幻的桃花源里人的心态。

难道退休后的杨万里，真的冷了那颗曾经火热的爱国之心？

未必！

在杨万里的内心深处，有一个未曾说出的秘密，那就是只要朝中奸佞不斩根除尽，自己就不可能在朝中有所作为。与其陷入险象环生的官场漩涡，还不如待在老家静观时局变化。而光宗之后的宁宗时期，在杨万里看来，最大的奸佞，莫过于皇帝新宠、正把持朝政的韩侂胄了。

这韩侂胄（1152—1207）本是靠恩荫入仕，以后凭着自己钻营和各种裙带关系一路升职。绍熙五年（1194 年）六月，太上皇宋孝宗病逝。只因宋光宗与父亲孝宗一直不和，此时竟以患病为由，拒绝参加丧礼。由于韩侂胄是太皇太后的外甥，便由他出面，串通太皇太后逼迫光宗退位，由其子继位，即宁宗。因为立下这一大功，很快获得宁宗信任，得以重权在握，前后执政十四年。在位期间，实行"庆元党禁"等，树敌众多。开禧二年（1206 年）四月，韩侂胄为迎合朝野抗金的高涨情绪，以主政统兵的威权，在军事准备严重不足、敌方力量严重低估的情况下,竟不顾及祸害社稷的后果大举向北进军。随后出现诸如用人不当、内部出现叛乱等不利因素,导致初期看好的军事形势急转直下,最终以全面溃败签订丧权辱国的和约为惨痛结局。

至此,南宋小朝廷更是风雨飘摇,投降派全面得势,韩侂胄则在开禧三年(1207年)十一月付出了断头的代价。

对专权的韩侂胄早已积愤在胸的杨万里,除了报之冷眼,自不会有更多的交集。但韩侂胄建了个私家园林"南园"后,却想到了杨万里这位诗坛宗主,于是不远千里托人转请杨万里为他的"南园"写篇记文,以合成"名园配名记"的好事。杨万里对促成这样的"好事"当然是嗤之以鼻,并以"官可弃,记不可作也"的激愤之语断然拒绝,也就是以停止正享受的退休待遇为代价,拒绝这一送上门来的"好事"。

表面上,杨万里在冷眼观望时局的变化,深知变革艰难,北伐成功遥遥无期;暗地里,仍心存期冀:积弱积贫的大宋王朝,能够早日尽除奸佞,迅速强盛,恢复大好河山!

这一天什么时候才能到来?

盼呀,盼呀……

"老夫卧病南溪旁,芙蓉红尽菊半黄。"

一天又一天,一年又一年……杨万里的身体已明显地在衰老下去……

开禧二年(1206年),杨万里已是八十岁的老人了。但他的头脑依然清醒,他还在关注着时局的变化,社稷的安危。不过亲朋故旧都已心知肚明,杨万里那干枯的身体、脆弱的心脏,再也经不住情感大起大落、骤喜骤悲的折腾了。于是大家都不敢像以往那样,把从各种渠道得到的外界重大消息,一五一十地告知杨万里,以防止出现意外。

然而意外还是出现了。

五月初七这天,一个从外地回乡的族侄路过杨万里家门,顺便进屋看望他。在交谈中,提及韩侂胄大举出兵北伐之事。杨万里得知这一消息,大惊失色,以致掩面痛哭,连连叫道:"奸臣妄作,一至于此!"

晚上,杨万里辗转反侧,无法入睡,脑子里一直在想过去曾无数次想过的问题:指望好大喜功、希图靠侥幸取胜的韩侂胄完成北伐大业,无异于缘木求鱼、水中捞月。以目前的军力国力,或许初期能取得若干小胜,但最终必将遭遇惨败。这次用兵,纯属莽撞胡闹的冲动妄举,祸国殃民,完全是没有考虑严重后果的短视行为啊!若是到了前线输得一败涂地,将置社稷民生于何地?……

一夜未曾合眼的杨万里待到天亮时,已经毫无进食之意,只是呆呆地端坐在书桌旁,一言不发。良久,呼唤家人备好纸笔,愤然写下遗奏:"吾年八秩,吾官三品,吾爵通侯,子孙满前,吾复何憾!老而不死,恶况难堪。韩侂胄奸臣,专权无上,动兵残民,狼子野心,谋危社稷。吾头颅如许,报国无路,惟有孤愤,不免逃移,今日遂行,书此为别。汝等好将息!万古万万古!"

随后,又强撑着身子,写下了告别妻儿的十几个字,就一头栽倒在书桌上,带着无尽的遗憾,永远离开了人世。

第二年,朝廷追赠杨万里为光禄大夫。嘉定六年(1213年),赐谥"文节"。

明代大才子解缙赞颂杨万里:"文章足以盖一世,清节足以励万世。"

如今,在杨万里的故乡和他任职过的地方,修缮和重建了各种纪念性建筑物,以供后人怀念、凭吊这位南宋诗坛的盟主、诗宗。他独创的"诚斋体"诗歌,已然成为许多诗歌爱好者的至爱,还有的被选进了中小学语文课本,潜移默化地深厚着一代代中国青少年的古代文学素养。

朱熹：
千年儒学集大成

先秦有孔子创立儒家学说，南宋有朱子完善儒家理论。不求权势显赫、闻达虚名于官场，只愿精深思想、弘扬理学于世间。道德文章，千秋楷模！

中国的儒学，或称儒家学说、儒家思想，无疑是中国文化发展的主脉。儒学甫一诞生，就与政治社会有着密不可分的联系，而不同朝代的儒生所具有的强烈社会责任意识，使儒学在中国历史的演变中与时俱进地丰富和发展其既有的内涵。

作为一套系统缜密的思想体系，儒学起源于东周春秋（前700—前476）时期。经过孔子（前551—前479）的归纳整理和阐述发展，正式创立了以"仁""礼"为核心的学说。此后，则有孟子在人性、民本、义利等多方面推进了孔子的儒家思想。孔子、孟子为确立儒家的地位有着无可争议的丰功伟绩，因而被后世尊称为"圣人"和"亚圣"。儒学已成了一门名副其实的显学，"儒生"则几乎成了读书人的代名词。

儒学在秦始皇时，因"焚书坑儒"遭到了一次重创。但到汉武帝（前140—前87年）时，由董仲舒提出"春秋大一统"和"罢黜百家，独尊儒术"的治国方略，并提倡把儒学典籍《诗》《书》《礼》《易》《春秋》作为士人必读的经典。这些主张均被采纳，随后强力在全国广泛推行。自此，儒学成为历朝历代的正统思想，影响中国社会两千多年；研究儒学成为读书人立身扬名的必修课。

经历了唐朝的衰落后，到宋明时儒学迎来了复兴，并被推进到一个新阶段，史称"新儒学"。按创立者的主张不同，又可分为程颢、程颐、朱熹为代表的程朱理学和陆九渊、王阳明为代表的陆王心学。

理学开创者将忠、孝、节、义提升到"天理"的高度，形成了一整套囊括天人的严密体系；而心学则从孟子的"心性之学"发展到"吾心之良知，即所谓天理""心外无物"，建立了"知行合一"的思想体系。

在宋明新儒学中，最主要的代表人物是集理学之大成的朱熹，他不仅是孔孟以来最杰出的儒学大师，是中国封建文化的重要代表人物，还是堪与孔子比肩的大教育家。在元明清三代，朱熹的理学思想一直是统治阶级的官方意识形态。他撰写的《四书集注》,成为明清两代的科举读本;他制定的价值标准和行为准则,成为中国士子近千年来的言行范本;他构建的博大精深的理学思想体系,在南宋之后七百多年的中国以及东亚地区,乃至在世界文化史上也有着重要影响。

江西才子福建养

朱熹(1130—1200),字元晦,后改仲晦,号晦庵,别称紫阳,江西婺源人,生于福建尤溪。

宋朝宣和五年(1123年),江西婺源人氏朱松来到福建尤溪任县尉。数年后,当地的人情风俗都已稔熟,交了不少朋友,还在这里娶了媳妇,就把他乡当故乡,衣食无忧地在这里安居下来。

建炎四年(1130年)九月十五日午时,在尤溪朱松家中,随着婴儿清亮的啼哭声骤然响起,降生了一个小子,这就是朱熹。他还有个乳名"沈郎",这是因为尤溪的别名叫"沈溪",所以称朱熹为"沈郎",意指他虽是江西人,却是在福建尤溪出生的。而大名"熹"字,则是因居住处附近有两座山,在朱熹出生的那天突然起火,形似"文""公"二字。父亲朱松感慨道:"天降祥瑞,必有所印,此喜火祥兆也!"于是将新生儿命名为"熹",原字即"火"与"喜"的合体字"熺"。

不久之后,父亲朱松带着得子升官的喜悦心情,赴京就任朝廷秘书省正字一职。这个官不大,但位置还相当重要,主要职责是负责典籍的校正脱误和编辑成集等事务,许多成为重臣的名人都有过任职正字的经历。二十一岁就荣登进士榜的朱松对这份官职挺满意,此后他还被擢升著作郎、吏部郎等职。但由于与同僚上书极力反对权相秦桧投降主和的主张,被逐出朝廷贬任江西饶州(今鄱阳)知州。朱松反复考量,决定不去饶州赴任,而是回到福建建阳家中退隐。

没有了官职虽说以后可以只言风月一身轻，但对朱松这个封建社会的士子来说，这无疑是件很残酷的事情；不过对他的儿子朱熹来说，又何尝不是一件幸事，因为有更多得到父亲教育陪伴的机会，那是十分难得的。

据说面对坎坷的仕途和窘迫的处境，朱松曾请算命先生算了一卦，回答是："富也只如此，贵也只如此，生个小孩儿，便是孔夫子。"朱松当时只把这话当成一个好兆头，因为他做梦也不会想到自己的儿子在将来竟然会成为孔孟那样的儒家圣贤。

朱熹五岁时，有一次父亲用手指着头顶的苍天对他说："这就是天。"朱熹没有直接回答"我知道"之类，而是深一步问道："在天之上的，是什么物体呢？"就这一看似平常的追问，让父亲又惊又喜：哎呀，这不就是"举一隅而反三隅"的好例证吗？看来儿子确实是颗读书种子，我得多下功夫培养。于是开始教朱熹学习《孝经》，毕竟孝是"始于事亲，中于事君，终于立身"的美德，连唐玄宗都亲自为《孝经》作过注，现在就让儿子初步懂得"百善孝为先"的道理，实在是重中之重的头等大事。

朱熹遇事爱细思深究、打破砂锅问到底的天性，并非表现在一时一事上，而是时时处处都会反复思考，多方推论，不肯止歇。在他六十七岁时，曾这样回忆幼时的烦恼情况：我自五六岁开始，就被自然界的各种问题缠绕着。比如："天地四边之外，是什么物体呢？"有人告诉我："天地是四方无边的。"但我思来想去，觉得不管怎么样都得有个尽头吧？就好像这房屋的墙壁，壁后面肯定会有什么东西在那儿。就这么成天琢磨个不停，都几乎成了病态。到现在人已老了，还是没搞清天地四边的壁后究竟是什么物体。

朱熹在这里虽然说的是学无止境的道理，却也预示着他后来能把理学推向鼎盛时期，使儒学的哲学化达到很高水平，是与他从小就乐此不疲地深究自然万物的终极道理——"格物致知"的习性密切相关的。

朱熹才诵读一遍,就已能够通晓这部"天之经也,地之义也,人之行也"的《孝经》所包含的微言大义,还在书上郑重其事地题写了这么一句话:"若不如此,便不成人。"的确,以孝为中心,集中阐述了儒家伦理思想的《孝经》,对朱熹的一生都产生了极其深刻的影响。当家里人担心朱熹过于沉溺学习,让他与别的小孩游戏时,他却用手指将沙划成八卦形状,之后端坐一旁,默默地看着八卦图入神。这让大家都感到小小年纪的朱熹,很不简单,真是神童!

朱熹十一岁时,朱松罢官留在家中,朱熹得以受学于家庭。然而老天未能给朱松更多的时日,在朱熹十四岁那年,朱松就以四十七岁的英年,留下无限的遗憾过早离开人世。临终前,朱松特地要来纸笔,写下嘱咐,将朱熹托付给崇安好友、儿子的义父刘子羽,并写信给崇安友人胡宪、刘勉之和刘子翚,拜托这三位名重当时的大学者帮助教育自己的儿子,以遂自己心头最大的遗愿。

朱松完全没有看错人,所托付的几位老友都把朱熹视同子侄,不仅尽可能妥善安排好朱熹母子的生活,而且各尽才学对朱熹勤加教诲。刘子羽作为朱熹的义父,除了将自己的一处旧房加以修缮给朱熹一家居住外,还赠送了自家的田地和池塘让他们的生活有着落。刘勉之十分喜爱朱熹的聪慧好学,后来还将自己的宝贝女儿嫁给朱熹为妻。刘子翚经反复斟酌,为朱熹起了个"元晦"的字号,即阴历每月最后一日,后来改为"仲晦",则是指阴历每月十五了。

尽管父亲的这三位老友尽可能以他们的人力物力对朱熹母子照顾有加,但日子终归还得关起门来自己过。在平常的日子里,都是朱熹的母亲祝太夫人辛劳持家,将紧巴巴的艰苦岁月过得充满希望,充满乐趣。

有这么一个故事。炎炎夏日,朱熹仍像往常一样,捧着书本吟诵。这时,母亲端着一碗莲子汤，嘴里叫着："沈儿，天气太热，快来喝了这碗莲子汤解解暑！"朱熹答道："孩儿这会还不渴。母亲从早到晚操劳太辛苦了，还是您喝了吧。"母亲看着懂事的儿子，心里充满了欣喜，慈爱地对朱熹说道："儿呀，你知道吗？这莲子的心虽苦，但是去掉了莲心后，莲子就甜了。"朱熹接过碗，一边慢慢地品尝着莲子汤，一边细细地琢磨着母亲话中的深意："莲子即怜子，也就是母亲爱子情深。虽然现在辛苦劳碌，但辛苦过后内心是甜蜜蜜的。"明白了母亲的话中寓意后，朱熹更加发愤读书，以回报母亲的养育之恩。

这个民间传说虽无从考证其真伪，但确实可以从中见证朱熹母亲的崇高精神，以及在朱熹成长过程中的重要影响。

绍兴十七年（1147年）秋，十八岁的朱熹在建州参加乡贡，顺利成为举人。考官蔡兹看了朱熹的三篇策论，皆言及朝政大事，不由得惊叹："这个考生，将来必定是非常之人！"

绍兴十八年（1148年）春，不出意料，朱熹进士及第。

在等待授予官职期间，朱熹回到祖籍地江西婺源，不仅祭扫了祖墓，还将父亲出任福建政和县尉时为筹措路费而抵押借款的百亩田地赎回，作为族产交由叔叔经营。

一颗新星，正冉冉升起在南宋的天空。

著述讲学胜做官

绍兴二十一年（1151年）春，朝廷授予朱熹左迪功郎，出任福建泉州同安县主簿，主要负责文书簿籍和印鉴等事务。任上，朱熹的业绩卓著，业余则深入研究"释老之学"，即佛学和道学。此外，他还乐于向学子、生员讲授圣贤做人处事的道理，并倡议修建经史阁，用来收藏书籍，供士子阅读。后来朱熹离开同安，当地的士子为纪念他留下的惠泽，特地相约捐资，破例在学宫内立了一座生祠。

同安县尉的任期满后，朱熹回到崇安，在那里建起中山堂，作为讲学著述的场所。讲学之余，朱熹还抽出空闲时间，前往数百里外的延平，向父亲的同窗、大理学家程颐的三传弟子李侗请教。一来二去，在绍兴三十年（1160年）冬，朱熹第三次拜见李侗时，成为李侗的弟子。朱熹得到李侗的指点很多，所受的影响很大。不仅上承宋代理学开山之祖周敦颐的"濂溪学派"之脉息，同时得到"二程"所代表的"洛学"真传，就此奠定了厚实的理学基础。

绍兴三十二年（1162年），宋孝宗即位，决定广开言路，下诏征求各方臣民对朝政的意见。

朱熹见这是个参政议政的好机会，于是精心准备了一个奏章，开篇即叙述朝廷的施政过失，继而提出自己的纠偏之根本大法："帝王之学，必先格物致知，以极夫事物之变，使义理所存，纤悉毕照，则自然意诚心正，而可以应天下之务。"很显然，朱熹意图用他认定的儒学思想来推行政治。此外，还论及抗金拒和、任贤使能、安邦济民等治国理政大计。宋孝宗读后颇有好感，于是在来年三月，于垂拱殿内召见朱熹。朱熹又将奏章所言阐述了一番，虽博得孝宗的称许，至十一月被授予国子监武学博士头衔，但离朱熹希望借此参政的目标相距太远。

这也难怪，偏安一隅的南宋朝廷最操心的，是与北边的金朝讲和，以相安无事为目标，自然也就无法接受朱熹"格物致知""意诚心正"的宏论。朱熹在大失所望之余，权衡再三，主动提出去担任管理宫观的祠禄官员。

在宋代初期，一些因年迈力衰不能任事的官员，常被任命为祠禄官，主管宫、观的事务，可以不理政事却领取一份俸禄，以示优待礼遇。但后来逐渐演变成一种清闲职务，由朝廷根据需要强制性或根据本人意愿予以安排。

朱熹不愿做待机而起、充满升迁机遇的京官，主动要求外放，担任门庭冷落的祠禄官，恰是看中了这类官职可享有难得的闲散，却又有一定的俸禄，以保证日常生活。这种挂职领薪虽让很多人羡慕，不过对此时还想政治上有所作为的朱熹而言，却只是一种无奈的选择。所幸做祠禄官并不需要到所在宫观就职，这就为朱熹潜心学问赢得了大把时间。此后，朱熹还先后主管过台州崇道观、武夷山冲佑观、华州云台观、西京崇福宫、西太一宫、南京鸿庆宫等，这对他专心致志于著述与讲学是十分有利的。

乾道元年（1165年）五月，朱熹又一次任监潭州（今湖南长沙）南岳庙职。此前的绍兴二十八年（1158年）十二月，朱熹就已经在这儿任过职，因而对当地的学术状况并不陌生。他与同样承袭"二程"理学、"湖湘学派"奠基人、时任岳麓书院山长的张栻亦早就有过交往，曾两度相见，频繁书信，可谓年龄相仿、意气相投的挚友。

乾道三年（1167年），朱熹得知张栻在《中庸》之义上有新解，于是在八月专程从福建崇安前往潭州。此番两人在岳麓书院第三次重聚，除相互继续切磋学问外，更造就了中国学术史上的一大佳话——"朱张会讲"。

所谓"会讲"，即指学术同仁们聚集在一间大房子里，谁的学问好，大家就向他学习。这本是中国一种古老的学术研讨方式，也是从老子到墨子都一直沿袭的传统。发展到宋代，俨然成为中国文化创新和发展的主要形式，朱熹和张栻的会讲更是将这种学术研讨形式推到了堪称典范的新高度。

据记载，朱张两位理学大师会讲的内容虽然相当广泛，但都围绕着"中和说"展开。在论辩《中庸》所言"喜怒哀乐未发谓之中，发而皆中节谓之和。中也者，天下之大本也；和也者，天下之达道也"的主旨时，两位大师坐在太师椅上，就这一先天道德本体和后天道德心理的关系问题你来我往，各抒己见，诘难激辩，质疑释惑，足足讨论了三天三夜还意犹未尽。

从九月初八算起，朱熹在潭州待了两个多月，除去会讲，还先后在张栻主教的岳麓书院和城南书院开坛讲学。得知"闽学"创始人、经学大师朱熹在潭州传经送宝，湖湘的学人士子纷纷从各地赶来听讲。据记载，当时的岳麓书院前车水马龙，有上千学子涌来，以致平日丰盈的饮水池很快就干涸了，让人顿生此处为潇湘之曲阜的感觉。这种记载虽有夸张溢美之嫌，但朱熹讲学所产生的巨大影响却是不争的事实。

淳熙五年（1175年）六月初，吕祖谦出于调和主张"格物致知"的理学派与主张"发明本心"的心学派之间的矛盾，邀约理学派代表人物朱熹和心学派代表人物陆九渊兄弟等闽浙赣三地的学者，在江西铅山的鹅湖寺举行一次学术大辩论，也是采取书院会讲的形式，史称"鹅湖之会"。尽管双方激辩了三天，但因两派各持己见，互不相让，结果原有的矛盾不仅没有得到化解，更别说自此消弭分歧"会归于一"，而且双方还闹了个不欢而散。只因都是名人曾在此寓居和会讲，后世便将鹅湖寺更名为鹅湖书院，作为教书育人之宝地。

在朱熹的一生中，先后担任的官职虽有十多个，但多数都以患病的理由辞任，因而断断续续的为官时间总共不超过九年；而专事讲学传道之业，则长达四十余年。他的门生黄榦称：朱熹一天不讲学，就感到不快活。这确实是知师、懂师之真言。因为朱熹自己就常说："一日不讲学，则惕然常以为忧。"在上课时，每遇要钥之处，朱熹总是多次给予清晰的讲解，绝不含糊其词、一掠而过。课后，朱熹则常与众学子流连于林泉山石之间，每每要到日落方归。

在繁忙的做官、讲学之余，朱熹还花了大量精力著书立说。著作有《四书集注》《周易本义》《西铭解》《太极图说解》《诗集传》《楚辞集注》等，多达五六十部，其中仅《四库全书》收录的就有四十部。在这些著述中，朱熹对"四书""五经"下功夫尤深，往往是逐字推敲，抉微钩沉，许多方面都有着自己独到的精深见解。

毕生最重书院情

乾道五年（1169年）九月，朱熹母亲病逝，安葬在建阳崇泰里的寒泉坞。为便于守墓，亦利于著述和讲学，还可供会友聚徒短期住宿，朱熹在离墓不远处建起了数间草房，命名为"寒泉精舍"，这也是朱熹独力创建的首座精舍。

所谓"精舍"，就是用于讲学、教授生徒的处所，也可视为小型书院。朱熹在这座精舍中，讲学、著述两不误，住了近十年。期间，不仅培养了大批学生，还撰写了一批重要的理学著作。

淳熙二年（1175年），朱熹又在距寒泉坞不远的云谷山庐峰之巅另建了三间草房，命名为"晦庵草堂"。值得一提的是，朱熹的得意弟子、理学家蔡元定，在云谷对面的西山也建起了一座书院，名曰"西山精舍"，与云谷晦庵草堂遥遥相对，以方便向恩师请教。两人相约，凡在学术上遇有疑难之处，则彼此高挂灯笼呼应，至次日相见，以辩难释疑。

淳熙九年（1182年），朱熹因官场受挫，愤然辞职回到福建崇安，潜心山中隐居。第二年开春，由朱熹亲自选址并规划设计，经门人弟子齐心协力，一座规模可观的"武夷精舍"很快就在九曲溪畔的大隐屏峰下建成。这座精舍功能齐全，内有"仁智堂""隐求室""止宿寮""观善斋""寒栖馆"等不同功能的建筑。据朱熹自述，精舍落成之后，"四方之友来者亦甚众，莫不叹其佳胜"。当然更重要的是，朱熹在"武夷精舍"的六七年时间里，精心培养了一大批学子，经过他们的再传播，已形成一个有着巨大力量和广泛影响的学派。

绍熙二年（1191年）正月，朱熹因长子英年早逝，精神上受到很大打击，于四月辞去漳州知府官职，来到建阳考亭。在朱熹的记忆中，父亲生前来过这里，"尝以考亭溪山清邃，可以卜居"。于是为实现父亲的心愿，晚年的朱熹决定在考亭定居，购置旧屋加以修缮，并在屋旁建起了一座藏书楼。之后在邻近藏书楼处，建起了第四处精舍，初时命名为"竹林精舍"，作为终老的居家讲学之所。听朱熹讲学的有不少是从武夷精舍、寒泉精舍、晦庵草堂追随而来的门生，加上从江西、浙江、安徽、江苏、湖南、湖北、广东、四川等地负笈远道前来求学的人数愈众，于是朱熹对精舍加以扩建，并更名为"沧州精舍"。据载，沧州精舍因声名远播，四方学人接踵而至，即使在后来风声鹤唳的"庆元党禁"期间，门生仍往来不绝。至淳祐四年（1244年），宋理宗赵昀特赐书"考亭书院"。

虽说朱熹自建四处书院，花费的时间最多，耗费的精力最大，讲学、著述的功绩也最丰，但在中国书院史上，仍以他为地方官时主持修复的白鹿洞书院和岳麓书院影响最大、最深远。

淳熙五年（1178年）八月，朱熹知南康军（辖三县，治所在星子县，今庐山市）。到任后，除了分别轻重缓急，及时处理大量繁杂例行公务外，还出榜征询白鹿洞遗址。后来又亲自察看，书院遗址虽因战乱兵火仅存瓦砾朽木、茂草荒丘，但山清水秀、幽静清雅，"无市井之喧，有泉石之胜"，确是一处隐居、读书、讲学、著述的好地方。于是朱熹当机立断，尽快修复。为了让这座在唐代李渤隐居旧址上兴建起来的书院重新焕发生机，朱熹可谓殚精竭虑，不遗余力。他于政务之外，亲自兼任洞主，亲自授课，并想方设法延请名师；不光自己捐出一部分图书，还发动众多亲友赠书，甚至动用职权以官府名义向民间征收书籍；筹集资金购置学田，以图持久发展；多次上书朝廷，请皇帝赐书、题写匾额……

为了让新生的白鹿洞书院尽快走上正轨，朱熹还亲自制定了具有开创性意义的《白鹿洞书院揭示》,又称《白鹿洞学规》。在揭示中,确定五教之目为:"父子有亲,君臣有义,夫妇有别,长幼有序,朋友有信。"为学之序为:"博学之,审问之,谨思之,明辨之,笃行之。"修身之要为:"言忠信,行笃敬,惩忿窒欲,迁善改过。"处事之要为:"正其谊(义),不谋其利,明其道,不计其功。"接物之要为:"己所不欲,勿施于人;行有不得,反求诸己。"

朱熹制定的《白鹿洞书院揭示》,因其严谨和系统,使之不仅成为南宋书院的统一学规,还是元、明、清各代书院学规的范本,甚至各级各类官办学校也"一以白鹿洞学规为诸生准绳"。

白鹿洞书院重新开办后不久,与朱熹有过学术观点之争的陆九渊即慕名来到南康军驻地星子。此行主要是应朱熹之邀,在白鹿洞书院就《论语》中的"君子喻于义,小人喻于利",阐述自己的"义利观",顺便请朱熹为自己去世的兄长陆九龄撰写墓志铭。结果陆九渊讲学的反响出乎意料地好,"环而听者千人,田夫野老有闻而泣者。"朱熹亦为之感动,遂将陆九渊的讲义镌刻在石头上,以便永久保存,警示后来学者。

值得一提的是,在白鹿洞书院门前,有一条潺潺流过的贯道溪,溪中的一块巨石上,镌刻着朱熹的手书"枕流"两个大字。其实完整的词组应是"枕石漱流",出自曹操的《秋胡行》:"名山历观,邀游北极,枕石漱流饮泉。"后来的《世说新语》中则记载了"枕流"的故事:说有个叫孙子荆的人,年少时想隐居,本意是对名士王武子说要去过"枕石漱流"的生活,也就是要去山中隐居当隐士。不料一时口误,竟说成了"漱石枕流"。于是王武子取笑他:"水流可以当枕头,石头可以漱口吗?"孙子荆急中生智,索性将错就错,自我辩解道:"我所说的枕流,就是要洗耳,所说的漱石,就是要磨砺牙齿。"身为大儒的朱熹自然熟知这一典故,于是挥笔写下"枕流"二字,其意即为告诫学子应洗净耳根保持清静,减少欲望以做到一心只读圣贤书。

绍熙四年（1193年），朱熹知潭州、荆湖南路安抚使。在任期间，不仅"严武备，戢奸吏，抑豪民"，更把兴学作为理政的重大事项。岳麓书院原为北宋初潭州知州朱洞创建，至南宋时被毁。后在乾道元年（1165年）得到初步修缮，并聘请著名理学家张栻主持讲学。乾道三年（1167年），朱熹曾在这里与张栻"会讲"，还在岳麓与城南讲学两月有余。如今张栻虽已去世十余年，但"湖湘学派"犹存，于是朱熹在原有的州学之外，进一步修复扩建了岳麓书院，聘请名师，将《白鹿洞书院揭示》列为岳麓书院的正式学规，建立补助贫寒学生的制度等，使之成为一座更规范、更具影响力的书院。公务之余，时年已六十多岁的朱熹还亲自参与书院的讲学，帮助解决遇到的各种困难。他所手书的"忠孝廉节"四个大字，至今仍存立在岳麓书院内，警醒着一代代学子谨守立身处世的底线。

此外，朱熹还筹资重修了湘西精舍，在岳麓山下又增添了一处学人读书的好地方。

有学者经过深入研究后发现，朱熹终其一生，与六十七所书院有着或深或浅的关系，其中亲自创建的四所，修复的三所，另外只在其中读书讲学的四十七所，仅为其题词题诗的十三所。

虽然朱熹没有在江西亲自创办一所书院，也只回过两趟老家，但家乡人都以朱熹而自豪，他的门徒在江西尤其在信州创办了多所书院。或许是受到朱熹办学的影响，南宋书院有三分之一坐落在江西，达一百四十七所之多，其中最负盛名的则非白鹿洞书院莫属。

格物致知究天理

朱熹穷其毕生精力所建构的理学，是以研究儒家经典的义理为宗旨的学说，即所谓义理之学。这是一个非常庞大的思想体系，似乎可以用来解释和包容世间万事万物。

然而这个看似"巨无霸"式的理学大厦的形成，却源自朱熹得于《大学》"致知在格物"的命题："格，至也。物，犹事也。穷至事物之理，欲其极处无不到也。"这才有了他知先行后、行重知轻，穷理离不得格物、唯有格物才能穷其理的一大套知行理论。

在朱熹看来，"理"是物质世界的基础和根源，无"理"就没有世界万物。于是，朱熹如此阐述"格物致知"的要义："上而无极、太极，下而至于一草一木一昆虫之微，亦各有理。一书不读，则阙了一书道理；一事不穷，则阙了一事道理；一物不格，则阙了一物道理。须着逐一件与他理会过。"

具体如何格物呢？朱熹给出的答案是："天地中间，上是天，下是地，中间有许多日月星辰，山川草木，人物禽兽，此皆形而下之器也。然而这形而下之器之中，便各自有个道理，此便是形而上之道。所谓格物，便是要就这形而下之器，穷得那形而上之道理而已。"这就是要求研究者对天文、地理、生物、农业、气象等万事万物，都应该沉下心去"格"了。

或许得益于他从小就养成并伴随终生的思考习惯，朱熹凡事都身体力行，并持之以恒，认真细致，穷根究底，孜孜矻矻地"格物致知"，决不轻言放弃，半途而废。

据史料记载，有这么一个朱熹格砚台的故事。

某天，朱熹正在给弟子讲解什么是"格物致知"，但不少弟子却面露困惑之态。有个胆子大些的学生干脆向老师提问："'格物'是什么？'致知'又是什么？何者为先呢？"

素来诲人不倦的朱熹耐着性子，又对格物致知作了好一番详细解释，但不少学生理解起来，还是觉得有点玄乎，仍处于迷迷糊糊、似懂非懂的状态。

有个学生灵机一动,指着朱熹书桌上的一方新砚台,请求道:"先生所言自是真理,可否以此砚台为例,启示我们何为'格物致知'?"

朱熹笑了笑,说了声:"好,我们现在就来'格'这个砚台。"随即顺手拿起桌上的新砚台,并将它翻转过来让砚底朝上,展示给众弟子观看。只见光滑的砚台底部,有一个大螺壳的印痕。

大家都感到奇怪,不由得提出疑问:"这样硕大的螺,定然生长在大海里,怎么会钻进石头之中?"

朱熹又笑了笑,继续说道:"不错,这么大的螺肯定是生长在大海里的,而这方砚台是用从山上开采的坚硬石头打磨出来的,两者之间必定有着某种内在的联系。石头里面有海螺,表明千万年前,出砚石的山只能是海底,活着的螺才能轻易地钻进泥中。千万年后,海底上升为大山,柔软泥土硬化为坚石,这海螺壳不就现身于石头之中吗?"

停顿了一下,朱熹接着说道:"明白了海螺为什么会出现在山上的石头中,这就完成了'格物'的环节。然后我们再来看看,究竟什么是'致知'。以往在我们的印象中,山、海都是永恒不变莫测高、深的巨物,而今发现它们之间竟然可以不可思议地相互转换。那么在这世界上,还有什么是不能改变的呢?由此及彼,可知天命无常,我们怎能不对身边的一切,常存敬畏之心啊!"

听到这里,弟子们都恍然大悟,喜悦之情自是溢于言表。

在儒家经典《大学》中有这样一段话:"致知在格物,物格而后知至,知至而后意诚,意诚而后心正,心正而后身修,身修而后家齐,家齐而后国治,国治而后天下平。"这就是"格物、致知、诚意、正心、修身、齐家、治国、平天下",概而言之就是"八目",而"格物致知"就是"八目"的基石,也是古代儒家思想的一个重要理念。

早在绍兴三十二年(1162年)时,朱熹就向朝廷上过奏章,提出这套儒家格物致知理念，并认为这也是"帝王之学"，可以用于治国理政。只是正处于内忧外患困扰中的宋孝宗，虽然觉得这套理论不错，但无心亦无暇实践"格物致知"，于是朱熹的宏论也就不了了之。

为了全面地格物致知，朱熹对古代医学经典《黄帝内经》、张衡的天文学著作《灵宪》等都有涉猎，尤其是对北宋自然科学家沈括的《梦溪笔谈》，更是深入钻研。在《周易参同契考异》一书中，就有朱熹对一些自然现象进行实际考察和研究的记载。从朱熹的许多著述中，可以看到他对诸如宇宙起源、地心说、大地自转等理论，日食与月食、潮汐、雪花六角晶体形状、雨、虹等的形成，地理对气候的影响、生物与人类起源、中医诊脉、农业生产结构、农作物布局及具体的生产技术等问题，都有自己的深度思考和独到见解。

朱熹对"格物致知"情有独钟，是因为他笃信具有高尚道德修养的人，还需深度考察外部事物的缘由，不断扩展各种知识的来源，才能求得自身的善与事物的真相两者完美统一。

朱熹格物致知的精义，乃在于"穷理"，而所穷之理，又称"道""太极"。它既是道德伦理，又是自然之理，也就是天人合一之理。这个理，是在事物之上、之先、之中的普遍之理，因而是最高的"天理"。顺天理而行，社会就向前发展；逆天理而动，社会就落后倒退。

义理精髓入诗词

朱熹一生著述宏富，据统计流传至今的仍有两千万字左右，这让现代人也不能不惊叹为天文数字。虽然这些大部头的著述绝大多数都属当代人不会喜读的内容，但其留传至今的多达一千二百余首的诗词，其中精彩频现，赢得了很多人的喜爱。

朱熹的诗词内容广泛，既有述怀言志、出入佛道、忧国忧民、山水田园，也有凭吊怀古、咏物寓情,还有唱和应答等。艺术手法多以比兴联想为特色,触景生情,融理无形,清丽婉转,谐趣自生。

以脍炙人口的《春日》诗为例:

> 胜日寻芳泗水滨,无边光景一时新。
> 等闲识得东风面,万紫千红总是春。

从字面上看,这完全是一幅踏春的实景图:在风和日丽之时去泗水之滨探寻美景,无边无际的风光景物焕然一新。任谁都能看出已是春天来临,东风吹得到处百花绽放,满目万紫千红。这就是真正的春天景致啊!

但若联系当时的历史背景,就可知在朱熹写这首诗的年代,位于北方的泗水早已被金人侵占。此时的朱熹,绝无可能在泗水之滨漫步游春。那为什么朱熹要凭空想象自己在那里"寻芳"呢?毕竟江南的春更加多姿多彩啊。细思之下才知道,原来诗中的"泗水"是代指儒学,因为春秋时期的孔子曾在洙、泗之间弦歌讲学,传道授业。明白了这一点,就知道诗中所说的"寻芳"即指追求圣人之道,"无边光景"是暗喻儒家学问博大精深不可穷尽,"东风"自是指教化的巨大力量,"万紫千红"则是指儒学被广为接受遍地开花。说白了,这幅"春日"美景图,完全是朱熹随心着意绘出的虚拟图。

短短四句诗,就将本为枯燥乏味的抽象说教,化为情趣盎然的可感形象,不能不佩服朱熹的这种构思高明!

再看另一首广为传诵的《观书有感》:

> 半亩方塘一鉴开,天光云影共徘徊。
> 问渠哪得清如许,为有源头活水来。

诗中用朴实无华的词句写道:半亩大的方形水塘犹如一面镜子,明亮的天空和飘浮的云朵倒映在水中,似乎正在平静的水面来回移动。这个方塘的水为何如此清澈?只因为有不会枯竭的源头不断地向池塘注入新鲜的活水。

显而易见，诗中所描述的池塘虽然不大，却能如镜子般映照出"天光云影"；清澈见底的池水不会干涸，正是由于有"源头活水"持之以恒地流入。诗中隐喻的道理，就是指读书人唯有不急不躁保持平常心，不断地读书求学以汲取新的知识，才能在学业上不断取得新的进步。

读罢朱熹的这首哲理诗，脑海中很自然地会联想起苏轼的《题西林壁》："横看成岭侧成峰，远近高低各不同。不识庐山真面目，只缘身在此山中。"细品其说理方式，的确有异曲同工之妙。

值得注意的是，朱熹诗的标题为《观书有感》，但在诗中却不见"书"字，全用"方塘""活水"取代了。短短二十八个字，蕴含着丰厚的生活哲理，却不露丝毫说理的痕迹，这也只能是高手所为的神来之笔。

在很多人的印象中，像朱熹这样一位集儒学之大成的理学家，平日准是板着严肃面孔，难得露出笑容的。殊不知这么个大理学家，也会写出博人一笑的游戏文字。如他的两首回文体词《菩萨蛮》：

（一）

晚红飞尽春寒浅，浅寒春尽飞红晚。尊酒绿阴繁，繁阴绿酒尊。　老仙诗句好，好句诗仙老。长恨送年芳，芳年送恨长。

（二）

暮江寒碧萦长路，路长萦碧寒江暮。花坞夕阳斜，斜阳夕坞花。　客愁无胜集，集胜无愁客。醒似醉多情，情多醉似醒。

上述两首词各有八句，且两两相对，前后颠倒，自然和谐，不仅没有牵强之感，而且颇有情趣意境，的确称得上是构思精巧、特色鲜明的上乘之作。

朱熹曾自谦地说，他写诗只是"间隙之时，感时触物，又有不能无言者，则亦未免以诗发之"。实际上，朱熹从小就受到良好的文学熏陶，有着很高的文学素养。现代大学者钱锺书认为："朱子早岁本号诗人，其后方学道名家。"有人认为朱熹的诗虽是他的"文之余事",但"高古清劲,尽扫余子","雅正明洁,断推南宋一大家"。这对帮助我们认识朱熹这位大理学家偶露峥嵘的一腔诗情,是很有裨益的。

理学思想传久远

绍熙元年(1190年),年过六十的朱熹出任漳州知府后,颁发教令整顿风俗,还在郡内刻印"四书""四经",并倡导学校当作课本,在各地得到广泛流传。尤其是"四书",朱熹不仅将其定为士子修身的基本准则,还依托"四书"构成了他完整的理学思想体系。正因如此,朱熹把注释"四书"视为自己毕生最伟大的事业,殚精竭虑注释"四书"的文字看作是自己最重要的著作。直至他去世的前一天,仍在挂念着他的《四书集注》。

此时的朱熹,已是朝野公认、海内服膺的儒学集大成者。绍熙五年(1194年)七月,宋宁宗即位;八月,正在福建建阳考亭聚徒讲学的朱熹,被举荐为焕章阁待制兼侍讲。

得此接近宋宁宗的机会,朱熹十分珍惜,便将自己修身、治学和理政的建议写成若干奏札,首要是正心诚意,其次是读经穷理,以及其他时务处置方略,并指斥宰相韩侂胄窃权害政。不久后,朱熹奉诏为宁宗进讲《大学》,反复强调"格物、致知、诚意、正心、修身、齐家、治国、平天下"八目,本意在通过匡正君德来限制君权的滥用。显而易见,这番"高大上"的道理非但打动不了宋宁宗,反而引起了他的不满甚至厌恶。故而朱熹上任仅有四十六天,即被宋宁宗罢去了待制兼侍讲之职。

自知"兼济天下"的梦想已碎,朱熹只得收拾行装,回到建阳考亭,继续过起他聚徒讲学、著书立说的平静日子。途中,顺道应江西玉山县令之邀,在当地的怀玉山为县学诸生讲学。事后整理的《玉山讲义》,将朱熹的学说精华以言简意赅的方式传授后学，被誉为是浓缩了朱子理学思想的"千年一课"。

然而树欲静而风不止。庆元二年（1196年）十二月，监察御史沈继祖捕风捉影，甚至是无中生有，奏劾朱熹"十大罪状"；随之朝廷权贵开始对理学施行史所罕见的残酷打压，还有人提出"斩朱熹以绝伪学"。这场臭名昭著的"庆元党禁"造成的恶果，就是将朱熹列为"伪学魁首"罢免祠职，把他本可领取的一份维持生计的收入剥夺；朱熹的门徒或被贬流放，或因罪坐牢，理学一派遭到了沉重打击。

庆元五年（1199年），身陷党禁旋涡，又备受诸病缠扰之苦的朱熹自感大限将至、来日无多，于是愈加发奋著述，试图完成自己的全部未竟文稿。

果不其然，第二年刚开春，病情就迅速恶化。至三月九日，一代理学大师终于闭上了他的双眼。

得知朱熹去世，同时代的爱国词人辛弃疾特地赶来送行，在其墓前哭诵："所不朽者，垂万世名。孰谓公死，凛凛犹生。"另一大诗人陆游年已七十六岁，无法前来参加葬礼，只得悲痛地写下祭文："某有捐百身起九原（坟墓）之心，有倾长河注东海之泪。路修齿耄，神往形留。公殁不亡。尚其来飨。"意思是自己愿死百次以换得朱熹重生，还有似江河注入东海的无尽泪水。只因路途遥远，我已年迈难以前往。尽管我的身子在这里，但魂魄已在去的路上了啊。您虽死犹生，我已备好可供享用的祭品。

朱熹逝世后，笃信其学说的门徒拟定于当年的十一月在信州举行规模浩大的会葬，遇阻挠后改葬于建阳县黄坑大林谷（今福建南平），但参加会葬的仍有近千人之多，足见朱熹的人格魅力与学说影响之大。

很快，朝廷就意识到朱熹和他的学说对促进社会稳定的巨大意义，于是在嘉定元年（1208年）十月赐其谥号为"文"，故后世称"朱文公"。至宝庆三年（1227年）正月，赠太师，追封信国公，后改封徽国公。到了淳祐元年（1241年）正月，诏从祀孔庙，这是位列大成殿十二哲人、唯一非孔子亲传弟子却享祀孔庙的大儒。

元朝统治者也看到了朱熹理学在稳定社会中的重大价值。皇庆二年（1313年）恢复科举制度，元仁宗发布命令，以"四书"作为国家考试的主课，以朱熹注释作为官方的取士标准。自此，朱熹的《四书集注》就成了科举考试的"登天梯"。明、清两朝继续沿用这一做法，直至光绪三十一年（1905年）废除科举、兴办学校才停止。

朱熹所兼具的精深思想和渊博学识，使他集大成的理学思想主导中国思想界长达数百年，并被尊奉为官学，而他本人则与圣人孔子并提，称为"朱子"。

清朝康熙皇帝曾盛赞朱熹："集大成而绪千百年绝传之学，开愚蒙而立亿万世一定之规。"

国学大师钱穆一生都心悦诚服地尊崇朱熹，在晚年还撰写了百万言的《朱子新学案》，认为："在中国历史上，前古有孔子，近古有朱子，此两人皆在中国学术思想史及中国文化史上，发出莫大声光，留下莫大影响。瞻观全史，恐无第三人可与伦比。"

英国的科技史家李约瑟则从另一个维度判定："朱熹是一位深入观察各种自然现象的人。"他还认为"朱熹是第一个辨认出化石的人"，比西方早四百多年。

尽管朱熹和他的理学思想被推举到极高的地位，但至今仍有一些人以经不起推敲的谣言传闻，恶意攻击朱熹是个假道学、伪君子；或舍弃特定的时代和语言背景，仅抓住其某一个观点乃至某一句话，进而断章取义、穷追猛打。

"存天理,灭人欲"就是最典型的一例。许多人都以为这句话是出自朱熹，其实这句话并非始创于朱熹。早在先秦时的《礼记》中就已出现："人化物也者,灭天理而穷人欲者也。于是有悖逆诈伪之心,有淫泆作乱之事。"其中"灭天理而穷人欲者"就是指泯灭天理而为所欲为者。程颢、程颐兄弟则进一步阐明:"人心私欲,故危殆。道心天理,故精微。灭私欲则天理明矣。"

朱熹博览群书细研内核后这样总结:"孔子所谓'克己复礼',《中庸》所谓'致中和''尊德性''道问学',《大学》所谓'明明德',《书》曰'人心惟危,道心惟微,惟精惟一,允执厥中',圣贤千言万语,只是教人明天理、灭人欲。"朱熹还在多处对"天理""人欲"作了详尽解释,如:"饮食,天理也,山珍海味,人欲也;夫妻,天理也,三妻四妾,人欲也。"也就是要"去其气质之偏,物欲之蔽,以复其性,以尽其伦。"

简言之,朱熹的"存天理,灭人欲"绝非要扼杀人的天性、禁锢人的自由等,而是要以万事万物的共同之理,去除非理的人欲。这就要明理见性,才能不为一己的私欲所蒙蔽。

在朱熹的祖籍地婺源,宋度宗曾为朱子庙题写"文公阙里",是与"孔子阙里"相等的荣誉。如今建有文公山朱子文化园,占地数百平方米的朱熹纪念馆就坐落在其中。"朱熹中学"和"紫阳中学"的命名,则是让世代铭记朱熹的教育功绩。

在朱熹的诞生地福建,更是建有多处纪念性建筑物。

综观朱熹的一生,恰如中国著名历史学家、北京大学教授张岱年为武夷山朱熹纪念馆所撰并书的抱柱联:

致广大而尽精微,网罗历代;
尊德性而道学问,体用兼赅。

我们坚信,历史绝不会遗忘这位集千年儒学精粹的大师!

姜夔：
空灵清雅别样情

天纵奇才学识惊世人，屡赴科场落寞铩羽归。深情万种难忘合肥柳，赤栏桥畔相思肥水东。暗香浮动雪中梅，疏影横斜鸟栖枝。一生凄凉漂泊江湖，词坛圣手格调清雅。

约1155—1209

江西鄱阳人

"词"这种文学样式在宋代昂然突起,并在北宋时期达到令人目眩的高度、空前辉煌的成就,形成了"婉约"与"豪放"两大主要风格流派。

在北宋时期,社会相对稳定,经济呈现繁荣,百姓安居乐业,到处是歌舞升平的祥和景象。不仅在达官贵人的后花园为娱宾遣兴而专备或聘有艺人吹箫弹琴歌咏词曲,就是在边远之地如西夏,亦"凡有井水处,即能歌柳词"。可见与音乐相协配的词,在北宋年间流传的区域之广、接受的民众之多。

简言之,北宋时的词多因音乐而生而荣,故词作多为宴席上的歌儿舞女而填写,随意性、应酬性明显。词作往往触景生情,直抒胸臆,因而下笔挥洒,感染力强,易引起共鸣。

到了南宋时期,词风为之大变。这是由于北宋灭亡,使得南宋爱国词人心中存有的远大抱负和政治理想,因受制于南宋统治者的软弱自私和军事实力上的羸弱,而根本无法实现,只得借助诗词抒发自己的复杂情感。这就使得词,这种音乐与诗歌结合得最为紧密的文学形式,开始发生变化。一些词作者越来越醉心于锻造字句,使得本为音乐而填写的词越来越脱离了原有的音律而独立存在。一些固定的词牌词调,则因从业的艺人越来越少而渐渐失传。这股潮流袭来,必然导致"旧谱零落,不能倚声而歌";而脱离音乐的词作,则演变为一种文人案头的纯文学作品。

简言之,南宋时的词与音乐已若即若离,故词作已演变为文人墨客之间往来交际的工具。因而南宋词刻意雕琢取巧,多用比兴寄托手法,文字趋向隐晦含蓄,虽耐咀嚼,但又不免让人难解。

就在此时,一位从"婉约派"与"豪放派"之间走出来的大家,一位把雅词变俗的趋势逐步扭转、走向雅俗共存直至重新改造为雅词的宗主,首位毕生致力于创作词曲的专业词人、音乐家,横空出世于南宋中叶。

这位词家多才多艺、精通音律、能自度曲,词作以格律严密著称,与北宋词人周邦彦（1056—1121）堪称绝代双璧。同时他对诗歌、散文、书法、音乐有着精深造诣，是继苏轼之后又一世所罕见的艺术全才。

他，就是以空灵清雅词作傲立南宋词坛的姜夔。

姜夔从未入仕，一生布衣，他的生平事迹官修正史不曾记载，他的萍踪履痕、纪年韵事多散见于野史笔记，故而模糊不清多有解读讹误。但这都无关紧要，因为姜夔以自己创立的雅词"白石体"，以自己无可匹敌的诗词音乐乃至书法精品，成为南宋中后期无可争议的璀璨巨星！

艰难时世　天纵奇才

姜夔（约1155—1209），字尧章，号白石道人，出生于饶州鄱阳（今江西鄱阳）一个官宦之家。不过姜夔的祖居地，则是在同为饶州所辖的德兴。直到姜夔的祖父见鄱阳有通江达海的水陆枢纽之便利，加之物产富饶、商业发达、经济繁荣、文化兴盛，谋生更易，于是当机立断，举家迁往鄱阳的姜家坝。

这一动迁，还真应了那句古话："树挪死，人挪活。"没过多少年，儿子姜噩就在绍兴十八年（1148年）高中进士，此后相继在新喻（今江西新余）、汉阳（今湖北武汉）等地做官。官虽做得不大，也就是县丞、县令而已，但他的诗词才学使得许多著名文人都乐于与他结交，相互间诗来文往，你唱我和，好不惬意。姜噩中进士后没过几年，又迎来了儿子姜夔降生。此时的姜家虽然经济状况谈不上富有甚至有些清贫，但用好运不断、喜事连连来形容，那是绝不会错的。

然而当姜夔还年龄幼小之时，日夜呵护在旁的母亲就溘然长逝。从此，姜夔就不得不跟随仕宦之中的父亲，辗转于鄱阳、新喻、汉阳等地。

好在父亲本是科举出身，又于诗词乐曲很有研究。后来的姜夔擅长诗词、谙熟音乐，与当年随父受教关系极大，也与那些与父亲密切往来的知名文人墨客影响关系很大。城里歌舞文化潜移默化的熏陶感染，使得聪明好学悟性极高的少年姜夔早早地就在文坛上有了不小的名气。

然而屋漏偏逢连阴雨，船破又遇顶头风。到了姜夔十四岁时，父亲不幸病故。生活还不能自立的姜夔突然失去了遮风避雨的大树，只得就近跟着出嫁在汉川县山阳村（今汉川市）的姐姐过活。虽说有亲姐姐照料日常生活，但终究有寄人篱下的凄凉感。好在已懂事的姜夔没有荒废时间，在这个日出而作、日入而息的小山村里，他埋头苦读父亲留下来的书籍，不敢有任何懈怠；还在读书之余练习吹拉弹唱，时时不忘温习昔日所学。就这样终日孜孜不辍，姜夔的学识与技艺都潜滋暗长，直至能独立生活。

成年后的姜夔自觉腹有诗书，可以参加科举考试，沿着父辈的路继续走下去。于是回到原籍所在地饶州鄱阳参加考试，然后再逐级参试，直至去南宋都城临安（今浙江杭州）。当姜夔走进考场时，每次都是自信满满，而当他走出考场时，却一次又一次低下了他那自信的头颅，信心变得越来越不足。从淳熙元年至淳熙十年（1174—1183），如此这般一连四次，姜夔都是兴冲冲而来参加科举考试，最终皆名落孙山扫兴而归。

被世人目为罕见才子的姜夔屡试不中，其实一点也不奇怪。姜夔所表现出的诗词等才能，与考试所需要的时文写作技巧，实在像是两条路上跑的车。除非姜夔改变自己的知识结构和写作方式，否则纵然是参加再多次的科考，都逃脱不了铩羽而归的注定结局。

每次参加科考落第后，姜夔并不一定都回到姐姐所在的汉川乡村中继续埋头苦读。就算是回了汉川，也待不了多长时间，就要再来一次远行。至于去的具体地点说不准，什么时间再回也难说，其间发生了什么事亦模糊不清，反正姜夔靠着在街头卖字、朋友接济、为歌舞场所填词作曲，来往江湖之间。

二十出头的姜夔,总是意气风发,心忧国家前途。淳熙三年(1176年)冬至日,姜夔第一次来到扬州。这个曾经无数人心向神往的繁华胜地,经历了"靖康之难"后,又于建炎二年(1129年)、绍兴三十一年(1161年)两次被金人占领,惨遭烧杀洗劫。目睹扬州满目疮痍的破败衰微景象,姜夔不禁感慨万端,挥笔写下了他一生最负盛名的词作《扬州慢》:

淳熙丙申至日,予过维扬。夜雪初霁,荠麦弥望。入其城,则四顾萧条,寒水自碧,暮色渐起,戍角悲吟。予怀怆然,感慨今昔,因自度此曲。千岩老人以为有黍离之悲也。

淮左名都,竹西佳处,解鞍少驻初程。过春风十里,尽荠麦青青。自胡马、窥江去后,废池乔木,犹厌言兵。渐黄昏、清角吹寒,都在空城。　杜郎俊赏,算而今、重到须惊。纵豆蔻词工,青楼梦好,难赋深情。二十四桥仍在,波心荡、冷月无声。念桥边红药,年年知为谁生?

在这首词的序言中,姜夔介绍了自己到扬州来的时间是这年的冬至日,夜晚下的雪已经停了。纵目四望,只有满眼的荠麦。进入城内,则是一派萧条景象,河水碧绿凄冷,天色渐晚,曾是繁华的扬州已成了战场,响起了让人心情悲伤的戍边号角声。我的内心不由得十分伤感,抚今追昔,于是自创了这支曲子。诗词名家萧德藻后来读到这首词时,大赞其有《诗经·黍离》的悲凉意蕴。

进入词的正文,姜夔以其含蓄曲婉之笔,对心目中的扬州与现实中的扬州进行了反复情景对照映衬:扬州自隋唐以来就是淮水东边的著名都市,初到这里我下马解鞍稍做停留。曾经是春风十里遍布歌台舞榭的繁华街道,如今到处是青青的荠麦一片荒凉寂寥。自金兵侵犯长江流域以后,连荒废的池苑和高大的树木都讨厌提起那可恶的战争。临近黄昏,寒风中响起了戍守士兵吹起的号角,在扬州这座残破的空城中显得分外凄清。

接着,姜夔宕开一笔,借古衬今,更觉深刻:唐代大诗人杜牧曾以优美的诗句将扬州赞颂,倘若现在重来定会为扬州的破败而震惊。纵然他能写出"豆蔻梢头二月初"这么精美的诗句,纵然他能写出和扬州城的青楼女子有过的许多如烟如梦的往事,也难以写出此刻的深沉悲怆。尽管二十四桥仍然存在,但水中央只摇曳着一弯昏黄的冷月,再也没有那往日的笙箫歌舞了。不由得心里暗自琢磨,那桥边的红芍药花依旧年年鲜艳,不知道它们究竟是为谁而开放,又有谁来欣赏?

通读全词,其中没有出现慷慨激昂之语,但经反复细读之后,会觉得这首《扬州慢》更具别样的情感震撼力,也更有文字咀嚼回味的后劲,还表明姜夔在很年轻时就已有真挚的爱国情感、广博的生活阅历和高超的填词作曲技艺。

相聚半载 相思一生

虽说姜夔有十年时间没有放弃走科举入仕这条路,但或是学业严重"偏科",或是真正的人生志向不在仕宦利禄上,他考取功名的事也就始终没有结果。不过换一个角度来看,他因之有了丰富的游历,还有了许多终生难忘的趣闻逸事。其中,当以他与合肥女子相恋相思的传闻最为人们所津津乐道。

也不知是第一次还是第二次科考落第之后,姜夔有些懊恼地踏上了漫无目的地的北上之路。谁也不会料到,正是这趟远行,让他的情感世界一生都再未平静。

一日,姜夔来到合肥。虽说合肥在秦汉时仅是一个县,但因水陆交通便捷,商业发达,绝非一般县可比,因而逐渐成为郡治所在地,市井文化亦相当兴盛。姜夔客居在合肥赤栏桥旁的旅店内,附近恰住有一对喜好音乐舞蹈的姐妹,其中姐姐擅长弹琵琶,妹妹则更擅长跳舞。很快,精于填词作曲的姜夔就与这两姐妹相处在一起了。他们终日吹拉弹唱,颇有快活似神仙的味道。日子一长,姜夔对才貌双全的姐姐柳萧萧情有独钟,而柳萧萧对风度翩翩的才子姜夔更是情投意合。于是姜夔索性从旅店搬到两姐妹的住处,过起了宛如一家人的生活。按说这么一家子,每日里说说笑笑,吹吹打打,歌舞不断,定会惊扰邻居不得安生。可奇怪的是,邻居不但不嫌吵闹,反而高兴地说这样更好,不会感到寂寞,还得谢谢他们。空闲时,邻居也会常来坐坐,看看他们的精彩表演。多年后,身在外地的姜夔在送别朋友去合肥的诗中,还充满深情地写道:"我家曾住赤栏桥,邻里相过不寂寥。君若到时秋已半,西风门巷柳萧萧。"并叮嘱友人到了合肥后,不要忘了告诉自己的相好:"未老刘郎定重到,烦君说与故人知。"

也有专家认为,所谓"柳氏姐妹"实为一人,也未必姓柳,只是因为当时合肥的大街小巷两侧都种满了柳树才名之"柳氏"。

且不论这"合肥女子"究竟是不是只有一人,也不论她是不是姓柳名萧萧,可以断定的是,与这位"合肥女子"短暂的浪漫柔情、真挚爱恋,已刻骨铭心地永久存留在姜夔的记忆里,并若隐若现地流露在他的许多诗词作品中。

按常理,既然"郎有情妹有意",况且姜夔还是个用情专一的人,接下去两人就该谈婚论嫁呀。可最终,姜夔并没有和这位思恋了大半辈子的"合肥女子"结为神仙眷侣。猜测原因,大概是姜夔考虑到要成家先得有个体面的身份,而自己仍是居无定所浪迹天涯的"素人"一个,这样以后二人在社会上如何生活?一旦成了家,总不能两口子天天走街串巷卖艺为生吧?哪来钱财维系家庭的日常开销呢?

就这样,实为穷光蛋的流浪汉姜夔,只得带着怅惘的情绪,或许找了个应考的理由,就这么依依不舍地离别了"合肥女子"。

人虽离开了合肥,但姜夔的心仍留在赤栏桥畔,由此生发的无尽离愁别绪常萦绕在他的脑际。许多年后,他重回到合肥,徘徊在赤栏桥畔,惆怅满腹,嗟叹不已:眼前垂杨巷陌景物依旧,只是世事沧桑恋人不在。

对"合肥女子"的这种刻骨相思,落寞愁绪,并未随着后来一时的欢乐或是长久的悲凉遭际而减淡消弭,反倒在漫长的人生旅途中,愈久愈浓,以致深陷其中不能自拔。

关于合肥的这位女子的归宿,多是说她后来自知与意中人姜夔结合无望,特别是得知姜夔已娶妻生子,遂彻底断了念想,只得嫁为他人妇以了却终生。

不过还有一说,则颇显这位"合肥女子"的情浓性烈,让人为之唏嘘不已。那是在姜夔正式娶了大诗人萧德藻的侄女之后。这位萧氏对自己的丈夫温情体贴,善解人意。当她知道丈夫之所以对自己不温不火,是因为仍惦记着远在合肥的女子时,就不远千里找到这位柳萧萧。一见面,自己也被她的才貌折服,不由自主地夸赞道:"果然是美艳超群,技艺非凡,难怪我那大才子丈夫会为你日思夜想。"于是约上柳萧萧来到赤栏桥边,主动询问她可否愿意成为丈夫的偏房?不料柳萧萧听了这话,顿时泪流满面,也不言语,径自跑上赤栏桥,然后纵身一跃,投入水中自尽。

故事的真假已无可考证,但姜夔留下的大量感怀这位"合肥女子"的词作,却是真真切切的实证。例如他的自度曲《淡黄柳》,序文中说:"客居合肥南城赤阑(栏)桥之西,巷陌凄凉,与江左异,惟柳色夹道,依依可怜。因度此阕,以纾客怀。"在另一首《凄凉犯》的序文中说:"合肥巷陌皆种柳,秋风夕起骚骚然。予客居阖户,时闻马嘶。出城四顾,则荒烟野草,不胜凄黯……"两首词中都写了合肥的柳,虽然一为春柳,一为秋柳,却都透露出凄凉悲伤的意味。而这一切,都与姜夔在此时此地忆及昔日欢乐恩爱而不得相守的心境有关。

难得旧地重游，本应心情愉快才是。然而目睹旧物，却徒剩凄凉。而离开合肥，来到别的地方，思念的愁绪仍缠绕着自己，甚至在姐姐家与外甥去打猎时，会突然冒出"恨入四弦人欲老，梦寻千驿意难通"的想法。别忘了，姜夔的恋人正是弹四弦的琵琶女啊。即便是在梦中，有情人竟然在冥冥中相见：

燕燕轻盈，莺莺娇软。分明又向华胥见。夜长争得薄情知，春初早被相思染。　别后书辞，别时针线。离魂暗逐郎行远。淮南皓月冷千山，冥冥归去无人管。（《踏莎行》）

朦朦胧胧中，还在为心上人在清冷的月光下独自归去而担忧操心。

欢聚总是短暂的，而离别却是长久甚至是永久的。这种别离的痛苦太久太沉重了，这种销魂蚀骨的思念太浓烈太折磨人了，有时脑际也会闪过不该种下相思的念头。试看姜夔的这首《鹧鸪天·元夕有所梦》：

肥水东流无尽期。当初不合种相思。梦中未比丹青见，暗里忽惊山鸟啼。　春未绿，鬓先丝。人间别久不成悲。谁教岁岁红莲夜，两处沉吟各自知。

绵绵长流的东流肥水，恰似我没有尽头的离愁。或许当初就不应该种下这折磨人的相思树，让我至今茶饭不思。毕竟梦中与你相会，不像对着你的画像细瞧，只要有山鸟叫唤就会在暗夜里惊醒。元宵已至春天还未到来，思念的苦痛已让我的两鬓出现丝丝白发。热恋的情人分隔太久，心灵被相思的苦水浸泡麻木，已感觉不到悲伤的痛楚。年年岁岁都有的花灯喧闹之夜，你我分隔两处相互牵挂备受煎熬的心情也只有各自知晓。

借元宵梦境抒发至深恋情，没有撕心裂肺的呼喊，没有肝肠寸断的痛哭。放眼望去，能把"剪不断，理还乱"的相思之情、相思之苦写到这个份上的词人，似乎找不到第二位。无怪乎当今词学大家夏承焘先生会认为，姜夔的词作"在唐宋情词中最为突出"。

布衣才子　浪迹江湖

经历过数次科举考试的失败后,年近三十的姜夔对由科举步入仕途,已感到心灰意冷。夜阑人静之时,姜夔常会喃喃自语:难道我非得博取功名、踏进官场才算是走上了正道吗?"天生我才必有用!"与其一条道走到黑,不如自己凭本事去闯荡一番江湖。

心意已决,姜夔自觉再去姐姐家蹭饭,已是万分不妥了。从此,姜夔就开始了被后世称为"布衣词人"的漂泊生涯。

姜夔似乎已经习惯了独自一人走南闯北,他主要在湖南、湖北、江苏、浙江等地访问名师,结交朋友。凭着卓然不群的才学,生活虽谈不上安逸,却不至于流落街头,温饱还是基本有保障的。

大约在淳熙十二年(1185年),姜夔来到湖州乌程县。这当然不会是他瞎走误闯来到这儿的,而是这个县的县令萧德藻与自己的父亲曾是同榜进士兼好友,父亲生前常对自己提起这位了不起的诗坛大家,言语中有让儿子日后投奔这位"同年"翘楚之意。只是没有确切资料证实,这回来乌程是姜夔第几次进入萧德藻府上。

要说这萧德藻可不是个等闲人物,他字东夫,号千岩老人,与杨万里、范成大等"中兴四大诗人"是齐名的诗人。姜夔去见萧德藻,当然是以故人之子的身份。此时的姜夔虽说"体貌清癯,弱不胜衣",乍一看也就是个平常的文弱书生,但他人品"秀拔",体态"轻莹","望之若神仙中人",大诗人萧德藻见了自是喜不自禁。当萧德藻读了姜夔所写的《扬州慢》等诗词,更是大加赞叹,对刚过而立之年的姜夔自是青睐有加,切磋诗艺如同忘年之交。这时的萧德藻膝下很可能没有女儿或是没有未婚的女儿,于是作主将自己兄长的女儿嫁给姜夔,可见其爱才之心是多么恳切。

不过,萧德藻将自己的亲侄女许配给自己赏识的人,固然是件人生得意快事；但对于心中只有"合肥女子"的姜夔来说，可能会觉得老大不甘。只是穷困落魄之时，今后必然得仰仗萧德藻的着力提携，何况这也是萧德藻天大的美意，自己绝不能也不敢无礼拒绝啊，权衡再三，只得强作笑容应承。

两人成婚后，姜夔就把自己的小窝安在萧德藻的家中。不久后萧德藻北上湖州任官，姜夔也跟随定居在湖州。

前往湖州经过临安（今杭州）时，萧德藻不无得意地将视如儿子的姜夔推荐给杨万里。这杨万里早在二十多年前就与萧德藻结识，后来一直往来不断，惺惺相惜。杨万里读罢姜夔的诗词，赞赏有加，称他"为文无所不工"，酷似唐代大诗人陆龟蒙，而陆龟蒙恰好与姜夔心目中的偶像相符。杨万里后来还题诗相赠，认为姜夔的诗有"裁云缝月之妙思，敲金戛玉之奇声"，所以也把他引以为"忘年交"。时隔不久，杨万里还专门写信给曾官至参知政事（副宰相）、当时已告病回老家苏州休养的大诗人范成大，推荐姜夔其人。

有了杨万里的引荐，姜夔于淳熙十四年（1187年）兴冲冲地直奔吴县（今江苏苏州）石湖。范成大读了姜夔的诗词后，同样是赞不绝口，认为姜夔的诗词高雅脱俗，"翰墨人品，皆似晋宋之雅士"。

到了绍熙二年（1191年）冬，姜夔冒雪又一次来到石湖拜访范成大，并在这里住了一个多月。逗留石湖期间，范成大向姜夔索要新词，以便让歌姬演唱。于是姜夔遵嘱，献上了《暗香》和《疏影》两首咏梅词，自我感觉"韵最娇"。范成大接过新词后，吟咏再三，拍手叫好，于是交付乐工歌女去练习。到了正式演出时，效果出奇地好。范成大听罢，十分高兴，一摆手，索性把演唱这两首新词的其中一个歌女小红赠送给姜夔。

大喜过望的姜夔和小红乘着一叶小舟返回湖州。途经吴江时，姜夔不无得意地写下了一首七绝《过垂虹》："自作新词韵最娇，小红低唱我吹箫。

曲终过尽松陵路，回首烟波十四桥。"透过诗句中满溢的幽情雅韵，不难想见船上小红唱曲、姜夔伴奏的和谐浪漫场景。

距此赏心乐事发生大约三十年后，贫病交加的姜夔卒葬在临安（杭州）钱塘门外西马塍。姜夔的好友苏泂前往吊唁，写下《到马塍哭尧章》，其中有这样的句子："赖是小红渠已嫁，不然啼碎马塍花。"可见当年两人情投意合，是友人皆知之事，不过这都是后话了。

有人作过考证，说是此"小红"即"合肥女子"中的一位，也就是与姜夔相好的那位。不过从时间、地点等来推测，这种可能性很小。

得到诗坛大腕的赏识，很快就使姜夔的声名大噪。随着在词坛的知名度迅速得到提升，盛名之下又有了先前不曾遇到过的烦恼。当时的名流都想与姜夔交往，连大理学家朱熹也喜欢他的诗文，还特别赞赏他深谙礼乐；有"词中之龙"美誉的著名词人辛弃疾，同样与他有诗文往来。久而久之，姜夔对此有些厌倦，开始萌生了"逃名"的念头。

早在绍熙元年（1190年）时，姜夔就在湖州苕溪的白石洞天卜居。朋友称他为"白石道人"，姜夔也就欣喜地将它作为自己的名号使用。

然而长时间离群隐居并不符合姜夔的意愿，也改变了他浪迹天涯的多年习惯，有违姜夔一直以来的倔强个性。没过多长时间，姜夔就顶着一顶"白石道人"的帽子，又开始了南方数省之间漫游羁旅的江湖漂泊生涯。

疏影暗香　格调高妙

由于姜夔与情人别离是在梅花盛开的时节，故而在他的词中，梅花大都与他的恋情有关。如《江梅引》："人间离别易多时。见梅枝，忽相思。几度小窗幽梦手同携。今夜梦中无觅处，漫徘徊，寒侵被，尚未知。……"

在姜夔的咏梅词乃至所有现存的词作中，最为人们所称道的，当数《疏影》《暗香》两首。

绍熙二年（1191年）年初，姜夔又一次回到合肥，实际上是在与现实中的"合肥女子"永久告别，从此那个让他魂牵梦萦的"合肥女子"就只存在于他的心灵深处。这年冬天，姜夔来到大诗人范成大的庄园。范家花园里面种了许多梅花，这也是当时许多文人雅士的爱好。借范成大索取新词的机缘，姜夔触景生情，写出了这两首让人感到扑朔迷离、初读不知所云的咏梅绝妙好词。

辛亥之冬，予载雪诣石湖。止既月，授简索句，且征新声。作此两曲，石湖把玩不已，使工妓肄习之，音节谐婉，乃名之曰《暗香》《疏影》。

在两首词的共序中，姜夔简要交代了自己应范成大（晚年自号"石湖居士"）索要新词的背景，并借用北宋著名隐逸诗人林逋的咏梅名句"疏影横斜水清浅，暗香浮动月黄昏"中的"疏影""暗香"，作为这两首自度曲名。先看《暗香》：

旧时月色，算几番照我，梅边吹笛？唤起玉人，不管清寒与攀摘。何逊而今渐老，都忘却、春风词笔。但怪得、竹外疏花，香冷入瑶席。　　江国，正寂寂。叹寄与路遥，夜雪初积。翠尊易泣，红萼无言耿相忆。长记曾携手处，千树压、西湖寒碧。又片片吹尽也，几时见得？

按其字面的意思，词的上片大致是说昔日那皎洁的月色，曾有过几次照着我在梅树边吹响笛声？终于唤起了美丽的佳人，与我一道不顾寒冷，攀折梅花。就像写过《扬州法曹梅花盛开》的南朝诗人何逊那样，我也在渐渐老去，全然不记得拥有过的春风般绚丽辞采和文笔。让我惊奇的是，竹林外稀疏的梅花，竟然也能将清冷的阵阵幽香，飘至我这华美的座席旁。

词的下片则笔锋一转，回到眼前：此时的江南水乡，正是一派寂寥。有心折梅寄给心上人，可叹路途遥远，纷纷扬扬的大雪渐渐铺满了地面。手端翠玉酒杯，忍不住泪落心伤；面对红艳梅花，竟陷入长久的回忆。永远记得两人牵手游览的地方，千树枝桠上覆盖着层层叠叠的火红梅花，倒映在西湖凄寒幽碧的水面上。到如今，记忆的碎片如同被北风吹过的梅花，正一片一片凋谢，直至落英遍地碾作尘泥。不知什么时候，还可重逢在花儿缀满枝头的梅林中？

再看看《暗香》的姊妹篇《疏影》：

> 苔枝缀玉，有翠禽小小，枝上同宿。客里相逢，篱角黄昏，无言自倚修竹。昭君不惯胡沙远，但暗忆、江南江北。想佩环、月夜归来，化作此花幽独。　　犹记深宫旧事，那人正睡里，飞近蛾绿。莫似春风，不管盈盈，早与安排金屋。还教一片随波去，又却怨、玉龙哀曲。等恁时、重觅幽香，已入小窗横幅。

同样，按照字面的意思，上片说的是长有苔藓的梅枝上，镶缀着晶莹如玉的点点白梅；枝头上站立着小小的翠鸟，与花儿结伴共生。恰似异地相见陌路相逢，又正值夕阳斜映在篱笆墙上，相顾无言，只把各自的影子默默地投靠在旁边修长的竹子身上。遥想当年王昭君远嫁匈奴，因为不习惯北方的沙漠环境，所以在心中不时回忆江南江北的故园。猜测她身佩玉环，在月夜中归来之时，就会化身为这树清幽孤独的梅花吧。

下片起始，视线则投向远方：还记得发生在南朝宋武帝时深宫里的往事，寿阳公主正睡在含章殿的屋檐下，梅花飘落在她的额头上，竟留下拂之不去的淡淡花痕。切莫像无情的春风，不管梅花如此美丽幽香，仍固执地让她在风吹雨打中凋零。按说早就应该安排金屋，让她娇贵的身体有个相配的归属。终是枉然，梅花依旧一片片随波流去，又怎么能埋怨我用玉笛吹奏的是哀伤的乐曲？待到梅花落尽之时，再要寻觅那幽雅的清香，则只有横亘在小窗上的梅枝了。

两首词虽然都用了数则典故,但不算冷僻。其中最让人读后称奇的是,明明是咏梅,姜夔却与别人句句不离梅的方法不一样,几乎通篇都是婉转幽隐的曲折笔法。虽说这种写法符合了他的主张:"人所易言,我寡言之;人所难言,我易言之,自不俗。"但意此而言彼的写法,也确实给人带来了理解上的困难,比如近代成就卓著的大学者王国维在《人间词话》中就这么评说:"白石《暗香》《疏影》格调虽高,然无一语道着。""虽格韵高绝,然如雾里看花,终隔一层。"虽然这是名人之言,但终究也只是一家之言。自南宋中后期直至清末,给予姜夔词大多是正面高度的评价。以朱彝尊为创始者的清初"浙西派"词人甚至奉姜夔为宋词作家第一。

早在宋末元初的著名词人张炎在《词源》中就说:"词之赋梅,唯姜白石《暗香》《疏影》二曲,前无古人,后无来者,自立新意,真为绝唱。"

清代词人许昂霄的《词综偶评》:"二词(《暗香》《疏影》)如绛云在霄,舒卷自如;又如琪树玲珑,金芝布护。"

词坛圣手　凄凉暮年

庆元二年(1196年),长期多病缠身且失去妻儿的恩师萧德藻,被其侄儿接往异地照料。此时的姜夔若是携家带口跟着前往,自是有悖情理,十分不妥;若是继续留在湖州,则既无衣食来源,又无安居之所。尴尬之际,想起了几年前在临安结识并走往密切的一个人——张鉴。

这位张鉴字平甫,乃是名人之后,是南宋初年的大将军、追封为循王的张俊曾孙,家有万贯资产,在临安、无锡都有自己的田地庄园。张鉴对姜夔的惊世才华十分欣赏,一来二往,两人竟消弭了巨大的身世落差,成了关系密切的好友。张鉴从心底里觉得姜夔有如此超群的学识才华,却不能为朝廷所用，殊为可惜，曾主动提议由他出资为姜夔买个功名做官，以取得比较稳定的经济来源，摆脱穷困、让家人过上体面的生活。可是姜夔认为借助这种非正常的方式进入官场是很羞耻的事，仍希望通过正常的渠道，正大光明地走上仕途，于是婉拒了张鉴的一片好心。

由于姜夔移居临安后时常出入张家，后来曾有人据此认为姜夔既然主动献媚依附于高官富贵的门楣之下，就是与自己标榜的高洁情操背道而驰，是假清高。这话未免说得过于刻薄和不近人情。为了让家人能过上温饱生活，希望靠自己的才能挣来养家的收入、希望有份可以更好地施展自己才华的工作，难道这还有什么可苛求、可指责的吗？莫非只有像陶渊明那样，去务农种田自食其力才配谈高洁吗？或像李白那样，一遇需摧眉折腰事权贵让自己不得开心颜的事，就要"脚著谢公屐，身登青云梯""须行即骑访名山"？要知那可是得有大把大把银子做后盾的啊！这些对姜夔来说，终究是不切实际的虚话！

如今处于生计急难之时，姜夔已顾不得那么多，只能举家去寻求张鉴的帮助，心中料想肯定没有什么问题。事实上也确实没有遇到什么问题，得到张鉴的大力帮衬，姜夔一家大小终于在京都临安住下来了。

虽然住下来了，但要在京城自主谋生，仍是大不易的难事。姜夔虽然可以靠出卖词曲、书法作品和友人接济等获得一些收入，但均很有限，且不稳定，家中常是捉襟见肘，生活得很是艰难。

为了摆脱家中日常开支的困境，不过多地依赖张鉴的善意接济，姜夔多次向朝廷呈献了自己多年苦心孤诣研究古典音乐的成果，包括《大乐议》《琴瑟考古图》，但均石沉大海，没有得到重视。后来又向朝廷献上《圣宋铙歌鼓吹十二章》，这才引起关注，同意姜夔破格参加礼部举行的进士考试。然而科考恰是姜夔的软肋，以前就屡试屡败，这次同样没有通过。看似公平的科举考试，拿着一把刻度相同的尺子，去衡量不同的人才水准，一次又一次难倒了诗词音乐的稀世奇才姜夔,使他在"公平公正"的幌子下再一次落榜。

幸而姜夔还有好友张鉴会时不时给予一定资助,帮助姜夔全家度过那些艰难的日子。姜夔自己后来回忆说张鉴:"十年相处,情甚骨肉。"

嘉泰二年(1202年),好友张鉴不幸去世,姜夔在临安唯一能够依傍的大树倒了,此后的日子就每况愈下,难以为继。谁料两年后的三月,临安突发一场大火,连尚书省、中书省、枢密院等政府机构都被祸及,二千零七十多家民房同时遭殃。在这场大火中,姜夔家人所住的房屋不仅全部烧毁,连家中不多的资产和众多图书也几乎损失殆尽。有人推测,此次大火后的姜夔,不仅失去了居住的房屋和拥有的家产,包括几年前曾骑在他肩头观赏元宵灯会的小女儿,很有可能也葬身于火海之中。遭此灭顶之灾的姜夔,身心都受到致命打击,仍不得不在年届半百之时,强撑着一副羸弱的躯体,为维持劫后余生的老小温饱而四处奔波。

此时大才子姜夔最缺的是金钱,最不缺的是才华。然而横溢的才华并不值什么钱,也不能获得什么地位。因此姜夔晚年时全家的生活状况如同雪上加霜,只是出于求生本能,才在穷困的泥潭中苟延残喘,痛苦挣扎。

"酒醒明月下,梦逐潮声去。"在百般无奈之际,冷酷的现实面前,姜夔不得不默认了命运对自己的残酷安排,到各地寻找能挣钱养家的机会。或许只有杜甫的诗句"朝扣富儿门,暮随肥马尘。残杯与冷炙,到处潜悲辛",才是姜夔真实的生存状态和凄凉环境的写照。

即使在这么穷困潦倒的境况下,姜夔仍然一如既往地坚守着自己为人的气节情操和道德底线。同时,他还不断完善和坚持自己独特的词学理念,那就是填词必须遵循严密的格律,才能使词不仅文字美,声音也美,从而达到理想中的高雅标准。

虽然词这种诗歌样式在唐代即有,甚至如晚唐的"花间词派"等也取得了可观的成就。但就总体而论，词作为"诗余"，未能成为诗歌的主流，只是上层达官贵人茶余饭后怡情养性的一种消遣文字。早期词作基本上都属直抒胸臆的小令，内容亦多为装腔作势脂粉味极浓的闺情等。到了宋初，柳永因人生遭际不顺，虽有功名用世之志，却屡考不中，于是大多时间都沉沦在社会底层和风月场所。他以自己的非凡才学，极力将词由"雅"转向"俗"，还将俚词俗语加进词中，以适应底层民众的需要。由于内容的繁复，咏叹叙述的成分增多，篇幅较长的慢词也就多了起来。

后来的宋代词人中，无论是苏轼、秦观、周邦彦或是辛弃疾等词家，他们多是临时根据自己的爱好或需要而为词，因此在所填的词中既有雅调，也有俗词。有时为了直率痛快地宣泄情感，增强气势和文采，甚至不顾音律要求，仅用诗赋的笔法填词，于是词作大大减少了词这种文学样式生而固有的音乐特性。

只有精通音律的姜夔，终生恪守词必具高雅格调的创作信念，从不迎合低俗的需求而自创或填写新词。这种对词的梦幻追求和一切从法度出发的主张，既不同于唐五代以来为主流的"婉约派"，又有别于新起的"豪放派"，是彻底的反"俗"为"雅"，标新立异，并成为"雅词"的典范，被誉为"格律派"或"白石体"。南宋中后期，词人的词作虽有所变化，但许多词家都是姜夔所创下"雅词"的推崇者。他们所共同具备的风格特征，逐渐形成了以姜夔为模本的南宋"江湖词派"。

虽然词坛尊敬姜夔，但在当时世俗的评价标准里，姜夔终究只是一个寄人篱下的落魄文人，一个寂寂无闻的白衣词匠而已。

嘉定十四年（1209年），颠沛流离一生的姜夔已是老病缠身，再也无力继续他的漫游生活，最终还是又一次也是最后一次回到居住了十几年的临安——这个他从幼年时就一直向往的都市，他曾满怀希望能够在这里有一番大作为的都市。然而在这座都市中，他所有的希冀都落空了，唯一剩下的，只有深深的失望和无尽的悲叹。

也是在这一年，带着对"格律词"执拗坚守的信念，带着对"合肥女子"始终不渝的苦恋，姜夔终于经不住生活的摧残与病痛的折磨，在临安的水磨方氏馆旅店中凄凉地逝去。此时，家人甚至连安葬费都无法筹措，还是姜夔的生前词友吴潜等人闻讯赶来，并慨然捐资相助，才勉强葬于钱塘门外的西马塍。

一代词坛圣手就这样悲凉地结束了他的一生，然而他留下的那些"清新峻拔，立意幽远，炼字琢句，倚声协律"的"雅词"并没有随之消失，同时代和清代的文人对其评价尤高。

南宋时的赵子固曾赞白石道："词家之申韩（指战国时的法家代表人物申不害和韩非）也。"

同为南宋时人的张炎在《词源》中说："词要清空，不要质实。清空则古雅峭拔，质实则凝涩晦昧。姜白石词如野云孤飞，去留无迹。"

清代陈廷焯在《白雨斋词话》中认为："白石长调之妙冠绝南宋，短章亦有不可及者。"他在《云韶集》中甚至说："词有白石，犹史有马迁（司马迁），诗有杜陵（杜甫），书有羲之（王羲之），画有陆探微（南朝时画家，正式以书法入画的创始人）。"

清代朱彝尊同样极力推崇："词莫善于姜夔。""世人言词，必称北宋。然词至南宋，始极其工，至宋季始极其变，姜尧章氏最为杰出。"

而清代王士禛则直接断言："白石，词家大宗。"

官修《四库全书提要》："夔诗格高秀，为杨万里等所推，词亦精深华妙，尤善自度新腔，故音节文采，并冠一时。"

晚清文学评论家刘熙载在《艺概》中说："姜白石词幽韵冷香，令人把之无尽。拟诸形容，在乐则琴，在花则梅也。"

近代大学者王国维虽对姜夔有所微词，但也认为："古今词人格调之高，无如白石。"

薛砺若在《宋词通论》中，则把姜夔推许为"南宋唯一的开山大师"。

当然，姜夔的成就还远不只在词作方面。姜夔为后世留下的《白石道人歌曲》六卷，包括他自己的自度曲、古曲和词乐曲调，继承了古代民间音乐传统，并有新的突破。是仅有的一部词与乐谱的合集，被视为"音乐史上的稀世珍宝"，足以证明他是我国古代的一位杰出音乐家。

我国民族音乐学奠基人杨荫浏根据现在西安古乐的一些记谱方法，发现姜夔所用的记谱方式与它同源。于是他把姜夔的十七首自度曲的曲谱翻译成现代人可以感知学习的曲谱，让今人也能够把曾经流行在宋代的美妙音乐，在近一千年后重新按照谱子，不失本真原汁原味地完整演奏出来，回荡在民众的耳畔心中，让人们可以穿越千年时空感知欣赏美妙古曲。这不仅是音乐艺术史上的奇迹，更是民族音乐的继承和发扬。

姜夔留给后世的《续书谱》，共分二十则，详细论及了书法艺术的各个方面，是南宋书论中成就最高、影响最大的学术著作。而他的书法作品《跋王献之保母帖》，字体清秀逸出，一如这位书法家之词的清雅脱俗，现珍藏于故宫博物院。

姜夔，这位曾一度被冷落的词坛圣手，定将被后世永久铭记。

文天祥：
南宋爱国诗绝响

幼年已立青云志,仕宦长怀爱国心。国难当头,山河破碎风飘絮;临危受命,状元宰相挽狂澜。"人生自古谁无死,留取丹心照汗青。"

南宋朝廷移都临安（今浙江杭州）后，由于比较成功地阻击了金军的进攻，得以偏安于江南。虽然此时的国土面积只有北宋时期的五分之三左右，但由于南宋农业生产发达地区基本分布于江南一带，再加上兵器制造、采矿冶炼、造船等工业生产的技术、规模等方面，都超过北宋，所以南宋的经济、军事实力并未消减很多，社会亦呈现出一派畸形繁荣的假象。

恰在这一时期，北方的游牧民族蒙古勃然兴起，与西夏、金形成激烈的军事对峙局面。而南宋统治者仍持消极防御的战略，对北方三国之间的厮杀，多数时间仅作壁上观，初期甚至派兵协同蒙军合围金朝军队，并未采取未雨绸缪的积极防范行动。待西夏和金相继被蒙古消灭后，南宋早已错失了向外拓展生存空间的最佳时机。

咸淳七年（1271年），忽必烈称帝，公布《建国号诏》法令，取《易经》中"大哉乾元"之意，正式建国，号"大元"。第二年在大都（今北京）建都，并加强了征伐南宋的大规模军事行动。

当元朝军队挥师南下之际，南宋才被迫应战，虽偶有捷报传来，然而在以贾似道等投降派占主导地位的情势之下，南宋朝廷大势已去。至咸淳十年（1274年），忽必烈下令二十万元兵自汉江入长江，一路向东攻城掠地，沿途南宋将领不是望风而逃，就是率部缴械投降。德祐二年（1276年），元军已至临安城下，走投无路的谢太后带领小皇帝宋恭宗归顺。部分大臣拥立新皇帝南下福建、广东，重建小朝廷，各地仍有部分反元武装坚持抵抗。最终宋军于祥兴二年（1279年）在广东新会的厓山与元军进行了悲壮的决战，南宋以惨败宣告彻底灭亡。

就在这段"山河破碎风飘絮"的国难时期，挺立起一位状元宰相。他临危受命，"挽狂澜于既倒，扶大厦之将倾"。虽心知已无力回天，仍拼尽全力浴血奋战。不幸被俘后，依然抱定必死信念，用自己的血肉之躯，诠释了为国为民的真谛；用自己四十七年的生命琴弦，奏出了南宋爱国诗歌最悲壮的绝响。

历史的丰碑上，早已用熠熠闪亮的金字，镌刻下这位一身正气的南宋政治家、抗元名臣、爱国诗人的姓名：文天祥。

学有楷模胸有志

文天祥（1236—1283），字宋瑞，号文山，吉州庐陵（今江西吉安）人。

文天祥的父亲文仪，以读书勤敏、学识渊博闻名乡里。他一生没做过官，书本是他最大的爱好。平日只要是一卷在手，往往废寝忘食，苦读精研。他还著有《宝藏》三十卷《随意录》二十卷，内容广涉经史百家，甚至天文、地理、医药等。文仪对文天祥等几个儿子的教育很是严格，曾聘请乡里名儒施教。后因经济拮据，就自己亲自授课，不仅要求几个孩子兼弟子能读会写，还会经常提一些问题启发他们思考，并适时引导议论古今大事等。

为了让孩子们有个不为外界纷扰的独立场所，文仪特地在自家竹林中搭了个书屋，并命名为"竹居"。文仪常要自己的孩子向竹子学习，虚心直节，永不自满。冬日来临，文仪指着窗外仍是郁郁葱葱的竹子，对文天祥说道："你看，现在寒风凛凛，竹叶不仅保持着绿色，而且没有被风吹落下来，就因为它有一种坚韧不拔的可贵品格。求学、做人，都得这样才能成大器啊！"文天祥深刻领会了父亲的用意，此后更是刻苦学习，还把自己在读书过程中看到的精彩格言警句抄录在纸条上，粘贴在墙壁处，方便自己看到，并常加吟咏，以加深理解和记忆。闲暇时，文天祥还极爱读忠臣传记，那些爱国志士的成长之路，仿佛指明了他前进的方向。

有一次，父亲文仪带文天祥去庐陵学宫参观，意在让儿子尽早感受乡学的文化氛围。在学宫先贤堂的墙壁上，悬挂着本地乡贤画像，其中有因支持政治改革而屡遭贬黜的欧阳修，有被金兵所掳而至死不屈的杨邦乂，还有力主抗金而请诛秦桧等奸臣败类的胡铨。见儿子盯着先贤画像久久不肯离去，父亲就仔仔细细地向他介绍了这几位本地名人的事迹。

其实文天祥对这几位乡贤早已知晓，对他们的功绩也早已耳闻，他们的诗文也都早已读过一些，其中有不少还能背诵。如今在学宫里见到他们的画像，自然更是激动。尤其是发现欧阳修、杨邦乂和胡铨去世后，他们的谥号都带有"忠"，分别被人们敬称为"文忠公""忠襄公"和"忠简公"，心中十分钦佩，不由得暗自发誓：将来我也要为国家尽忠竭力，成为顶天立地的大丈夫，死后能够与他们一样，受到后人的敬重和缅怀！

正是在父亲潜移默化地熏陶下，文天祥自小就有着比许多孩子更丰富的学识、更坚韧的品格、更远大的志向。

穷困的家境虽不能消减文天祥好学上进的热情，然而对他的成长终究会造成一定局限。幸而在热心人的帮助下，文天祥总算有了机会进学校读书。

自知机会来之不易的文天祥更加发奋读书，学习成绩自然也在班上名列前茅。先生往往以文天祥的文章为范本，在班上公开让大家学习。对大多数同学来说，这是难得的学习机会。但对个别家境富裕又不愿苦读的学生来说，心里就老犯嘀咕，难以接受。一天，有个纨绔子弟发现自己那锭价格不菲的好墨不见了，上面还绘有金身蟠龙呢。凭直觉加上嫉妒，他毫无根据地就一口咬定是文天祥偷了墨，并言之凿凿地向先生告状。

素来看重文天祥人品的先生当然不信，对这位学生说："文章是要靠肚子里有学问才写得好，不是有了贵重的好墨就写得出来的。你的好墨丢了，得先自己仔细找找，别乱猜疑。"同学们知道了这事，也不相信是文天祥拿了，因而只是议论一番而已。文天祥对这样的恶意诬陷和人格侮辱，苦于没有办法能自证清白，心中感到十分憋屈。

由于那锭好墨没找到，不甘罢休的学生和他的家长也闹到学校来了。先生迫于无奈，只得按照村里的老规矩，让土地爷来裁决。具体方式是由当事者手持一块竹板掷向土地菩萨面前，若是竹板正面朝上就说明没偷；若是竹板背面朝上，则证明偷了。文天祥虽然比谁都清楚自己根本没拿别人的墨，心底里也嘲笑村里这个没有道理的老规矩。但围观看热闹的人群都想知道结果，自己唯有一掷以证清白，于是将手中的竹板朝土地菩萨面前一扔，没想到居然是背面朝上！

气急之下，文天祥随口念出两句诗："有朝一日登金榜，打你金身出村门。"没想到围观的村里人都很气愤，认为小小的文天祥竟敢亵渎神灵，大逆不道。可文天祥据理力争："土地爷不讲天理，不分黑白，也冤枉我偷墨。我就是要骂他！"正在这时，一只大黄狗嘴里叼着一锭墨块，一颠一颠地朝大家走了过来。众人拦住大黄狗，七手八脚地将墨块从狗嘴里取下来。那个富家子弟凑过来一看，正是他丢失的那块绘有金身蟠龙的墨锭。这下村民心里都明白文天祥确实受了冤枉，而那对一直神气活现大叫大嚷的父子，此时则揣着那锭黑墨，一声不吭地赶紧溜走了。

先生见到此情形，摸着文天祥的头说："有志不在年高。为师真心希望你今天说的话在不久的将来能够兑现，争取吉星高照，早日金榜题名啊！"

此后，文天祥学习更加刻苦努力。身体欠佳的父亲处处为儿子着想，总是尽自己的最大能力，为文天祥创造尽可能好些的学习条件。

天道酬勤。文天祥在十八岁那年参加庐陵邑校廉试，高中第一名。

天遂人愿。文天祥在二十岁时和大弟文璧同到吉州（今江西吉安）进入白鹭洲书院读书，大概有点像现在的高考冲刺班。只因两人学业实在优秀，当年和大弟又同时中选贡士，具有进京参加省试的资格。

为了陪伴两个儿子顺利走向成功之路，亲眼见证他们如愿金榜题名，已有病在身的父亲文仪不顾路途劳顿，坚持要与文天祥兄弟俩一道远赴临安应试。

宝祐四年（1256年），文天祥进入集英殿对策，参加由宋理宗主持的殿试。在所作的"御试策"中，文天祥以"法天不息"为题，切中沉疴时弊，并提出相应的改革方案，表明自己的政治抱负。文章未写草稿，洋洋洒洒上万字，一气呵成。主考官王应麟认为：这份考卷以古代的事情作为借鉴，忠心赤胆如同铁石，朝廷能有这样的人才真是可喜可贺。宋理宗亲自阅卷后，果然大喜，当即钦定名次为一甲一名。待将姓名的密封处拆开，见其名为"文天祥"，理宗更是感慨道："此天之祥，乃宋之瑞也！"

这一年，二十岁的文天祥在六百零一名进士中，独占鳌头，高中状元。遗憾的是，弟弟文璧却落榜了。

仕途曲折思报国

喜讯传来之时，在客居旅店内静候消息的文天祥是既喜又悲：喜是如愿以偿，当上了无数读书人梦寐以求的"状元郎"；悲的是陪伴着自己一路走来的父亲已是沉疴缠身，处于病危状态了。更没有料到，四天后，父亲即与世长辞，享年仅四十二岁。

百事孝为先。文天祥立即向朝廷以"丁忧"请假，与弟弟一同扶柩回到家乡，守丧三年。

时间过得很快，似乎转眼间就到了宝祐六年（1258年），文天祥守丧期满，按例可以向朝廷申请应有的官职。但文天祥似乎并不介意，连吉州知州都为他着急，想帮他向朝廷捎个话，不过仍被文天祥力辞了。原来文天祥还有一个心愿未了，他要陪同弟弟文璧再进京赶考。

第二年一月，文天祥陪着文璧由水路到临安应试，不出意料文璧中了进士。如释重负的文天祥这才顺便到朝廷报了个到，于是有关部门补授他为承事郎、签书宁海军节度判官厅公事。文天祥得知这一任职，往后将很难有所作为，于是辞谢不就，回到老家。

弟弟如愿喜中进士，父亲生前的心愿已了，文天祥的心愿也已了。于是在这年九月，文天祥又来到京城临安，一则易于了解天下大势，二则广交良师益友，当然也便于寻觅报国的机会。

同年十一月，宦官董宋臣提出向东南迁都四明（今浙江宁波），以避开北方敌人的进攻。而满朝文武或为了自保，或畏于董宋臣的权势，竟大多采取附和默认的态度。虽然文天祥很清楚董宋臣是皇帝的内侍宠臣，但仍不惧安危，挺身而出，以"敕赐进士及第"的身份，写下《己未上皇帝书》："乞斩董宋臣以一人心，以安社稷。"并提出自己的治国主张："简文法以立事"，即废除繁文缛节，建立战时体制；"仿方镇以建守"，即以几个州建立方镇，加强地方武装；"就团结以抽兵"，即每二十家抽兵一人，增加兵员；"破资格以用人"，即破格选用英豪，充任将帅。

可想而知，这样一封矛头直指当红权贵的信函，根本到不了皇帝手中。虽然切中时弊，但只能落得个石沉大海、无人问津的结局。

景定元年（1260年）二月，文天祥被改任签书镇南军（今江西南昌县）节度判官厅公事。文天祥暗自苦笑了一下：与其如此，还不如先寻个闲职有份俸禄，再观望一阵吧。于是经朝廷同意，成了建昌军（今江西南城县）仙都观的主管。

直到景定三年（1262年）正月，文天祥才奉旨正式担任秘书省正字，负责起草文书。不久又兼任殿试考官，晋升校书郎。一年过去，晋升著作佐郎，还兼任刑部郎官。然而随着这年八月董宋臣的重新被起用，文天祥先是愤而上书，没有回音后便怒而辞职回乡。当朝宰相知他人才难得，于是挽留他转任瑞州（今江西高安）知州。此后，又在江西提刑、吏部尚书左郎官、学士院权直、国史院编修官等职位上各待了不长的时间。直至咸淳五年（1269年）四月，对文天祥十分赏识的江万里、马廷鸾分别任左、右丞相，立即推举文天祥知宁国府（今安徽宣城），不久即奉调回临安担任军器监，并兼任崇政殿说书等职。但随后因触怒权奸贾似道，只得归家退隐。

咸淳九年（1273年）正月，朝廷任命文天祥为湖南提刑。三月到任，文天祥就迅速将贪赃枉法的官吏侯必隆脊杖五十，刺配充军；重刑犯发配荆湖、四川、淮海等地，给予戴罪立功机会；轻刑犯则予以释放，以观后效。如此这般，很快当地就基本做到了法明风清。不久，在长沙拜谒了时任湖南安抚大使的江万里，彼此都为国家的危难时局而深感忧虑。面对自己一手提拔的当世英才，江万里想到自己日渐年迈体衰，而大敌当前，南宋朝政却仍为一帮权臣奸佞所把持，主降派气焰嚣张，主战派势单力孤，禁不住老泪纵横，语重心长地说出了自己对文天祥寄予的厚望："吾老矣，观天时人事，当有变。吾阅人多矣，世道之责，其在君乎！"

这年底，因为一直在心里牵挂着远在家乡的祖母和母亲，文天祥向朝廷提出调回江西任职的请求，得到同意，出知赣州。第二年初，文天祥走马上任，以其平易近民的治政风格，深得所属十县官民的拥戴，出现了百姓安居、农业丰收的祥和局面。

文天祥在处理赣州地方政务上得心应手，民众纷纷"具官设位，家置香火以报恩"。文天祥还特地发布告示，对七十岁以上的郡民，分别给予数量不等的钱酒米帛，以倡导敬老传统，稳定社会秩序。

虽然赣州在文天祥的精心治理下，已呈现出一派安定祥和的局面，但整个南宋却正处于暴风骤雨、江山易主的前夜！

状元宰相挽狂澜

咸淳七年（1271年），铁木真之孙忽必烈建立元朝，定都大都（今北京）。

咸淳十年（1274年）七月，度宗病殁。贾似道因扶持四岁的恭帝上位备受恩宠，自此更是权倾朝野，颐指气使。早就对南宋虎视眈眈的元朝得知这一变化，即于这年九月以丞相伯颜为统帅，率领二十万元军，兵分两路气势汹汹地向南方蜂拥而来。铁蹄所到之处，南宋大小官员将领不是弃城投降，就是望风而逃，黄州、蕲州、江州、德安（今湖北安陆）、六安等地均不战而沦陷，朝野震动，南宋小朝廷已岌岌可危。

十二月二十一日，身处江西赣州的文天祥接到太皇太后罪已恤民的《哀痛诏》，号召各地"文经武纬之臣""体上天福华之意,起诸路勤王之师"，在此国难之时，赶赴临安勤王。

第二年也就是德祐元年（1275年）正月十三日，文天祥接到了太皇太后的诏旨："文天祥江西提刑，照已降旨，疾速起发勤王义士，前赴行在。"

其实早在接到《哀痛诏》后的一段时间内，文天祥就已经开始变卖自己的全部家产，以作军费开支，很快便招募到上万义兵，随即开始日夜加紧训练。有朋友好心相劝："现在元军分三路南下，已经攻至京城郊区。而你以这么点几乎是乌合之众的兵力抗元，不恰似驱赶羊群与老虎相拼搏，结局明摆着必败无疑吗？"但文天祥慨然答道："事实也许确如你所说，但国家有难而无人前去解救，这是我最心疼的事。虽说我的力量单薄，然而在道义上我理应为国尽心竭力，故知其不可为之，哪怕因此而以身殉国！"

如今接到新诏令，文天祥不禁号啕大哭，痛下决心要尽忠报效国家，纵然肝脑涂地，粉身碎骨，亦在所不辞！

到了四月一日，已身为"集英殿修撰、江西提刑、江西安抚使"的文天祥率领义军来到吉州（今江西吉安）。很快，朝廷又委任文天祥为"权兵部侍郎"，即相当于国防部副部长职务，驻军隆兴府（今江西南昌）待命。

七月七日，文天祥开始移兵隆兴府。然而才一个来月后，朝廷就以军情紧急为由，任命文天祥为"权工部尚书兼总督府参赞军事"，诏令其带领义军赶往临安，驻兵西湖岸边。九月，朝廷又委任文天祥为浙西江东制置使兼江西安抚大使知平江府（今江苏苏州）。文天祥自知接受这一任命，就意味着要为京都临安牢牢守护住北大门，责任重大。到任后，常州告急，他当即派出来自江西的数千义军前往救援。而朝廷派出的官军反倒坐视不管，当元军突袭时甚至趁夜潜逃，致使义军惨遭覆灭，常州失守被屠城。

十一月，得胜后的元军兵为三路，锋镝所向，直指临安！

在这风狂雨骤的生死存亡之际，南宋小朝廷已陷入一片恐慌之中，包括左丞相留梦炎在内的一些重臣居然脚底板搽油，纷纷开溜。

德祐二年（1276年）正月二日，朝廷诏令文天祥知临安府，担负起京城治理的大任。然而此时从太皇太后、小皇帝到未逃跑的右丞相陈宜中等，都已决定向元军乞求投降。为此，连传世国玺、求降表等都准备好了，唯独能代表南宋朝廷前去与元军谈判的大臣人选还悬而未决。

十七日，伯颜已到达距临安仅三十里的皋亭山，三路元军已成围攻之势逼近临安。十八日宰相陈宜中听到这一消息，生怕自己进了元军大营就再无回归之日，赶紧连夜逃跑。在这危难之际，太皇太后最终选择了文天祥，于十九日诏任文天祥为右丞相兼枢密使，统领天下兵马。虽然这只是大厦将倾之前的无奈之举，已来得太晚了，但这毕竟是一项正确的决定！而群臣则一致推举文天祥去皋亭山与伯颜议和，认为只有他才是代表南宋朝廷最合适的人选。按说群臣都心知肚明，此去如羊入虎穴，几乎有去无归，这种"推举"不无幸灾乐祸之嫌。只是国难临头,文天祥无意多作计较,更不愿留下临阵脱逃的骂名,而是慨然应诺,凛然前往元军大营。

二十日,文天祥率领一干人来到元军大营。元宰相伯颜以居高临下的态度接待文天祥,欲在气势上压倒南宋朝廷前来乞降的代表。谁知文天祥根本不吃这一套,义正词严地回应:"我今天不是为谈投降条件来的,而是以大宋朝廷的宰相身份来进行对等谈判的!"伯颜听了,心里暗地一惊,不由得在心底里对文天祥生出几分敬佩之情,于是暂把先前不可一世的架势收敛了几分。

就在双方你来我往的言语交锋之际,文天祥无视伯颜时常流露出来的蛮横霸道,据理力陈南宋作为具有悠久历史的礼仪之邦应享有的权利。

开始时伯颜还会顾着点面子,还能硬着头皮听下去。可当文天祥提出元军退兵的要求时,伯颜不由得失态大怒:"你知道你是在什么地方?是在和谁讲话?还想不想活着回去啦?"

面对伯颜赤裸裸的恫吓威胁,文天祥听罢仰天哈哈一笑,慨然答道:"我乃堂堂大宋状元宰相,平生无憾,只欠一死报国耳!宋存与存,宋亡与亡,刀锯在前,鼎镬在后,非所惧也!"

一番话,说得伯颜顿时恼羞成怒,想将文天祥逐出军营,又恐放他回去后会组织抗元义军,那就无异于放虎归山。思忖再三,决定将文天祥拘押在军营中,带回北方再行劝降之策。其他同行人员见状,只得在元军嘲笑的目光中羞愤地离去。数日后,二月初五,在临安正式举行宋朝投降仪式,南宋偏安东南一百四十八年的局面宣告结束。

却说文天祥等人在伯颜的胁迫下,一路北行至镇江。二十九日,因得到当地人的秘密帮助,成功逃脱元军追捕,夜入真州(今江苏仪征),又历经千辛万苦才到达永嘉(今浙江温州)。在这里,他得知七岁的益王赵昰在福安(今福建福州)登基,即端宗,改元景炎。

在文天祥的内心深处，早已认定只要宋朝的一息根脉还在，大宋就有东山再起的可能。

五月二十六日，文天祥来到福安。流亡朝廷（行朝）大喜，授予他通议大夫、右丞相兼枢密使、都督诸路军马等职，可以说最为显赫、最有权势的官帽都给他戴上了。可文天祥并不在意，一连上了几次奏章坚辞不就。朝廷见文天祥辞意已决，只得委任他为枢密使、同都督诸路军马。

或许文天祥心里很清楚，若是终日在行朝忙碌，免不了会和与自己久有嫌隙的陈宜中再生龃龉；而终日陪伴在被陈宜中控制的端宗身边，既难掌握瞬息万变的战场形势，更难实施强有力的军事指挥，而且难免有种种掣肘的情形发生，不若"将在外，君命有所不受"。于是在同意担任新职后，立即着手在广州建立都督府。但广州城外的元兵已至，很快就将沦陷；转而在南剑州（今福建南平）建立都督府，以号召天下抗元义军。

不过对此还有另外一种说法，即文天祥本欲在朝廷发挥更大的作用，但由陈宜中把持的行朝并不允许。文天祥起初想将督府设在永嘉，以利收复两浙，并在北部护卫行朝，同样被拒绝，只得继续南下在南剑设督府。

不管是出于哪种原因，文天祥正式在南剑亮出抗元大旗后，各路英雄好汉纷纷结队前来麾下听候调遣，文天祥也适时派出人员与各地抗元武装联络。形势刚有所好转，但是随着元军攻克广州，却又急转直下。南宋行朝转而乘船迁至海上以避险，被称之为"海上行朝"，由福安行至泉州，继而驶向广东潮州，旋即移至惠州。在闽粤陆上抵抗的宋军节节溃败的险恶形势下，文天祥只得退往江西积聚抗元力量，曾趁机一度收复数十州县，但不久即相继失守，随后引兵逐渐向南，以与海上行朝取得联系。

十一月，文天祥领军进驻广东潮阳，打算凭借当地的山海之险，聚兵屯粮，把潮阳打造成南宋中兴的基地。

就在这期间，元朝任命熟悉宋朝情况的张弘范为元帅、李恒为副帅，兵分水陆两路，大举进攻已迁至广东新会南边的厓山海上行朝，另一路则直接扑向文天祥部队所在的潮阳。

一场没有胜负悬念的悲壮决战打响了！

践行仁义浩气存

祥兴元年（1278年）十二月二十日，文天祥率部转移至海丰南面的五坡岭时，突然遭到元军的袭击，文天祥不幸被俘。

张弘范率元军击溃了文天祥的全部督府军后，立即从水陆两路直逼厓山，欲一举覆灭南宋海上行朝。

为配合劝降，张弘范将文天祥囚禁在随行的海船上，指望他能修书一封给正执掌水军、护卫幼帝的张世杰，劝他放弃抵抗。不过遭到了文天祥的愤然拒绝："我自救父母不得，乃教人背父母，可乎？"

张弘范可不管这么多，仍强逼文天祥修书。于是文天祥接过纸笔，写下了千古传诵的《过零丁洋》：

辛苦遭逢起一经，干戈寥落四周星。

山河破碎风飘絮，身世浮沉雨打萍。

惶恐滩头说惶恐，零丁洋里叹零丁。

人生自古谁无死，留取丹心照汗青。

深谙汉学的张弘范得到这首诗，连声叫好，并折叠收存了起来。

又过了几天，张弘范亲率水军从南北包抄，向厓山发起最后的进攻。就在漫天腥风血雨中，文天祥眼睁睁地看着南宋行朝倾覆，悲愤难抑，写下了以示哀悼的长诗《二月六日，海上大战，国事不济，孤臣天祥坐北舟中向南恸哭，为之诗》。

祥兴二年（1279年）十月，历经磨难的文天祥被押解到元朝大都（今北京）。此前，元世祖忽必烈早就听说在南宋没有谁比文天祥更有才华。现在文天祥已来到眼前，自是敬重厚爱有加，于是待以上宾之礼，好吃好喝招待，希望他能服务于元朝政权。开始忽必烈轮番派出头面人物前来劝降。最先露面的是曾为南宋状元丞相的留梦炎，结果被文天祥指着鼻子"唾骂"；接着上场的是已降元的德祐皇帝，文天祥只是向北跪下痛哭，"乞回圣驾"；再后来是忽必烈的近臣阿合马上阵，同样是无果而终；最后由元朝丞相博罗亲自出面，劝降之事依然毫无进展。

既然速战不能见效，那就冷处理吧。忽必烈转而将文天祥"枷项缚手"关入牢房，让时间来软化他的"金石之性"。

至元十七年（1280年）三月，文天祥突然收到三年前就已失散的女儿柳娘来信，得知她们母女三人被俘获后也在大都，过着囚犯般的奴役生活。文天祥虽然十分痛心，但他心里比谁都清楚，这是元朝试图以父女私情来动摇自己的意志，于是回信："痴儿莫问今生计，还种来生未了因。"强忍着悲伤，至死未与近在咫尺的母女仨见上一面。

隔了一个月，比文天祥小一岁的弟弟文璧从广东惠州来大都探视。文天祥虽然有三个弟弟，但感情最深厚的唯有文璧。还记得当年自己中了状元，而文璧却意外落榜，直到三年后陪着弟弟如愿考上进士，才算真正圆了自己的梦。如今弟弟大老远赶来，只因在惠州沦陷时他投降了元军，故而有今天之举。可以想见，兄弟此次见面时有多尴尬，两人根本无法诉说兄弟之情。事后文天祥还沉痛地记述此事："弟兄一囚一骑马，同父同母不同天。"

以亲情亦未能撼动文天祥的坚强意志，只有继续将他囚之于污秽不堪、臭气逼人的大牢了。

元朝统治者指望恶劣的环境和孤独的心境，会促使文天祥改弦易辙，主动请求为元朝服务。没料到文天祥利用这无人搭理的两年多时间，写下了大量诗文留传下来，其中既有应南宋音乐家、诗人汪元量所请而集杜甫诗句所写的《胡笳曲》十八首，也有因大雨水漫牢房而作的《大雨歌》。当然，最为脍炙人口、传诵最广的，当属那首充盈着浩然之气的《正气歌》。

身陷囹圄的文天祥随时准备着一死。为此，他早已写好了一篇带有序言的绝笔赞即自我定论的评价性文字，准备在临刑前书写于"衣带间"以留给家人、公之后世。

至元十九年（1282年）春，元朝统治者觉得要治理好国家，还得靠儒家学说才灵。文天祥精通孔孟学说，不正是可资举荐的首选人才吗？于是降元的谢昌元、王积翁等十人便凑在一起，"谋合奏（忽必烈），请以公（文天祥）为黄冠师（道士），冀得自便"。这个主意倒不错，甚至还为文天祥找好了下坡的台阶。降元后已任吏部尚书的留梦炎此时心怀鬼胎，暗地里打起了"小九九"，私下对王积翁等人说道："文天祥在赣州举义旗抗元，第一次在镇江被俘脱逃后又招兵买马抗元。若是他得势后又要抗元，我等如何为自己解套？"一席话，让王积翁等不由得出了一身冷汗，自此再也不敢提重用文天祥的事了。

南宋政权早已烟销灰灭，虽然各地小规模的抗元起义仍时有发生，但总体上已呈现平静的局势。曾担任过江西地方官的元朝参政麦术丁深知文天祥在江西仍具有抗元复国的极大号召力，因而多次奏请必杀文天祥。只是忽必烈仍心存一丝念想，希望文天祥能回心转意为元朝政权服务。

这年十二月八日，忽必烈准备作最后一次试探，于是"诏天祥入殿中"。谁知文天祥进得大殿内，居然只是作个长揖算是行礼，连叩见君王的跪拜礼仪都没有。侍从挥动兵器金挝击打文天祥的膝盖骨，他仍傲然挺立，不肯屈从。

忽必烈见此情形，既喜且忧，传话道："如能改心易虑，像为南宋一样侍奉元朝，我即给你中书宰相一职。"

文天祥昂首回答:"天祥受宋朝三帝厚恩,号称状元宰相。今事二姓,非所愿也。"

"那你的愿望是什么呢?"忽必烈不免有点好奇。

"愿与一死,足矣!"文天祥斩钉截铁地回答。

忽必烈知道自己心存的最后一线希望破灭了,不由得恼羞成怒,挥手下令速速推入大牢,明日问斩。转而回头对左右侍从叹息道:"(文天祥)真男子也,不能为我所用,诚可惜哉!"

九日,文天祥被押赴刑场。临刑前,文天祥平静地问身边人何处是南方,然后依照所指方向,连拜数次,口中念道:"臣报国至此矣!"随后慷慨就义,终年四十七岁,距被俘已四年有余。

据说文天祥就义时,正在深宫中的忽必烈突然心生悔意,觉得若是再给文天祥留点时间,或许可以转变过来为元朝安邦治国派上大用场,于是忙传旨刀下留人。然而为时已晚,只得下令紧闭都城大门,加强各处巡逻,邻居不得往来,行人不得交谈,以防激起民变。

当文天祥的夫人得到通知允许她前去收敛丈夫遗体时,发现在文天祥的衣带之间,有一篇绝笔赞:"吾位居将相,不能救社稷,正天下,军败国辱,为囚虏,其当死久矣!顷被执以来,欲引决而无间,今天与之机,谨南向百拜以死。其赞曰:'孔曰成仁,孟曰取义,惟其义尽,所以仁至。读圣贤书,所学何事?而今而后,庶几无愧!'宋丞相文天祥绝笔。"

文天祥以对自己"仁至义尽"为国尽忠的高度自我评价,实现了他"人生自古谁无死,留取丹心照汗青"的崇高愿望。

生命诠释《正气歌》

　　文天祥从起兵勤王到从容就义，写下了诗歌《指南录》四卷，《指南后录》三卷，《吟啸集》一卷，《集杜诗》二百首等，均具有史诗的价值，是宋代诗歌最后的余晖，也是唤起人们精神觉醒的最后一丝希望之光。

　　文天祥的诗歌以夜走真州分为前后二期，前期作品多清新明快豪放、情感丰富浓郁，内容振奋人心；后期作品多悲壮沉痛苍凉、感叹人生沧桑多艰，内容撼人心魄。其长诗《高沙道中》以平易流畅的散文化语言，按时间先后顺序，要言不烦地将他出真州城后身历险境的经过道来，使人读之有身临其境之感，可与杜甫所作长篇叙述诗《北征》相媲美。

　　在文天祥众多脍炙人口的诗词中，尤以被关押在大都监牢中写的《正气歌》最为人所推崇：

　　　　余囚北庭，坐一土室。室广八尺，深可四寻。单扉低小，白间短窄，污下而幽暗。当此夏日，诸气萃然：雨潦四集，浮动床几，时则为水气；涂泥半朝，蒸沤历澜，时则为土气；乍晴暴热，风道四塞，时则为日气；檐阴薪爨，助长炎虐，时则为火气；仓腐寄顿，陈陈逼人，时则为米气；骈肩杂遝，腥臊污垢，时则为人气；或圊溷，或毁尸，或腐鼠，恶气杂出，时则为秽气。叠是数气，当侵沴鲜不为厉。而予以孱弱俯仰其间，于兹二年矣，无恙。是殆有养致然，然尔亦安知所养何哉？孟子曰："我善养吾浩然之气。"彼气有七，吾气有一，以一敌七，吾何患焉！况浩然者，乃天地之正气也。作《正气歌》一首。

　　　　　　天地有正气，杂然赋流形。
　　　　　　下则为河岳，上则为日星。
　　　　　　于人曰浩然，沛乎塞苍冥。

皇路当清夷，含和吐明庭。
时穷节乃见，一一垂丹青：
在齐太史简，在晋董狐笔，
在秦张良椎，在汉苏武节；
为严将军头，为嵇侍中血，
为张睢阳齿，为颜常山舌；
或为辽东帽，清操厉冰雪；
或为《出师表》，鬼神泣壮烈；
或为渡江楫，慷慨吞胡羯；
或为击贼笏，逆竖头破裂。
是气所磅礴，凛烈万古存。
当其贯日月，生死安足论！
地维赖以立，天柱赖以尊。
三纲实系命，道义为之根。
嗟予遘阳九，隶也实不力。
楚囚缨其冠，传车送穷北。
鼎镬甘如饴，求之不可得。
阴房阒鬼火，春院閟天黑。
牛骥同一皂，鸡栖凤凰食。
一朝蒙雾露，分作沟中瘠。
如此再寒暑，百沴自辟易。
哀哉沮洳场，为我安乐国。
岂有他谬巧，阴阳不能贼！
顾此耿耿在，仰视浮云白。
悠悠我心悲，苍天曷有极！

哲人日已远，典刑在夙昔。

风檐展书读，古道照颜色。

在序中，文天祥借牢房中杂存的七种秽气，引出自己秉承孟子所说的"浩然之气"而化为自己的"浩然正气"。有了这种浩然之气，就可以至大无穷，就可以无坚不摧，就能够做到富贵不淫、贫贱不移、威武不屈。

全诗一开始，文天祥就开门见山地提出了自己的信念：天地有正气，充盈在大自然的万事万物之中，只是表现为不同的形态罢了。从天上到人间，只有到了国家危急的时刻，才可深切感受到并表现出来永久存留在史册之中。接着连用十二个典故，列举出自认为是坚持正义、不怕牺牲的仁人义士、忠臣良将，他们恰是"正气"在人世间的表现。其中有秉笔直书的齐国太史兄弟，有晋国秉笔直言的董狐，有秦朝以椎砸秦王的张良，有汉代出使匈奴守节十九年的苏武，有东汉头可断不可降的严颜，有晋代以身护君遇难的嵇绍，有安史之乱中的守将张巡，有不同流合污的将军颜杲卿，有固守节操的隐士管宁，有鞠躬尽瘁、死而后已的诸葛亮，有立誓收复中原的祖逖，还有敢于击打篡位逆贼的段秀实。在文天祥的心目中，他们就是最有"正气"的历史名人，也是最值得崇尚效仿的仁义榜样。

随后，文天祥以八句诗，由衷赞美磅礴"正气"无可替代的重要性，是社会纲纪的擎天支柱，也是人间道义的根本所在。在浩然"正气"面前，个人生死何足道哉！

最终，诗意由远及近，文天祥联想到自己的命运遭遇，表明虽身处困厄之境，随时有死生之别，但因葆有此正气，使各种恶气不能缠身，纵然要受到下油锅的酷刑，亦甘之如饴，视之为不可得的快意之事。遥想古人的高风亮节，就如同一盏盏明灯照亮着前程。正所谓"人生自古谁无死，留取丹心照汗青"!

　　文天祥以《正气歌》咏怀寄情,表达了自己"时穷节乃见,一一垂丹青"的强烈爱国主义情操和舍生取义的高贵气节,抒发了自己甘为国家抛头颅洒热血的满腔豪情壮志,也为后人留下了丹心照日月、碧血贯长虹的高尚爱国情操!

爱国精神永留传

　　文天祥慷慨就义后,他的友人汪元量写有诗句:"我公就义何从容,名垂竹帛生英雄。"他的另一位友人则写下祭文:"名相烈士,合为一传。三千年间,人不两见。"

　　至今七百余年过去,岂止是文天祥的友人为他留下了难以磨灭的纪念文字,更有无数人从文天祥的英雄操守中汲取了巨大的力量。文天祥的人格风范和高贵气节已深深融入中华民族的不朽精神宝库之中。

　　七百余年来,人们对文天祥的敬仰之情和赞誉之声从未消减,不仅对他的祭祀经久不衰,他的著作亦被历代文人志士不断整理出版,在民间广为流传。

　　从元代起,统治者出于对文天祥的敬畏,就允许他的塑像和牌位奉入学宫,让他的诗文和精神得以在学子和民间广泛传扬。官修的《宋史》为元人所编撰,特为文天祥列传,认为:"自古志士,欲信大义于天下者,不以成败利钝动其心,君子命之曰'仁',以其合天理之正,即人心之安尔。……观其从容伏质,就死如归,是其所欲有甚于生者,可不谓之'仁'哉。"

　　至明、清两代,对文天祥的赞颂就更是不断,他"杀身成仁""舍生取义"的爱国精神影响了一代代中华儿女。无数有志之士竞相以文天祥为自己的人生楷模。如被誉为明代第一忠臣的民族英雄于谦，自幼时起就把文天祥当作自己崇拜的偶像，并把文天祥的画像悬挂在自己的座位旁边，以激励自己勤奋努力，报效朝廷。清代乾隆皇帝认为："才德兼优者，上也；其次，则以德贵，而不论其才焉。……当宋之亡也……死君事、分国难者，皆忠诚有德之士也。然此或出于一时之愤激，奋不顾身，以死殉之，后世犹仰望其丰采。若文天祥，忠诚之心不徒出于一时之激，久而弥励，浩然之气，与日月争光。该志士仁人欲伸大义于天下者，不以成败利钝动其心。"

卖国降元、与文天祥同为状元丞相的留梦炎，其结局让人为之嗟叹不已：虽然他因降元有功，在朝廷谋得一职苟且偷生，但元人所修的《宋史》中没有他的传记。明朝开国皇帝朱元璋非常痛恨留梦炎，以致直接禁止其后代做官，并且浙江人中凡是姓留的只要参加科考，都得亲笔写下书面保证：非留梦炎子孙！直到清代依然如此。

历史终究是时间凝结成的，人们绝不会忘记为了国家利益作出牺牲的英雄。

在江西吉安富田，在一座虎形山上建有文天祥的墓园，入园的高大石坊上镌刻着"仁至义尽"四个大字。从山脚向上望去，莫不有仰之弥高的崇敬感。吉安还建有一座文天祥纪念馆，供来者参观瞻仰。以纪念馆为主体，建有占地五百余亩的天祥公园。

在广东海丰的五岭坡上，在北京东城区的监狱旧地，在浙江温州，在深圳南山区，在江苏南通，在香港新界……自明代以来，或建纪念亭，或建文丞相祠，或建文天祥主题公园，无不倾注着一代代国人对这位爱国英雄发自心底的崇敬之情。

文天祥为国捐躯早已过去了七百多年，但他在诗文中所透射出的不朽精神必定与日月同辉，历百世流芳。他以高尚爱国情怀铸就的诸多诗篇，不仅具有很高的艺术价值，还将激励中华儿女培养不屈的民族气节，为国家永远屹立于世界之林发挥巨大作用。如同文天祥在《正气歌》中所言:"天地有正气","凛烈万古存"。

汤显祖：
中国的莎士比亚

满腹才学，科考连连失意；赤心从政，仕途处处受阻。呕心沥血著"四梦"，家喻户晓《牡丹亭》。世人只知剧中人情不知所起，一往而深，为情而死的悲哀；难解生者可以死，死者可以生的奥秘。

在欧洲文艺复兴时期，英国出现了一位享有世界声誉的杰出戏剧家，他就是威廉·莎士比亚（1564—1616）。他所创作并流传至今的作品，包括三十七部戏剧，以及一百五十四首十四行诗和两首长篇叙事诗。莎士比亚最著名的戏剧作品，有歌颂爱情和友谊的四大喜剧：《仲夏夜之梦》《威尼斯商人》《第十二夜》《皆大欢喜》；还有取自欧洲历史传说，表现人文主义理想与现实社会恶势力之间悲剧性冲突及理想破灭的四大悲剧：《哈姆雷特》《奥赛罗》《李尔王》《麦克白》。

莎士比亚以其在戏剧艺术上的辉煌成就，被誉为是当时人文主义文学的集大成者，是全世界最卓越的文学家之一。1995年，联合国教科文组织将莎士比亚逝世的4月23日定为每年的"世界读书日"。

而与莎士比亚几乎同时期的中国戏剧家汤显祖，曾在科举考试道路上屡屡碰壁，此后有十余年担任不同官职，写作只是业余爱好。直至年近五十岁时才弃官回乡，开始以全副精力投入戏剧创作和表演之中，不仅在明代戏剧史上孤峰突起，而且是中国戏剧史上最伟大的戏剧家。

汤显祖所创作并流传至今的作品中，戏剧作品主要有被概括为"临川四梦"的《牡丹亭》《南柯记》《邯郸记》《紫钗记》，还有早期根据唐代蒋防的传奇小说《霍小玉传》改编的《紫箫记》以及二千二百余首（篇）诗文。

十分巧合的是，汤显祖与莎士比亚虽然生不同年，但却在同年去世，这不免让后人产生将两人的文学成就加以比较的极大兴趣。国外就有研究者认为，汤显祖和莎士比亚的作品，在两个国度的戏剧史上都具有划时代的意义，都应当受到当代和后世的尊崇。

不过这只是从两人均为伟大戏剧家的角度进行比较。实际上汤显祖还有着一段很长的官宦经历，有过显著的地方治理业绩；在诗文创作、戏剧理论，甚至史学方面也有一定建树。这是仅为戏剧家的莎士比亚所不曾有过的。

书香门第出才子

汤显祖(1550—1616),字义仍,号清远道人、海若、若士、茧翁,抚州临川人。

嘉靖二十九年八月十四日(1550年9月24日),居住在临川文昌里的汤家诞生了一位男婴,取名显祖,颇有在其身上寄予彰显祖上荣光的意味。

要说汤显祖的祖上,也确实有着书香门第的荣耀。汤显祖的高祖汤峻明、曾祖父汤廷用都喜好文字,热衷藏书。到了祖父汤懋昭,更是博览群书,精通黄老学说,还善写诗文,被学者推为"词坛上将";他虽做过官,却在四十岁时弃官回乡隐居。而父亲汤尚贤,亦是个知识渊博的儒士,在明代嘉靖年间是著名的老庄学者、养生专家和藏书家;他还十分重视家族教育,创办了"汤氏家塾",聘请江西的理学大师罗汝芳为塾师,执教宗族子弟。母亲也是出身书香人家,自幼熟读诗书。而伯父汤尚质则酷爱戏曲,并从事过戏曲活动,这对后来的汤显祖成为戏剧大师,产生了重要的影响。

先祖和父辈在学业上的认真态度、满腹的经世之学、取得的傲人成绩,对幼小的汤显祖来说无疑是一种无形的巨大力量,不断地鞭策他刻苦求学。而家中祖辈相传下来的四万余卷书籍,则让汤显祖不仅充满了敬畏之心,更知"书山有路勤为径"的道理,孜孜不倦地努力登攀。可惜在他二十四岁那年,因邻里一场大火祸及而化为灰烬,让汤显祖痛惜不已,直呼房可再建,而书不可再现。多年后,汤显祖还颇为自豪地提起家有海量藏书一事。读书爱书一直伴随他终生,就在他去世前两年为三个儿子划分遗产时,还谆谆交代家人必须"分器不分书,聊以惠群愚。分田不分屋,聊以示同居。"其意是各种生活、劳作用具可以三家分开私有,但图书则必须集中一处共有共用,以便子孙后代能从中得到增长知识、开启智慧的精神食粮。至于分田不分屋，则表示各家均得自食其力，大家同住一屋则表明仍是相亲相爱一脉相传的一家人。

汤显祖自小就天资聪颖，非比常人。据《汤氏族谱》记载，他五岁时即有题诗，得到家人特别宠爱。也有资料说他五岁时即能对对子，附近乡邻得知后欲探虚实，就有人去现场测试，连出几个上、下联句，没有不能应声对上的，围观者都啧啧称奇。

五岁的汤显祖是已会作诗还是会对对子，现在已无法确凿验证真伪，但他五岁就开始进私塾读书，却是没有疑问的。启蒙老师是反对封建道学的泰州学派代表人物王艮的三传弟子罗汝芳，他在担任云南参政时因大力阐扬泰州学派的理论而被罢官。这位曾经声名显赫的理学大人物，现在虽屈就为汤氏家族的私塾先生，肯定不会只教弟子识字造句，还会将反对束缚人性的思想种子注入这些孩子们的心田中，期待未来能萌发新芽，长成大树，改造人心与社会。

到了十三岁时，汤显祖开始跟随诗人、古文家徐良傅在临川东南岘台学习古文，尤其是精研《尚书》。县督学得知有个少年叫汤显祖的后生可畏，甚是了得，便亲自测试他的真实才学，结果深感满意。第二年，汤显祖即补为诸生，进入县学，每逢考试皆名列前茅。

不用说，这样的少年才子在当地很受尊重，附近乡邻有些临时急着要写、要求又高的文墨之事，就会前来请汤显祖去帮忙。

一天，邻村有位老绅士病故，按乡俗需要写一篇概括其生平的高质量祭文，有"盖棺定论"的意味，得字斟句酌，写作难度很大。该请谁来执笔最合适呢？大家不约而同地想到了汤显祖，于是丧主家里就派人来请这位小秀才。很不巧的是，另一村子有位老人准备在第二天做寿，这也是件很大的事，正心急火燎地恳请汤显祖去撰写寿联。

要想同时兼顾两件事是不可能的。汤显祖沉思了会儿，觉得逝者有数日停灵时间，祭文只需在出殡前完成就可以了；做寿却只能在宴请宾客的当天，寿联也就必须在这天之前贴出去才行。于是答应丧主次日上门去写祭文，肯定不会耽误事。然后急急赶往寿星家完成寿联的撰写事宜。

却说那正办丧事的大户人家，前来吊唁的亲朋故友很多。其中有位自恃肚中有些墨水的远亲，听说要等候一个叫汤显祖的少年来写祭文，不由得心生轻视之意，冷笑一声道："就一篇祭文而已，他装腔作势摆什么谱？"于是吩咐磨砚备纸，由他来捉笔，挠头抓腮忙了一夜，终于在天亮时大功告成。

第二天早晨，事主看了这位远亲写的祭文，虽不满意，但也没有多说。正在这时，汤显祖赶了过来，事主于是请他过目。这位远亲见状撇了撇嘴，心中暗笑："这么个小娃娃，有什么了不起？还非得请他？哼！"汤显祖很快地浏览了一遍，发现全是些不着边际的陈词滥调，虚情假意。便细细向事主了解逝者生辰八字、主要事迹，然而铺纸走笔，很快就写就了一篇文情并茂的祭文，众人读了，一片喝彩声。

此时在一旁观看的那位远亲已是心虚汗沁，忙低声请汤显祖对自己写的祭文提提宝贵意见。汤显祖也没言语，只是提笔在文末写了一句曲词："他去也，怎把心儿放。"就辞别了事主，独自回去了。

那位远亲盯着这句话琢磨了好一阵，猛然醒悟：这不是批评我写的祭文太矫揉造作的"作"字吗？顿时脸色倏地变红，赶紧卷起自己写的祭文默不作声地低头走开了。

这个故事虽然真假难辨，但汤显祖从小喜好读书会写诗文却是千真万确的。在他所读过的书中，既有为日后科举应试所必读的图书，还有其他诗文史传乃至诸子百家等。包括冷僻的汲冢古书、连山古书等，他也有攻读，这可是秦以前的竹简古籍，不仅难得一见，且文字佶屈聱牙，不易读懂。由此可知汤显祖读书所涉猎的范围之广博，这也为他日后处理政务及从事戏剧创作,打下了深厚的知识基础。

二十一岁那年,汤显祖参加乡试,以排名第八的成绩中了举人。

此时的汤显祖,不仅已饱读五经、诸史,还精通乐府、诗词。另外,他对天文地理、医药卜筮也有相当涉猎。在他二十六岁时,印行了第一部个人诗文集《红泉逸草》,此后又相继印行了《雍藻》和《回棘邮草》。一时汤显祖声名鹊起,各地文士都以能结识他为幸事。

访朋巧遇结良缘

早在汤显祖十四岁时,就订了一门亲事。至于怎么订上的,说来其中还有一段纯属机缘巧合的趣事。

却说与临川县相邻的东乡县杨桥殿乡塔桥村,有一户姓吴的人家养有一个女儿名为玉瑛。她的祖父叫吴槐,曾任福建晋安知府;父亲吴长城,曾任礼部儒官。这么算来,小玉瑛也是出身官宦人家。

嘉靖四十二年(1563年)的一天,吴长城带着十岁的爱女吴玉瑛从东乡来到临川,欲前去看望多时不见的同乡好友徐良傅。吴长城这次走几十里路大老远地来见老朋友带上了女儿,因此水到渠成地完成了件大喜事:为一双小儿女定了终身。

原来此时的汤显祖虽年仅十四岁,却已有秀才的身份,正在徐良傅门下就读,日常的言谈举止深得徐良傅的欣赏。学生如此,徐良傅回老家东乡时自免不了和老友吴长城念叨念叨。这次吴长城来徐良傅任教的私塾探访老友,还带着一个含苞初放、聪明伶俐的小女儿,估计是来实地目测现场拍板的。

果不其然,徐良傅见老友吴长城带着女儿来了,三言两语寒暄过后,就迫不及待地将自己最得意的弟子汤显祖叫了过来。这吴长城一见到少年才俊汤显祖，顿时高兴得心花怒放。这两老友都是久经官场、阅人无数的饱学之士，相互间的心思都一清二楚。于是徐良傅欣然一笑，有意成全这件好事，就拉过汤显祖问其想法。这时的汤显祖和吴玉瑛大概相互观感甚好，更何况都少不更事只是连连点头，哪还有多少话语。既然未来的岳丈满意称心，又是门当户对，这一说破，缘分自是水到渠成，汤、吴两家皆大欢喜，交换过生辰八字，就为汤显祖、吴玉瑛正式订亲。

六年后的隆庆三年（1569年），汤、吴两家为弱冠之年的汤显祖和及笄之年的吴玉瑛举行了隆重的婚礼。仿佛是天造地设似的，一对恩爱小夫妻从此开始了比翼双飞的新生活。

"洞房花烛"过后的一年，汤显祖又迎来了"金榜题名"的人生快意之事。这一年，汤显祖参加江西乡试，取得第八名的好成绩，成为举人。

只是"金榜题名"这种赏心乐事没有持续多久，接下来赶赴京城参加隆庆五年（1571年）和万历二年（1574年）的会试，均铩羽而归，估计汤显祖在应付科考时文方面火候欠缺，难入考官"法眼"所致吧。如此反复受到折磨，使汤显祖精神受到巨大打击，以致身心疲惫，时间一长，竟种下了肺痨的病根，体质渐渐衰弱下去。这一切让吴玉瑛看在眼里，愁在心上，既要照料好丈夫的饮食起居，还有繁重的家务需要打理，自是辛苦寸心知。

虽说汤显祖参加科举考试连连失利，身体也大不如前。但在此期间，却也有"失之东隅，收之桑榆"的喜悦，在家庭中不断收获着爱情的幸福甘甜。这些年，妻子吴玉瑛相继生下了两子两女，可惜两女因病不幸早夭，让这对患难夫妻像坐过山车般，忽而大喜，忽而大悲，交织着尝尽人生的苦乐。

生活之中虽然有苦有甜，但两人同心，也相互知心。婚后的吴玉瑛细致入微地体贴丈夫，很快连同他朋友的性格也知道了个八九不离十。

汤显祖落第之后，仍继续在外地住宿攻读。

有一次，汤显祖穿着全新的衣服鞋袜去私塾。夫人笑着打趣道："别看你今天出门一身上下都是新的，待你回家时就要变旧喽！"

乍一听，汤显祖还不明其意，以为夫人只是说笑而已。等到差不多十天之后的"休沐日"放假回家，自己果然如夫人所说，穿着一套肥大的旧衣裤和鞋袜。

这是怎么回事呢？

原来汤显祖同窗共卧数年之久的挚友饶仑，与他情趣相投，相互之间几乎无话不谈。连汤显祖夫人也早就知道，这位同窗饶仑身材肥胖，生活不拘小节，穿着随意，是个粗线条的人。饶仑来自钟陵（今进贤），每天都起得比汤显祖早，所以在"休沐日"早早起床回家时，也不管像不像自己的，是不是合身，匆忙中误把汤显祖的新衣给套自己身上了。

从丈夫嘴里了解的饶仑情况越多，妻子吴玉瑛对饶仑的未来也看得越准。她曾对汤显祖说："这个饶仑乐善好施，将来定会成贵人。"后来饶仑果然与汤显祖同年考中进士，做了顺德（今广东佛山）的地方官。

万历十一年（1583年）汤显祖考中进士后，在京师任观政。然而此时吴玉瑛积劳成疾，已是重病在身。

按说汤显祖好不容易才考中进士，生活应该自此走上正常的幸福轨道。可吴玉瑛已身体不济，还得照料两个儿子的读书、生活大小事，因而病体每况愈下，经常高烧不退。这么强忍着捱过几个月，便再也拖不下去了，可汤显祖又不能辞职在家为妻端水送药。不得已，吴玉瑛决定回临川养病。临行前，她流着眼泪对着汤显祖哽咽说道："这一去怕是再也见不到面了！只望夫君多多保重！孩儿健康长大能有出息光宗耀祖！"说罢，吴玉瑛禁不住掩面而泣，汤显祖也号啕大哭，泪眼婆娑中目送着爱妻踏上了回家的路。

回到临川的吴玉瑛没过多久，就撒手人寰，与汤显祖阴阳两隔，享年三十一岁。

自吴玉瑛离开后，汤显祖常感到深深的内疚，夜深人静时更是扪心自责：若是自己家境富裕，在仕途上有更大发展，爱妻就能有较好的生活条件，生了病也能得到及时有效的治疗，就算去世也不至于如此草率下葬啊！

直至二十年后，汤显祖终于有了条件，可以将祖母魏夫人与自己爱妻的遗骸一道移葬汤家祖坟山上。此时此刻，汤显祖百感交集，涕泪横流，心绪难平，不仅为吴玉瑛撰写了墓志铭，还把自己多年来对亡妻的思念之情，全都融入《清明悼亡五首》中：

> 版屋如房闭玉真，新添一尺瓦鳞鳞。
> 不应廿载还轻浅，好在殷勤同穴人。

> 沓水青林断女萝，廿年松柏寄山阿。
> 南都不解成长别，才送卿卿出上河。

> 曾梦纱窗倚素琴，何知萎绝凤凰音。
> 春烟石阙题何事？寒夜乌衰一片心。

> 枕簟青林一到衙，相看几月病还家。
> 药成不得夫人用，肠断江东剪草花。

> 欲葬宫商买地迟，深深瓦屋覆寒姿。
> 秣陵旧恨年多少，梦断红桥送子时。

汤显祖一生创作的戏剧中，多有美丽端庄、善良淳朴的女主角，或许在她们身上，正寄寓了汤显祖对自己结发之妻的绵绵深情吧。

在汤显祖最为人称道的《牡丹亭》中，开篇即是一首《蝶恋花》：

忙处抛人闲处住，百计思量，没个为欢处。白日消磨肠断句，世间只有情难诉。　玉茗堂前朝复暮，红烛迎人，俊得江山助。但是相思莫相负，牡丹亭上三生路。

这不正是汤显祖一生对妻子无尽怀念的至爱真情表露吗？

不媚权贵拒陪衬

万历五年（1577年），满腹才学的汤显祖经历了科考两次失败之后，又一次信心满满地赴京参加进士考试。

当时执掌朝政大权的首辅（宰相）张居正，本是一个有抱负、有远见的政治家，但在为自己的儿子谋前程的私事上，却因舐犊情深，竟不惜动用权力以达到个人目的。

这年礼部组织的会试举行之前，张居正问他叔叔："据你所知，现在全国的举人中，谁最为杰出？"他的叔叔想了想，回答道："应数汤显祖、沈懋学两位，依我看没有比他俩更杰出的了。"张居正一听很高兴，心想：张榜时把这两人放在前面，自己的儿子张嗣修附后，不正好堵住别人的嘴吗？于是让叔叔把汤显祖和沈懋学请来，如此这般细说了一通。汤显祖一听，认为这是对自己人格的莫大侮辱，按捺不住心头之火，立刻扭头就走。待到张榜公布考试结果，听从安排的沈懋学高中状元，而汤显祖则名落孙山。

三年后，又到会试时间了。这回张居正不再满足自己的儿子只当榜眼，而是要让自己的另一个儿子张懋修做状元，于是又请汤显祖作陪衬。没想到，这次汤显祖仍以"吾不敢从处女子失身也"的理由，同样断然予以拒绝。冷言拒绝后的汤显祖心知肚明此次定然仍会名落孙山,而且丝毫不会影响张懋修按预定设想中状元,于是整理行装,准备离京。张懋修高中状元的金榜公布没几天,京城的朝门外竟然贴出了一张传单,上面写道:"状元榜眼俱姓张,未必文星照楚邦(张居正是湖广江陵人,古属楚国)。若是相公(宰相)坚不去,六郎还作探花郎。"意思是讥刺张居正如此以权谋私,先后让自己的两个儿子中了状元、榜眼,若是仍不下台的话,他的第六个儿子还会是探花。

不过,这对愤而弃考已准备原路返乡的汤显祖来说,虽然能给予一点心灵上的安慰,却丝毫不能改变他又一次与金榜题名无缘的命运。

尽管此时的汤显祖心中愤愤然感到世道不公,但一介书生能有什么办法?张居正是当朝宰相,大权在握,完全可以做到暗箱操作,为所欲为。思来想去,只得在众学子的一片惋惜声中,悻悻然回到老家。

自京城返回家乡的汤显祖依然难以平息心中的怒火,于是怀着满腹怨愤写下了《广意赋》,以宣泄胸中无法排解的郁闷和对张居正的强烈不满。这种不与当权者同流合污的正义感和倔强的反抗精神,自此贯穿了汤显祖的一生,并体现在他以后的戏剧创作中。

就这样,汤显祖一边为下次参加科考精心准备而刻苦攻读,一边耐心等待机会来临乘势而上……

万历十年(1582年)六月二十日,张居正病逝。这位明代唯一生前即被授予太傅、太师的大臣,生前看似风光无限,死时神宗还为之辍朝,并赠上柱国,谥"文忠"。实际上皇帝对其早有忌惮,当张居正去世后没多少天,就下令抄其家,削尽其应享有的官秩,所赐玺书、四代诰命一应褫夺,并以罪状告示天下。此外,已安葬的张居正还差点遭到开棺鞭尸,而家属则不是饿死,就是被流放。

消息传来,汤显祖虽然心生恻隐,但仍为自己科考入仕有望感到兴奋:

明年又是大考年，这回没有了拦路虎，我定要榜上有名才归！

然而到了第二年，也许是对还要不要参加科考心存疑虑，年已三十四岁的汤显祖已放松了应考时文的必要准备；也许是更热心于其他与科考关联不大的世事学问，生疏了考取进士应有的仕宦知识；也可能是临场发挥欠佳，试卷不大对阅卷官的胃口等原因，这次考试成绩很不理想，只得了个进士三甲第二百十一名。

因为这次考试所得的进士名次不高，所以当年先分在京师任观政（实习），期满后只授了个副都南京的太常寺博士。虽然官阶只有七品，但从此就算是一脚跨过了高高的官场门槛，进入了风起浪涌、波诡云谲的仕宦旅途。

南京本就是无足轻重的虚设首都，官员基本上都是有职无权的有闲之人；而太常寺的官员相较其他部门，就更显得清闲无事。后来汤显祖转到礼部当主事，也和在太常寺时差不了多少，同样是"印床高阁网尘纱，日听喧蜂两度衙"的清静部门：部门大印因无须用到，日久竟至落满灰尘结了蛛网；每日过于清闲只有两次唱诺点到。

作为副都的南京虽然在政治地位上无足轻重，但在文化娱乐方面的盛况却未必逊于首都北京，完全是块文人荟萃、歌舞盛行的风水宝地。汤显祖在这里好似如鱼得水，一方面积极和那些诗文里手、戏曲行家切磋唱和，另一方面不忘精研学问，博览群书。即使已是夜半更深，仍可听到汤显祖的琅琅书声。家人忍不住问他："你已是年龄不小的老博士啦，干嘛还这么嗜书如命，这么晚还读书不止？"汤显祖哈哈一笑："我读书只是一种爱好，与博士的名号无关。"

在南京，汤显祖一待就是七年。在这期间，张四维、申时行相继为相，他们都曾以翰林的职位拉拢汤显祖为其效力，但都被他拒绝。不过，汤显祖并没有荒废在南京的七年珍贵光阴，除了广交朋友、指斥时政外，他还留下了大量诗词文章。闲暇之时,还翻出他三十岁前根据唐代传奇小说《霍小玉传》改编的剧本《紫箫记》相机修改。这部初稿虽然借用了原作的男女主人公,但在情节构成等方面则与原作情节迥异,且文笔绮丽,可圈可点之处甚多。

忠谏直言为苍生

汤显祖虽然做的是一个副都的闲官,眼睛却盯着北京发生的国家大事,对首都的政治风云变幻十分关注。在与朋友聚会时,他因率直的禀性,常喜好发表自己的意见,且指斥时弊毫无顾忌,这在防民甚于防川的明代后期,是很容易祸从口出的。如果在场的都是知根知底、志气相投的挚友,旨在交流重在启迪,还可以做到相安无事;若是座中混进了借机窥探别人言谈举止,举报"出轨"以邀功求赏的小人,那就麻烦大了。

一次,汤显祖在小范围的文人聚会时,又慷慨激昂、措辞激烈地发表了一通对时政和用人制度的意见,不料座中就有一位"小人"如获至宝,赶紧添油加醋地向上司举报汤显祖的不轨言行。结果不仅汤显祖本人受到训斥,先后两次丧失晋升的机会,连带他精心写作的《紫箫记》也被诬为"暗刺时弊",禁止流传。事已至此,汤显祖不得不搁笔,十年后才将其改编为遐迩闻名的《紫钗记》。

因思想言论受到惩处的汤显祖并未自此而装聋作哑、谨小慎微,在有些方面他甚至更为大胆,锋芒毕露,据理直言,绝不趋炎附势,曲意奉承。

自万历十五年(1587年)始,自然灾害就接连不断,至万历十九年(1591年)尤甚,连最为富庶的太湖流域也遭遇特大自然灾害,以致"白骨蔽江下"。朝廷为此下发了白银五十万两赈灾,并派来特使杨文举宣抚灾民。然而杨文举依仗朝中有内阁首辅申时行为靠山,竟借机肆无忌惮地侵吞灾款,收受贿赂。之后，首辅申时行居然对胆大妄为的杨文举等人晋升官职，而一些忠于职守、敢于揭发的御史却遭贬谪。

一身正气的汤显祖对这些看在眼里，怒在心中。他清醒地认识到天灾虽然可怕，但更为可怕的是人心。反复思考之后，汤显祖愤而写了一道可与海瑞《治安疏》齐名的奏折《论辅臣科臣疏》，严词指责首辅申时行和科臣杨文举等，揭露他们相互勾结、营私舞弊的误国罪行。并直指首辅制度的危害："故此辈不知上恩，专感辅臣。其所得爵禄，若辅臣与之者。虽他日有败，今日固已富贵矣。"并认为言官之所以对上唯唯诺诺，就是因为首辅申时行专权独裁，使得他们只想讨好申氏，以求得自身平安、升官发财。历数辅臣科臣之害后，进而要求彻查杨文举等一帮贪官。

在这份奏折中，汤显祖甚至对万历皇帝登基以来近二十年的朝政也进行了抨击："前十年之政，张居正刚而有欲，以群私人嚣然坏之；后十年之政，时行柔而有欲，又以群私人靡然坏之。"这不等于暗讽皇上也有重大失察过错吗？

可想而知，这封奏章的内容立即震动了整个朝廷，那些被点名抨击的官员，有的嚷嚷着要辞职，有的干脆不来上班了。这下可把万历皇帝气坏了，一怒之下也不分个青红皂白，痛斥汤显祖是"假借国事，攻击元辅"，将他贬到远远的雷州府（今广东湛江）徐闻县当个无品阶的典史。

这徐闻县位于大陆的最南端，再过去就是隔海相望的琼州（今海南）了。不用说，自然条件和社会环境都非常恶劣，加之民风彪悍，喜好武斗，外地人来这里大多很难适应。

汤显祖来到徐闻，很快就亲身感受到这里习俗的落后。他在给友人的信中说道："（徐闻）其地人轻生，不知礼义。""总不好纸笔，男儿生事穷。"初来乍到的汤显祖没有抱怨自己只是个没有品级的小官，更没有置身事外无所作为。通过实地调研，汤显祖深知移风易俗必须从教化民智开始,而眼前现状却令人失望:仅有的县学屋漏椽烂,已无法继续使用。当务之急,是必须尽快重建一座书院。经费捉襟见肘,汤显祖就与知县商议,把他们两人的俸银先捐献出来,为大家起个带头作用;没有地方,他就四处勘查,亲自选址。几个月后,书院建成,取名"贵生书院",其寓意不言自明。书院中的十二间教室,汤显祖将它们分别命名为审问、博学、慎思、明辨、笃行、格物、致知、诚意、正心、修身、齐家、治国。

汤显祖还专门为此撰写了《贵生书院说》,向民众阐述"贵生"的道理:"知生则知自贵,又知天下之生皆当贵也。"

多年之后,老知县得知汤显祖生病,特来信问候。而病中的汤显祖在复函中,仍情系贵生书院,并提出想在适当时机再次南下徐闻,到书院住上一阵,了解这些年来书院的办学情况,培养了哪些优秀生员等等。

从汤显祖来到徐闻兴建贵生书院的万历十九年(1591年)算起,至明代末期,徐闻多有旱灾,却出了十五位举人。当汤显祖病逝的消息传到徐闻时,当地为此修建了"汤公祠",以表达民众对他的崇敬和怀念之情。

四百多年过去了,贵生书院以及门前的那条被碾出两道深深车辙印痕的石板路,已被列为广东省级文物保护单位。

汤显祖在徐闻只待了一年,那个贪赃枉法、作恶多端的首辅申时行就已黯然下台,朝廷顺应时势出台了新政策,让那些因罪贬到偏僻之地的官员酌情迁至条件相对较好的地方任职。汤显祖正赶上了这波"调整"浪潮,被调往浙江遂昌升任知县。

遂昌位于浙江的西南山区,土地贫瘠,素有"九山半水半分田"之称,人口不多,却豪强当道,盗匪横行。面对这副烂摊子,汤显祖虽然在给朋友的信中如实写道:"遂昌斗大县,赋寡民稀,故学舍、仓廪、城垣等俱废。"但他并没有畏难退缩,而是知难勇进,有条不紊地推进各类事项。

第一是从教育抓起。在汤显祖看来,为政最重要的事莫大于开启民智,灌输礼义，彰扬正气，倡导新风。当汤显祖看到遂昌学生学习的地方都没有时，就决定将本归知县私人所有的讼费和罚款，加上学田所收的地租，营建一所兼具学文习武功能的"相圃书院"，并将自己的俸银和筹集的资金，作为日后书院、射堂的修缮经费和贫困子弟的生活补贴。又在孔庙的北侧创建了一座藏书楼"尊经阁"，以利学人士子研读文化经典。

第二是坚持以仁义施政。汤显祖体察民情，缓征赋税，使民众得以休养生息。还帮助整修城垣，操练兵士，抓捕盗匪，并参与春耕农作，入冬则进山剿虎为民除害。为使仁政深入民心，他下令废除死刑，不使用加于囚犯颈脖和脚踝上的刑具，减轻各种徭役负担，减少各种限制民众的条条框框，减免各类不必要的繁文缛节，并对朝廷搜刮民脂民膏的矿税进行抵制。

经过汤显祖几年来的精心治理，曾经地处偏僻的遂昌一改过去贫困落后的面貌，已成为一个物产丰富、经济兴旺、百姓安定的政通人和之乡。全县已呈现一派"琴歌积雪讼庭闲""市上无喧少斗鸡"的太平景象。汤显祖也赢得了罕有的好口碑，"一时循吏声为两浙冠"。

空暇时，汤显祖还亲自下乡，鼓励当地民众安居乐业从事农耕种植桑麻。再有空暇，还不忘与当地的秀才文士在一起切磋文字，低吟浅唱，好不舒心快意。在汤显祖的眼中，初来时的贫瘠遂昌如今已是令人艳羡的"仙县"。多年后，汤显祖在《牡丹亭》第八出《劝农》中有一段这样的描写："山也清，水也清，人在山阴道上行，春云处处生。官也清，吏也清，村民无事到公庭，农歌三两声。"这不仅是现实版的"桃花源"情景图，也可说就是汤显祖当年在遂昌下乡劝农的真实写照，至少也是汤显祖正在努力描绘的理想蓝图。

短短几年，遂昌竟能有这样显著的变化，这让汤显祖心中产生了进一步广施仁政的冲动。眼看新年就要到了，为什么不效仿唐太宗李世民将死囚释放回家的做法，让囚犯也能有机会在除夕与家人团聚？这是太平盛世的善举，也会有利于犯人的良心发现啊。果不其然，犯人回家过年，既团圆了当事者家人，又没影响到社会祥和欢庆的气氛，民众都是一片叫好声。

待囚犯全都如数按期回到监牢，很快又到了元宵节。遂昌县城到处张灯结彩，人们脸上喜笑颜开。汤显祖心中又琢磨开了：这些囚徒如此讲信用，我何不再成全他们一次，让这些人也能在元宵之夜，与县民同样观赏五彩缤纷的灯笼焰火、锣鼓喧闹的旱船舞龙？这也是大明王朝歌舞升平的明证啊。性情率直的汤显祖没有多想，就又一次作出了大胆的决定：在元宵夜组织囚犯到城北河桥上观花灯！

然而这一举措，却让那些平日里受到压制的当地豪强暗自高兴了：以前一直找不到机会整治这个胆大妄为的县令，这下可抓住了把柄，可以叫他吃不了兜着走了！

很快，一封又一封的控告信送到了上级部门，所控罪行无非是"哗众取宠""沽名钓誉"之类。在受到上司的训斥之后，让一心勤政为民的汤显祖心灰意冷，开始萌生了退出官场的念头。

不久，一伙朝廷派来负责开矿的宦官即将来到遂昌。这些被汤显祖讥称为"搜山使者"的特殊人物，过去曾在遂昌借机敲诈勒索，胡作非为，当地官员和民众对他们却敢怒而不敢言。就在这伙如狼似虎的"使者"再次来到遂昌时，汤显祖正在京城向吏部述职，报告遂昌的人口、垦田、钱谷等情况。得知这一消息后，汤显祖预知遂昌又将没有安宁日子，既然惹不起，索性脚底板搽油——溜之大吉吧，于是向吏部递交了一纸辞呈，不待批准就自动弃官回乡。

却说遂昌的吏民闻讯已任职五年的父母官去职，都恋恋不舍，立即派出代表赶去挽留功莫大焉的恩人，终于在江苏扬州钞关码头与挂冠而去的汤显祖相遇。深感来自遂昌的吏民代表涕泣请留的真诚,汤显祖十分感动,心中亦隐隐作痛。但弃官心意已决,覆水岂能收回?于是挥泪写下一首《戊戌上巳扬州钞关别平昌吏民》:"富贵年华逝不还,吏民何用泣江关?清朝拂绶看行李,稚子牵舟云水间。"随后便毅然决然地洒泪惜别,在众人的目光相送下乘船远去。

这一年是万历二十六年(1598年),汤显祖已是四十九岁。

惊世之作牡丹亭

如果说在踏入仕宦之途前,戏曲还只是汤显祖诸多特长中的一种业余爱好的话,那么弃官回乡之后,创作、饰演戏曲就是汤显祖的主业了。

在汤显祖呕心沥血精心创作的四大剧作中,让他最为满意,也是最著名、流传最广、对后世影响最深的,当属《牡丹亭》了。

剧作表现的内容并不复杂,写的是南安(今江西大余)太守杜宝,膝下只有一女名叫丽娘,正值青春妙龄之时。杜太守请了位老先生陈最良教女儿读书,学的第一首诗就是《诗经》的首篇《关雎》,是青年男子追求淑女的爱情诗。杜丽娘一遍遍念着诗句,不禁触动了内心深处的情思,于是与侍女春香游后花园。看到园中姹紫嫣红千姿百态的鲜花,心头顿时涌起难言的怅惘。转而回到闺房,很快伏在桌子上睡着了,梦中还与一位翩翩少年在牡丹亭畔相遇生情。待醒来后竟为此相思成病,不久即郁郁去世。家人按其遗言,把她安葬在后花园的梅树下,而自画像则由侍女藏于太湖石下。因此前杜宝已升任淮阳安抚使,便委托陈最良代葬女儿,并在后花园旁修建了一座梅花庵观。

三年后,广州书生柳梦梅赴京城临安(今浙江杭州)赶考,路过南安,因病暂寄宿在梅花庵里。为解胸中郁闷,来到与梅花庵连通的后花园赏景,而这里正是杜丽娘当年游览过的花园。无意间，柳梦梅在太湖石下发现一个木匣，里面有幅楚楚动人的少女画像，正是三年前的梦中佳人，于是爱不释手，终日观赏。一天夜里，杜丽娘的幽魂在花园游荡，见到柳梦梅，当即认出正是当年梦中所遇的少年，而柳梦梅也认出杜丽娘幽魂就是画中少女。于是杜丽娘要柳梦梅掘坟开棺，救她再生，两人遂结为夫妻。

复活后的杜丽娘被柳梦梅偷偷带到临安。待柳梦梅应试之后，两人来到杜宝任职的淮安。不料翁婿相见，杜宝竟勃然大怒，不仅吊打柳梦梅，还将他带往临安，向朝廷上奏柳梦梅私掘坟墓之罪。柳梦梅只得上书自辩，杜丽娘亦上朝申诉。最后经皇帝批准，两人得以夫妻团圆。

全剧的故事脉络并不复杂，但若细细读去，就不难发现，共五十五出的《牡丹亭》，几乎每出戏都充满了凄美的情趣和幽默，每个场景都充溢着深沉的怨恨与悲凉，要求个性解放的思想倾向与浪漫夸张的艺术手法不仅别具一格，而且达到了前所未有的高峰。尤为震撼的是，《牡丹亭》第一次让几千年来生活在社会最底层的女性不是借助父母之命、媒妁之言来决定自己的婚姻大事，而是独立自主地追求个人幸福，这在封建时代不啻是一声响彻寰宇的惊雷！诚如汤显祖所言："梦中之情，何必非真，天下岂少梦中之人耶？"

在剧中，有许多脍炙人口的词句，让人过目难忘，反复咀嚼，更觉余味无穷。例如：

情不知所起，一往而深，生者可以死，死可以生。生而不可与死，死而不可复生者，皆非情之至也。

这般花花草草由人恋，生生死死随人愿，便酸酸楚楚无人怨。

原来姹紫嫣红开遍，似这般都付与断井颓垣。良辰美景奈何天，赏心乐事谁家院？朝飞暮卷，云霞翠轩；雨丝风片，烟波画船。锦屏人忒看的这韶光贱！

梦短梦长俱是梦，年来年去是何年。

三分春色描来易，一段伤心画出难。

白日消磨肠断句，世间只有情难诉。

……

无怪乎汤显祖自己也认为《牡丹亭》是得意之作，他曾说过这样一句话："一生四梦，得意处惟在牡丹。"足见对《牡丹亭》的珍爱。

为了写好这部剧作，真实表现出剧中人物的至情至性，汤显祖几乎倾注了自己的全部精力，甚至设身处地去亲自体验剧中人的情感。

一次，时间早已过了饭点，夫人见汤显祖仍伏在书桌前凝神撰写他的《牡丹亭》，就忍不住问他："夫君如此沉迷，难道肚子不饿吗？"汤显祖好不容易回过神来，笑道："我脑子里整天都在和杜丽娘、柳梦梅、春香这些人周旋，哪里还顾得上肚子要吃饭的事呀。"

又有一次，夫人亲自往书房给汤显祖送饭，不料里面空无一人。再四处寻找，也无人应。正在慌乱之时，从虚掩的柴房里隐隐传来男人的恸哭声。随即推门一看，夫君正在掩面抽泣伤心落泪呢。夫人忙问个中缘由，原来是汤显祖写到《牡丹亭》中的《忆女》这场时，为了更真切地体会剧中春香睹物思人的情感，为了避免被人打搅，就独自一人进入柴房，想象春香陪老夫人到后花园，祭奠死去三年的杜丽娘的情景。当春香低头看见自己身上所穿的罗裙，恰巧是丽娘生前所穿过的，而今物是人亡，情发于中，忍不住就哭出声来了。

夫人听后，又是埋怨又是心疼地拉起汤显祖："你要找感觉，干嘛非得到又黑又脏的柴房里呀？一个人关在书房里也行啊！"

如此倾心创作，使《牡丹亭》甫一问世，就以其无与伦比的思想深度和艺术高度，引起了巨大轰动。

明代杂剧家吕天成评价《牡丹亭》："惊心动魄，且巧妙迭出，无境不新，真堪千古矣!"

明代戏曲理论批评家沈德符则说:"《牡丹亭梦》一出,家传户诵,几令《西厢》减价。"

而不可计数的读者中,据说有许多往往将自己置身其境,为之伤感过度而不能自拔,以致酿成悲剧的。

娄江有位待字闺中的女子俞二娘,"秀慧能文词",特别喜爱《牡丹亭》剧本,不仅用蝇头小楷以红字在书中大量画圈写注,还将自己不如意的命运与杜丽娘两相比较,以致终日忧思寡欢,竟郁郁而终。

汤显祖惊闻这一消息后,十分痛惜,特地写下《哭娄江女子二首》:"画烛摇金阁,真珠泣绣窗。如何伤此曲,偏只在娄江?""何自为情死?悲伤必有神。一时文字业,天下有心人。"

广陵(今江苏扬州)有位叫冯小青的女子,阅读《牡丹亭》之后,有感于自己的身世,竟气绝而亡。临终前作了一首绝命诗:"冷雨幽窗不可听,挑灯闲看《牡丹亭》。人间亦有痴于我,岂独伤心是小青。"

杭州有位叫商小玲的女伶,色艺俱佳,最为擅长饰演杜丽娘,但自己却不能与心仪男子共结连理。一日,在演至杜丽娘花园寻梦时,猝然倒地而亡。

还有一位因沉迷于《牡丹亭》剧情,把作者汤显祖臆想成剧中主角柳梦梅那般的风流才子。结果当她与剧作家汤显祖真正见面时,发现心中的偶像居然是一个白发苍苍的老人了,巨大的反差让她无法接受,竟绝望地投河自尽!

2008年,美国著名文艺评论家丹尼尔·布尔特(Daniel. S. Burst)博士出版了《100部剧本:世界最著名剧本排行榜》一书,汤显祖的《牡丹亭》是唯一入选的中国剧本,名列第三十二位。这位评论家还认为:在世界戏剧中,没有比汤显祖的《牡丹亭》更广泛和美好地探索爱情的作品了。

而由台湾著名作家白先勇改编的青春版昆曲《牡丹亭》，则让四百多年前的这一世界级名剧不仅走进了大学校园，还成为二十一世纪初苏州昆剧院的吸睛主打剧目。

泽被后人梦中情

《牡丹亭》的初稿，应是在浙江遂昌完成的。当他愤而辞官返回家乡不久，就在临川着手排演之事了。

汤显祖回到临川老家三年后，朝廷吏部和都察院才以"浮躁"为由，正式给他"罢职闲住"的处分。此时的汤显祖自称"偏州浪士，盛世遗民"，不再关心所谓"天下大事"，而是自号"茧翁"，从此全身心地投入到戏剧创作和演出之中。虽然生活清贫，有时甚至到了只能喝粥度日的地步，但他却指着满床的书自嘲：有了这些宝贝就不贫！并将自己的寓所命名为"玉茗堂"，只因为当地生长的"玉茗花"有着白净如雪，清香悠悠，不惧寒霜的特性，还有着黄庭坚、范成大、曾巩、陆游等名家赞美过的声誉。

在居家的日子，汤显祖平日足迹所至，最远亦不过南昌。大多数时间，他都沉潜于新作品的创作，《邯郸记》《南柯记》相继出炉，继而将年轻时写的《紫箫记》做了重大改编，重新题名为《紫钗记》。

由于汤显祖坚持追求人生的至情至性，因而抱有写戏剧就是要表达人的感情，因情成梦、因梦成戏的创作理念。汤显祖的四大剧作，常被世人统称为"临川四梦"，或"玉茗堂四梦"。

在汤显祖的"四梦"中，除《牡丹亭》外，三十出的《邯郸记》写的是名为卢生的穷书生一贫如洗，在邯郸旅店中遇道士吕洞宾授其一枕，随即进入梦中。在他还未睡时，店主已开始蒸黄粱米饭。梦中，卢生迎娶名门女子，高中进士，当了二十年宰相，封国公，食邑五千户，官至上柱国太师。卢生的子孙也得以高升，临死之际还在念叨着身后的赠官谥号与青史留名。谁知一梦醒来，店主蒸的黄粱才刚熟。于是卢生悟破人生，跟随吕洞宾出家。

四十四出的《南柯记》则是根据唐代传奇小说《南柯太守传》改编的。剧本中的淳于棼酒醉后梦入槐安国被招为驸马，和公主结婚。后任南柯太守，政绩卓著。公主死后召还宫中，加封左相，权倾一时，淫乱无度，最终被逐出朝廷。醒来时才发现只是做了一场美梦，梦中的槐安国不过是个蚂蚁国而已。于是被契玄禅师点醒，度他出家。

五十三出的《紫钗记》系根据汤显祖早期的《紫箫记》重新改写而成。剧中陇西才子李益游学长安，在元宵夜观灯。名门之女霍小玉与家人也来观灯，头上佩带的紫玉燕钗被梅枝挂落而不知，恰被李益捡到。以此为信物，两人结为夫妻。后李益应试洛阳，高中魁首，被权臣卢太尉相中，欲招为女婿被拒。几经卢太尉离间，幸得好心人黄衫客仗义相助，终化悲为喜，夫妻得以团圆，李益为霍小玉重新佩戴上紫玉钗。

万历四十四年（1616年），一代伟大的戏剧家汤显祖在家乡逝世。如同史籍所论，他一生"意气慷忾"，"蹭蹬穷老"，虽"为官不济"，却"为文千古"。

汤显祖逝世一百五十年后，清代著名戏曲家、文学家，同为江西人的蒋士铨以汤显祖为主角，撰写了一部上下两卷共二十出的传奇剧作《临川梦》，以纪念这位先贤。

日本著名汉学家青木正儿首次将中国的汤显祖与西方的莎士比亚相提并论，称之为世界戏剧史上的"双星"。

二十世纪末以来，有些专家学者主张建立一门"汤学"，以更广泛、更深入地研究汤显祖其人及"临川四梦"。

2015年4月，我国发行第四组"中国古代文学家"邮票，其中第一枚即为汤显祖。

在汤显祖的家乡抚州建有规模宏大的纪念馆，展示其光明磊落的一生和流传千古的"临川四梦"。

在浙江遂昌也建立了汤显祖纪念馆，介绍其生平和在遂昌的政绩。"中国汤显祖研究会"亦挂牌于此。

朱耷：
自称山人的巨匠

国破家亡的王孙，参禅念佛的高僧，玄妙莫测的画家，水墨写意的宗师。构图别出心裁，技巧出神入化，诗意佶屈费解，书法自成一体。他是一座巍然耸立、难以逾越的艺术高峰。

绘画作品和文学作品虽然都是人类表情达意的艺术形式，但由于绘画以形取胜，因而不仅更为直观也更易被更大范围民众接受，即便从历史渊源来看，绘画作品的出现也要比文学作品的出现早得多。

据考证，最早的原始艺术之一——岩画，距今最为久远的已存世长达四万年，是远古时期人们在石头上的绘画，记载了先民的狩猎活动等情形，也展现了先民的精神生活状态。而文学作品的出现，大概只有几千年的历史。

欧洲文艺复兴时期美术最高成就的标志，应以达·芬奇（1452—1519）、米开朗琪罗（1475—1564）、拉斐尔（1483—1520）为代表。他们使理性与情感、现实与理想在美术作品中获得了完美统一，使形体与空间的关系获得了高度和谐，从而为再现性的美术确立了一种经典样式，给后世提供了效法的最佳范例，对此后几个世纪的欧洲美术发展产生了巨大影响。

中国的绘画，在经历了漫长的岩画、彩陶、帛画、漆画、壁画等或先后出现或相互共存的漫长时期后，开始出现了以墨为主，主要用点、线、面来表现人物和山水花鸟的画法，最成熟的当为主要绘制在宣纸上的水墨画。中国水墨画最重要的特点，就是以心观景，以心思物，也就是以"见心之所见"来观察事物，有意识地进行艺术上的追求和取舍，经过主观的概括、分析、提炼形成意象，然后加工成艺术形象，即所谓"外师造化，中得心源"。所以中国画不拘泥于物体外表的形似，而是"以形写神"甚至"遗貌取神"，追求一种"妙在似与不似之间"的韵味，寄寓深远高雅的意境。

可以说，中西方绘画艺术之间的差异很大，中国画以线造型，以写为上；传统的西画以面造型，以描绘对象为主。中国画以抒发个人感情，表现画家自己的性格为主；西画以分析对象、表现对象为主，个人激情、感情发挥得很少。其实这种看似存在鸿沟般的差别，在美国艺术收藏家、鉴赏家阿瑟·赛克勒看来，却存在这样的借鉴关系："印象派、立体派和抽象派以及现代和当代绘画和雕塑领域中的各种创新，都可以在亚洲前期书法、绘画和雕塑中找到雏形。"

那么，在中国历代画家和作品中，对西方产生过影响的有哪些呢？

毫无疑问，产生过影响的名家名作有很多，但其中清初朱耷（八大山人）的水墨写意画是让西方人最为崇尚的作品之一。当然，朱耷的水墨写意画对三百年来的中国画坛产生的巨大影响更是难以估量。

长在王宫　艺术浸淫

朱耷（1626—1705），谱名朱统𨨗，字雪个，号个山、人屋、道朗、八大山人等。

明天启六年（1626年）十月二十三日丑时，朱耷出生于南昌。他不但是画坛的旷世奇才，为天下人知晓，还有着显赫的身世，是明朝开国皇帝朱元璋第十七子、南昌宁献王朱权的第九代嫡孙。

朱耷的祖父朱多炡（1541—1589），字贞吉，号瀑泉，虽被封为"奉国将军"，却喜好周游各地，能诗工书，尤其擅长绘画，山水花鸟均能做到入微传神。后来朱耷在自画像《个山小像》中，就不无自豪地题诗自述："瀑泉流远故侯家，九叶风高耐岁华。"其中"瀑泉"即指其十分尊崇却未曾觌面的祖父，而"九叶"则是说从先祖朱权算起到自己这一辈，已绵延九代了。父亲朱谋鹳，虽自小就聪慧异常，却生来即喑哑，但这并未妨碍他在绘画方面卓有成就，名噪江右。据记载，他长于画山水花鸟，"兼文（徵明）、沈（周）、周（之冕）、陆（治）之长"，可见其画技之高。朱耷的叔叔朱谋垔在绘画方面同样了得，还撰写了一部《画史绘要》传世，是后人研究明代画史的重要依据。

朱耷的祖辈、父辈之所以世代钟情于书画，并非完全得益于遗传或是家庭教养，而是以前有过鲜血淋淋的沉痛教训，不得不选择沉溺于书画艺术之中，以示夹着尾巴做人的苟且求生意向。早在宁王朱权第五代孙朱宸濠时，就因恃才自傲发起兵变，最终失败，落了个挫骨扬灰、死无葬身之地的悲惨下场。以此为戒，宁王后代都只能强制熄灭政治抱负，一意寄情文化艺术。这也是在皇权高压之下，藩王家族必须世代小心谨慎遵照力行的韬晦图存之计，自保无虞之策。

可以想见，朱耷出生在这样一个以诗画技艺世代相传的王府里，每日耳濡目染的，几乎都是与绘画书法相关的笔墨纸砚。身为丹青高手的父亲虽不能言语，却始终不忘手把手精心传教，加之王府中高水准的文化教养条件和浓郁的艺术氛围，朱耷如鱼得水，在诗文典籍和书画艺术的海洋中尽情遨游。据记载，朱耷自幼就十分聪慧，领悟能力超群，早在八岁时，就能作诗。

到朱耷十一岁时，已能够画青绿山水。要知道画这青绿山水看似容易，实则难度颇高，可不是新手能驾驭的。这种技法始于唐代，至明代形成高峰。它以矿物颜料石青和石绿为主，多表现色泽艳丽的丘壑林泉，要画好难度很大，因而青绿山水在中国古代绘画艺术中占有重要地位。朱耷在十一岁时就能画青绿山水，足见他幼年时即开始累积宽泛厚重的中国画技法基础。

少年时的朱耷曾画过一枝荷花，在池塘中呈半绽开状，加之离披的荷叶相衬，显得生意盎然，家人都纷纷拍手叫好。于是精心装裱一番，悬挂在厅堂内。来客见了，都夸赞这幅画能给人清风徐来、香气四溢的轻松感，仿佛置身在风景秀美的野外塘边似的。

又有一次，朱耷在丈二的宣纸上画了条龙。只见这条在云间飞升的巨龙，张牙舞爪、神态逼真，蜿蜒灵动，栩栩如生，好像要冲出纸面，腾空而去。有观者叹道：只怕是当年以喜欢假龙闻名的叶公，也要和见了真龙一样，惊吓得大呼小叫，赶紧夺门出逃了。

其实朱耷不光画得好，还博览群书，又性格活泼，喜好在人前侃侃而谈，频发议论，常引得听众为之倾倒；加之他说起话来诙谐幽默，三言两语之间，往往让人笑得捂着肚子喘不过气来。

学习绘画的同时，朱耷还在书法方面有所成就，可以做到悬腕临写北宋著名书法家米芾的小楷。这既与中国"书画一家"的理念密切有关，更有他的祖父和父亲喜好米芾书法绘画带来的熏陶。此外，朱耷在篆刻方面亦有所涉猎，有精深的功底。

明王朝为了防止皇族中出现内乱，曾在《国典》中明文规定："公姓不得赴制艺。"也就是说，出身高贵的皇族宗室子弟不得参加科举考试，他们只须享受钟鸣鼎食、诗礼簪缨的优雅富贵生活即可，根本不需要像普通人家的子弟那样，必须先经寒窗苦读，方有可能博取功名利禄。然而这一先祖禁令却压抑不住部分王室子弟参加科考从政的热情，毕竟他们自小所处的环境就脱离不开政治的土壤。既然作为王室后裔不行，那我就主动去除自带的金光闪闪身份，只作为一介平民参加科考，不就合理合法了吗？事实上，持有这一想法的朱姓子弟还真不少。在他们看来，自身才华只有在科举考场上才能纵情绽放，只有这样才可既不负满腹诗书，又能踏上"学而优则仕"的为官之路，更可借此激励自己努力奋斗，不致在富贵安乐窝中沉湎，碌碌无为自甘堕落而沉沦。

直至明后期，朝廷反复权衡利弊才算开了个小口子，允许皇族宗室子弟参加科考，但必须是以"民籍"，即只能以普通百姓身份参加科考。这对那些饱读诗书、才华横溢的皇族宗室来说，无疑是一个祖父辈人都不曾享有过的天大机遇。

朱耷，就是这样一个勤奋刻苦、心存大志的天才少年。在他少年时，就自动放弃爵位，以民籍参加相关的科举考试，因成绩优异而名列前茅，引得当地的那些文士硕儒赞叹不已，直呼这位王子前程未可限量。朱耷不到十九岁时，已是一名有了秀才资格的"诸生"，在博取功名的"进士业"

道路上迈出了重要一步。

如果大明王朝就这么风平浪静地再延续几十年，天资聪颖多才多艺又自强不息的朱耷，定将顺顺利利地走上一条光明坦荡的仕途。

埋名寺院　僧名传綮

明崇祯十七年（1644年）三月十九日，李自成率领农民起义军攻入北京，崇祯帝朱由检自缢于煤山（今景山），明朝遂告灭亡。

这年朱耷十九岁，还不到弱冠之年。

大明王朝的覆亡，给朱耷一家带来了灭顶之灾。沉疴在身的父亲得知这一噩耗后，很快就陷于昏迷不醒的状态，熬过了很短的一段时间后，父亲就在惨痛呼告中，永远地离开了他留恋不舍的众多家人，还有他挚爱终生的绘画……

不难想象，大明的改朝换代，亲人的生死相隔，这对朱耷的心灵摧残有多大。昔日王室后裔所享有的温柔富贵，仿佛只在顷刻间就全都化为乌有，此时此刻不仅凄惨无助，甚至有生命之虞。

还未等朱耷一家从巨大的悲痛中缓和过来，很快就不断传闻清军即将挥师南下，意在悉数剿灭前朝的皇亲国戚，扫荡反清义士的各种消息。

即将血洗南昌的风声越来越紧，所有的王室成员大都仓皇逃出南昌。南昌名士彭士望曾写诗述及这一惨状："王孙各窜伏，困苦无完裳。谁为杜子陵，见汝哀彷徨。"当时在南昌的其他王室子弟，在逃难时大都易姓改名。如后来被列为"易堂九子"文学团体重要成员的朱议霶，改名为林时益，遁迹赣南山林数十年，一直沿用终生，不再恢复原来的姓名。

得知清军即将进攻南昌的消息后，朱耷带着母亲和妻儿，匆匆收拾好行李，迅速加入了逃难的队伍。好不容易乘小船渡过赣江，起初只是前往离南昌城区三四十里地的梅岭洪崖山中避祸,以为躲过风头就可回到南昌,再不济也还可以过上普通市民的日子。

然而呼啸南下的清军攻占南昌后,锋镝首指王室成员。不仅昔日王宫被抄,连带王子王孙不是被押赴京都,就是被就地诛杀;其余沾亲带故人员,一律扫地出门。

接二连三的坏消息让母亲和妻子为朱耷的生命安危终日忧心忡忡,不断地劝说甚至是哀求朱耷去更远的西部山区躲避灾祸。而她们自己毕竟是妇女带着婴儿,不会有什么危险,也就不必拖家带口,免得目标太大难以躲过被追杀的厄运。起初朱耷听了没有理睬,更没放在心上,只想着全家人能团聚在一起,比什么都重要。可日子稍长,清军擒杀原明宗室无论长幼的残酷现实,迫使朱耷不得不孤身一人继续向西奔逃,以遁迹山林,远避杀身之祸。

随身携带上必不可少的简单行装,朱耷开始了不知何处是尽头的逃亡之旅。

几乎是慌不择路的朱耷只知道往人烟稀少的偏僻处奔逃。在这一路惶恐逃命的过程中,朱耷到底经历了哪些艰难困苦,这已没法查验。只是根据极为有限的资料,知道在某一天,朱耷来到奉新会埠地界的头陀寺,遇到了日后跟随二十余年、受影响大半辈子的恩师颖学弘敏法师。

这位颖学弘敏(1606—1672)不是个寻常人物。他俗姓陈,江西宜丰人,从小就一直不吃荤腥,因读《楞严经》而起出家的意愿,遂在奉新头陀山定慧寺(即头陀寺)剃度,还到广丰博山能仁寺拜雪关智訚为师,成为他的入室弟子。师傅去世后,颖学弘敏从广丰回到奉新头陀寺讲经说法,还广游各地寺庙参禅拜佛。《进贤县志》称他:"天资高朗,机锋迅彻,而随分接引,多所拯拔……隐居介冈之灯社及奉新芦田。"多年后,颖学弘敏已成为大德高僧,被推为曹洞宗的第三十世传人。

从朱耷的面相和言谈举止,颖学弘敏即知他绝不是个正在逃难的普通百姓,于是力劝朱耷暂且栖身头陀寺,将来去向如何则待机而定。要知道当时敢于擅自收留一个疑犯,这可是要冒很大风险的。

朱耷自然明白颖学弘敏的一片好心,加之自己也确实是走投无路,于是就听从师傅的嘱咐,穿上了一袭袈裟,在寺中学佛念经。

转眼数年过去。在这期间,朱耷经多方打听,得知自己留在南昌的母亲和妻儿均相继去世,不由得肝肠寸断,万念俱灰。待大悲大痛过后,自觉俗世的所有牵挂都已一一了断,心情反倒渐渐平静下来。此时的他思前想后,终于洞明了时势前途:昨日大明江山已易主改朝,今世此生再无回头之路。放眼来日,或许终年累月与青灯黄卷为伴,才最适合自己苟且生存。于是朱耷身着出家人衣服,终日埋头潜心研读佛经,经常言含禅理,语露机锋。看到朱耷的新面貌,师傅和其他僧众免不了会夸赞他"悟性很高"。

时隔不久后的顺治五年(1648年),进贤介冈鹤林寺的出家人慕名来到奉新头陀寺,邀请颖学弘敏前往住持。已学佛小成的朱耷,自是欣欣然跟随恩师一起来到介冈。

顺治十年(1653年),朱耷在鹤林寺由颖学弘敏为其正式"薙发"出家,并授法名"传綮",号"刃庵",自此就算正式告别了自己的俗世人生。打这以后,朱耷便以"传綮"法名,跟随师傅这位大德高僧,或静待寺中学佛参禅,或云游四方广结佛缘。

虽然朱耷本名已被"传綮"佛号取而代之,并渐渐成为一名众人眼中的得道高僧;但国破家亡的残酷现实,仍是面容平和的朱耷埋藏在心底的巨痛,并伴随着他的终生不曾消减。

顺治十六年(1659年),师傅由进贤介冈前往奉新芦田开始创建"耕香院"。这块坐山面水、负阴抱阳、泉鸣林静、草青桂香的宝地,确实环境优美,是兴建佛寺禅林以作修行的上佳之处。自此以后,朱耷就与师傅经常往来于进贤介冈与奉新芦田之间,帮助师傅操心创建耕香院的大量事务。历经八年辛苦劳作,直至康熙六年(1667年),规模不小的耕香院才正式落成。无论是在康熙十一年(1672年)冬师傅圆寂时,还是在自己五十二岁时依依作别耕香院后,朱耷都一直将这里作为自己无可替代的精神家园。朱耷最为珍重的"个山小像"等画作,以及镌刻有"刃庵""雪衲"等印章,都留存在让他难以忘怀的耕香院。

在进贤鹤林寺和奉新耕香院参悟佛理的这段时期,有师傅的指点和护佑,让朱耷的身心倍感放松。研经学佛之余,朱耷还重操笔墨丹青,画出了一幅幅水墨画。后来将其中的一部分收集起来,形成了朱耷第一部存世的早期作品集《传綮写生册》。这部画集中的图像均偏于写实,相较他后来的画略显拘谨,题诗多充满禅理、禅义和禅机,如《西瓜》:"无一无分别,无二无二号。吸尽西江水,他能为汝道。和盘托出大西瓜,眼里无端已著沙。寄语土人休浪笑,拨开荒草事丘麻。从来瓜瓞咏绵绵,半熟香飘道自然。不似东家黄叶落,漫将心印补西天。"不难看出,朱耷在画中借助蔬果花草木石等纯写实的形象,以隐晦的偈诗寄托自己难以直言的胸襟,让人在观画读诗时,只能清晰辨识所画何物,至于暗寓的诗意,则往往费尽心思亦未必能参明悟透。可以说,这种含混不清、难明真意的隐喻效果,或许正是朱耷的真实用意所在,由此可以保护自己免遭文字狱的风险。

康熙十一年(1672年),颖学弘敏圆寂后,已深谙禅宗的曹洞、临济两个支派精髓、追随师傅长达二十余年之久的朱耷被正式指定为耕香院的新住持,曹洞宗的第三十一代传人,时年四十七岁。

朱耷对佛理的精熟,加之高超的画技,使他在周边禅林和地区的影响越来越大,以至跟随他的弟子竟多达上百人。这些弟子中,有些后来也成了受人尊重的高僧。

朱耷在耕香院担任住持的日子,处理例行的佛事活动之余,有了比以前更多的时间可以沉浸于他所钟爱的绘画世界中。随着他的画作越来越多，他的画名传播得越来越广，想结交他的各色人群也越来越多，无形中的烦恼羁绊也越来越多。日积月累，不免让朱耷开始潜滋暗长了求新求变的想法。

这段时期朱耷的生活还是很舒适安逸的，但是他的心里却仍然平静不下来。个中原因，除了国破家亡的痛苦之外，还有着如何走未来之路的迷惘，难道自己的一生真的就这么伴着经书黄灯还有书画，与世隔绝般悄然度过吗？为什么不能随心所欲地去追求"携书画云游天下"的自在生活呢？

隐身市井　八大山人

康熙十三年（1674年）的五月初八，朱耷遇到自己的老友，也是一位画家的黄安平，于是请他为自己画了幅写真图，也有研究者认为是朱耷托名的自画像。不论是谁所画，总之朱耷对这幅画像非常重视，郑重其事地将其取名为《个山小像》，或许此时他已萌生出走佛门的念头，做个云游四方的"蓑笠翁"。三年后的康熙十六年（1677年）秋，朱耷特地携带这幅画，从奉新芦田耕香院远赴进贤介冈菊庄，前去请也是投拜颖学弘敏的同门师友饶宇朴在自己的画像正上方题跋。从友人的题跋和他自己的题跋中，不难看出朱耷已有很清晰的改变现状的想法，即脱离佛门，携书画云游天下。

朱耷去进贤菊庄的同年二月，有位叫胡亦堂的来到与进贤相邻的临川任县令。平日里这位胡县令也喜好舞文弄墨，附庸风雅。这年末，得知诗书画俱佳、前两年就已相识的高僧传綮在进贤，与自己管辖的地盘很近，于是他求贤若渴，隔三岔五不是去进贤菊庄拜访朱耷，就是相邀朱耷来临川县城聚会。即便这样见面频繁，胡县令仍觉得走往太不方便，大有"一日不见，如隔三秋"的遗憾，最后索性以自己修建的梦川亭落成典礼为名，拟举办"梦川亭诗会"为缘由，特邀朱耷前往临川出席。数年后，胡县令专门出了本《梦川亭诗集》，收录诗共二百八十九首，内有不少是与朱耷唱和的诗作，其中直接提到朱耷字、号"雪公""个山"的，多达二十八首，足见其对朱耷是多么喜爱和敬重。诗集印成后，胡县令还特地赠送了一本给朱耷。二十多年后的康熙四十二年（1703年），已是七十八岁高龄的朱耷还将自己珍藏的《梦川亭诗集》，推荐给编辑清初诗歌选集《国朝诗正》的朱观阅读，可见朱耷也很珍视与这位胡县令之间的相知友谊。

实事求是地说，胡县令的确是由衷欣赏钦佩朱耷这位多才多艺的高僧，所以才会力邀朱耷来临川。只是让朱耷万万没有想到的是胡县令一留再留，竟将自己强行留在临川一年多还不让离开！

长此以往，将如何是好？朱耷不由得犯起愁来，无论如何都得想办法逃离临川县城。可胡县令盛情难却，看来还得想个巧妙办法，不要伤了和气才好。

想来想去，唯有早已去世的哑巴父亲值得自己借鉴，很可能这也是万全之策，既可让胡县令再没理由让自己久留，又能借机出走实现自己的还俗心愿。主意拿定，朱耷就开始分步实现自己的计划。

先大书一"哑"字，贴在住处的门上。然后装哑，不再与人说话。若是有人要与自己交谈，只是点点头。闲来没事，听别人谈古论今，说到与自己会心处，也只是哑然失笑，发出"嘎嘎"的声音。

如此坚持了半年，不说一句话，想想也真难为了朱耷。

不过也有过出错的时候。有一次，朱耷旁观别人下棋。结果在棋下到紧要处时，正全神贯注观棋的朱耷忘记了自己是不会说话的"哑巴"，竟情不自禁地失声叫了起来，顿时让下棋的和围观的都惶然不解，大感惊愕。面对这一尴尬场景的朱耷，不知是如何遮掩过去的，估计事后肯定会招来人们的疑惑和议论。

既然伪装成哑巴难免露马脚,那就索性一不做二不休,来个装疯卖傻求得瞒天过海吧。

很快,出现在临川民众眼前的朱耷,已不再是往日那个德高望重、面容祥和的诗画名僧释传綮,而是一个既熟悉又陌生的"疯子"了。只见他每天身穿一件又脏又破的内衣到处转悠,昔日那身合体洁净的僧袍已被他撕碎后点火焚毁了。有时他突然伏在地上痛哭流泪,转瞬又仰天大笑;有时当街狂呼大吼,很快又会边敲着肚皮边高歌乱舞……

又过了几天,人们发现那个疯疯癫癫的和尚传綮,已不知所踪。时间一长,人们也就淡忘了县衙里曾经有过一位叫传綮的高僧。

不知所踪的朱耷是在一个星夜独自离开临川县城的。那天晚上,朱耷凭着直觉,一脚高一脚低地朝着西北方向走。远在西北方向的南昌是自己的出生地,那里有一座王府曾是自己温馨的家。

也不知走了多长时间,朱耷来到一幢残垣断壁的破屋前,周围只有茅草水塘,没有人家。于是朱耷敲门喊了几声,听不到回答,就径自推门走了进去。

朱耷在屋里转了个遍,发现这里很像是一座废弃已久的道观,屋檐处依稀可辨"天宁观"三字。于是暗自寻思:想来这里离南昌不远,我何不就落脚于此,图个自在呢?

朱耷选择落脚的地方,后来被他更名为"青云圃"。好在这里距当时的南昌城区不过十来里远,真是个来去方便、且傍着繁华喧嚣的简朴清静之地。想到这些好处,朱耷便决定在这里安顿下来。后来他与极少数故旧接上头,并对破屋稍加修缮,残缺的日常用品略加整理或添置,就在这里开始进入书画创作的新阶段。许多年后的清嘉庆二十年(1815年),状元戴均元来到这里,认为"青云传谱,有牒可据",于是将"青云圃"更名为"青云谱"。此后一直沿用至今，还成了一个县级行政区的名称，而原址则成了现在的八大山人纪念馆。

青云谱虽离城里不远，可徒步行走也不算轻松。过了一段时间，朱耷不由得动了搬迁的念头。既然已决意走出枯寂的禅林，而独居空旷无人的荒郊，虽有可随心所欲的自由，可各种窘迫困顿也是显而易见的。古人说"大隐隐于市"，只要我不张扬，住在城里既可得市井生活之便利，还可有朋友往来之畅快，何乐而不为呢？

又过了段时间，朱耷挑了个南昌城区的僻静小巷，找了间不起眼的小屋，就此长住下来。虽然他已蓄发还俗，但仍常与朋友相约于北竺寺、普贤寺会面喝茶叙谈。这年，时序已是康熙二十年（1681年），朱耷年届五十六岁。

安定下来后，自此南昌的大街上小巷中，人们经常会见到一个面容憔悴的长者，头戴布帽、身穿烂袍、趿拉着一双前露脚趾后露脚跟的破鞋，晃着长袖快步行走。周边的大人谁也不认识这个怪人，不懂事的小孩以为朱耷只是一个乞丐，往往跟在后面讪笑不止。时间久了，左邻右舍的市民知道朱耷生活清苦，常会带上一些食物甚至一壶老酒去看望他。吃饱喝足，面色微醺之时，朱耷自感无以回报，于是铺纸磨砚，提笔泼墨，仿佛是倏忽间就挥洒出一棵白菜、一条鲈鱼、一只飞鸟，活灵活现，然后顺手将画送给前来的好心人。

在此之前，朱耷在画作的落款多为"传綮""个山"的名号，现在的落款则改为"个山驴"甚至只有一个"驴"字。

一个偶然的机缘，朱耷得到一册《八大人觉经》，如获至宝。这是一部阐述八种大智慧的经文，如"第一觉悟：世间无常，国土危脆……"，深深地触及了朱耷的心灵。由此感发，朱耷为自己重新起了一个名号：八大山人。据清代陈鼎所作的《八大山人传》记载，朱耷对此的解释是："八大者,四方四隅,皆我为大,而无大于我者。"果若如此,后面的"山人"又作何解?两者相连,莫非是暗指"至高至大与世无争的山野之人"?不管怎么说,朱耷对自己的这个新名号非常中意,在此后二十年的书画作品中,全都署上了"八大山人"的名号。

随着朱耷书画的流传,他在民间的影响也越来越大。据说喜欢朱耷画画的普通百姓,为了得到他的作品,又知道他酒量不大却爱喝几杯的嗜好,常邀请他去酒店喝酒。待酒过三巡,就将早已准备好的笔墨纸砚端将出来,请已显醉态的朱耷当场泼墨。而那些有钱有权又喜欢朱耷画作的富贵之人,只因朱耷对他们横眉冷对,所以虽愿出重金亦不能得到哪怕只画了一块石头的作品,只得屈尊设法从那些贫民、僧人、屠夫和卖酒郎手中购买。

有位将军想要朱耷的画,于是请他住在将军府,好吃好喝精心招待。谁知过了两三天,朱耷仍没动笔,将军就不放他走。朱耷见脱身无门,就在客厅里拉了一坨屎,弄得到处臭气熏天。无可奈何的将军只得捂着鼻子,挥手赶朱耷快快出门。

还有位巡抚也喜欢朱耷的画,便下了个请帖,邀他到自己的官衙作画。不料送帖衙役虽反复申明主人的诚心实意,朱耷仍坚辞不去。

有好事者得知将军、巡抚欲索画皆讨了个没趣的结果,就问朱耷为什么要抹他们的面子?朱耷慨然答道:那个将军不过是一介武夫,哪懂得什么画呀,拉坨屎给他也就足矣;至于这个巡抚嘛,本应是个知书达礼之人,却不来见我,反倒要我去见他,根本就没有半点诚意。

渐渐地,越来越多的人知道在南昌某处的小巷陋室里,有一位诗书画印都精妙的高手,于是前来切磋技艺的、索要画作的,几乎络绎不绝。然而他们却不可能明白,朱耷那众多"遣兴泼墨为画,任人携取"的画作,看似随意平常,其背后所潜藏的厚重文化艺术价值,却是无法估算的。

朱耷在南昌乃至江西周边地区的画名越来越大。生年略晚于朱耷的画家郑板桥曾这样说道:"八大名满天下,石涛名不出吾扬州。"

然而并没有多少人知道,年逾花甲其貌不扬的朱耷,既谦卑又狂傲的"八大山人",绝不只是个普通的画匠,而是一位生活拮据困顿的旷世艺术奇才,一位注定要在中国美术史上浓墨重彩留名的画坛宗师!

淡泊名利　书画无价

随着朱耷的名气越来越大,接踵而来的烦恼也越来越多。

曾与朱耷有过从早至晚雨夜共宿长谈之谊的邵长蘅在《八大山人传》中这样感叹:"世多知山人然竟无知山人者。"认为朱耷的名号虽然广为人知,但真正懂得朱耷内心的可说没有一人。正是因为朱耷"胸次汩浡郁结,别有不能自解之故",于是世人仅根据朱耷有时狂躁不能自控、有时喑哑不能言语的玩世不恭的生活态度,就断言说他是狂士,或者说他是高人。这些都是很浅薄的表层印象,真是让人为之哀痛不已啊!

此时的朱耷虽已六十多岁,但身体仍很结实。可是无休止的喧嚣烦扰,想逃名反被名羁绊的现状,这并不符合朱耷当初的心愿呀。盛名之下,他反复思忖:天下之大,高士多出,我岂能囿于南昌一地而不得相见。于是在他六十六岁那年,真正踏上了实现他梦寐以求的"携书画云游天下"的旅途。

最初,朱耷选择在江西境内游历,此后又沿江而下,饱览名胜,广交画友。从此时起,他开始致力于大幅山水画,甚至是花鸟画也喜欢作大型的构图,只是简洁、淳厚、圆润的笔墨风格一以贯之。

无论是书法还是绘画,朱耷都做到了在继承前辈大师精华的基础上,不落窠臼,另辟蹊径,达到了一个全新的高度。

朱耷是个十分多产的书画家,一生作画不可胜数。有人曾测算,他身后留传至今的书画作品有两千幅之多;更有人估计,他身后留传下来的书画作品在三千幅以上。不管是哪个数量,在中国画史上都是罕有比肩的。

从朱耷为数众多且散存于世界各地的画作来看,总体上都呈现出唯有他才具备的鲜明个性与特色,即多以象征笔法抒写胸臆,所画图像处处显露出怪诞、奇谲、险拗的形态,却又构成其自成一格无人企及的艺术气韵。

在中国画中,花鸟画是极具代表性的一个分支。朱耷笔下的花鸟画,则出现了具有开创性的巨大变化。明中叶以前的画家,以不会洇晕的熟纸作画,因而干湿浓淡,可随心层层渲染。至明中叶以后,容易洇墨的生纸采用渐渐增多。朱耷充分利用生纸的这一特性,通过笔中水分恰到妙处的把控,使笔墨产生了更为丰富的变化,出现了在生纸上不可能有的多层次墨晕的奇异效果。在无可增删的简洁构图中,兼具极致的艺术完美和丰富的内容解读。

朱耷有一幅《孤禽图》,在 2010 年 12 月以 6272 万元的成交价拍卖,可说是他阔笔大写意画法的经典代表作。画中通过寓意象征的手法,对所画的鸟按自己赋予的情感表现出夸张的形态:曲颈缩腹,敛翅拱背,单腿兀立,唯有大脑袋上的一只翻白眼,正愤怒地盯着莫名的方向。反复观赏,就不难看出朱耷所画的这只鸟既形象奇特,又造型简练。而由于画面上部高悬暗寓幽深用意的"癸昭阳涉事"数字,无名鸟身处空旷的大块留白的中下端,就更显得这只鸟(实则可看成就是朱耷自己)孤傲不群、凄凉孤独。

双鹰,是晚年朱耷绘画中经常出现的动物。从水墨纸本立轴《双鹰翠燕图》的布局,可以看到与《孤禽图》空寂的构图完全不同,这幅图的画面非常充实,但极简的线条和墨色风格不变。作为主体的两只鹰分别站立在一高一低的盘石之上,小鹰似乎正昂首凝视着上方的花草,而老鹰则扭头专注于正在翻飞的两只燕子。虽然双鹰逼真的外形和姿态无可挑剔,但朱耷更看重的是随貌取神,传达出自己的独特心境,或许可以理解为志在长空的鹰不能在天上翱翔，只能仰望在树间回旋的燕子，这是一种无奈的情感与心灵创伤。作为背景的古木，虬干疏枝残叶，给人一种空寂落寞感。而双鹰脚下的磐石，呈内方外圆危若累卵的状态，给人摇摇欲坠的极度不稳定感，仿佛在暗示生存环境的险恶与冷酷。

朱耷画过很多鱼，不过在多数画面中只有一条或游动或僵硬的鱼。这些鱼形态各异，长短不一，有的身体轮廓甚至呈多棱状或近似三角形；鱼眼睛虽然大小悬殊，但几乎都是金刚怒目，白眼相向，黑眼珠在眼眶上方，虽然无声，却似乎在表达着愤世嫉俗的情感，遗世独立的情操。

晚年的朱耷游历甚广，在创作上则以更多的精力专注于山水画。有幅《秋林亭子图》，画的是寒秋时的奇崛山石、苍劲树林和低矮小亭，显现出一派萧瑟寂寥的肃杀情景。朱耷以纵横的豪气，雄健的风格，娴熟的技巧，寓情于景，使朴茂酣畅的表达方式与生拙涩秀的山水韵味完美地凝结交融为一体，的确是"笔情纵恣，不拘成法，而苍劲圆润，时有逸气"的罕见之作。

朱耷的书法亦能自成一家，无论是对联、扇面、立轴、题画诗，还是长卷书写，都有特色鲜明的个人面目，尤其至晚年时的书法更是如此。在用笔方面，起收凝练如篆，圆浑含蓄；行笔则中锋圆劲，婉转流动；结构疏密有致，缩放有度；在章法上凸显跌宕起伏，变化丰富。朱耷有异于前人的书法被很多人赞赏，被誉为"八大体"。与朱耷同时代的画僧石涛称赞他"书法画法前人前"，"眼高百代古无比"；当代书法大家启功先生这样评论朱耷书法："钟（繇）王（羲之）逐鹿定何如，此是人间未见书。"朱耷在书法艺术上取得的成就如此之高，以至黄宾虹先生认为朱耷是"书一画二"，书法成就超过了绘画，只因他的画名盖过了书名，才使书名得不到彰显。

当然，朱耷写的诗和治的印也都极富特色，这里就不一一赘述了。

今天的我们要理解朱耷的绘画,似乎具有很大的难度,其原因不仅是因为朱耷生活的时代距我们已有三百多年,更因为他隐晦曲折地深藏在画中的真情实意难以破译。朱耷也非常期待有心人能读懂诗画中的难言之意,他有着"想见时人解图画,一峰还写宋山河"的强烈愿望,还曾在一首题画诗中直白地写道:"墨点无多泪点多,山河仍是旧山河。横流乱世杈枒树,留得文林细揣摩。"这就再清楚不过地表明,尽管朱耷所留传下来的诗书画印都以极简的面目来表现,但其中都饱含了自己无数不为人知的辛酸苦泪,那些看似不合时俗、横流乱世的残山剩水"杈枒树",都是为了留待有心人能细加揣摩个中三昧啊。

朱耷晚年的画作上,常能看到一种奇特的签押,好像鹤形,又像龟形,还有说像鹅形。初始以为只是一个普通的签押。经过细致研究,终于发现这个签押图形实则隐藏着一个奥秘,即由"三月十九"四字组成。再试加联想,崇祯十七年三月十九日,不正是崇祯皇帝在北京煤山自缢的日期吗?朱耷之所以要一而再、再而三地如此签押,就是要隐晦地表达自己对故国不能忘怀的深情。

或许只有循着朱耷自己指明的线索,我们才能更贴近这位伟大画家创作的真心本意,更准确到位地欣赏那些存留在世的伟大作品的独特精髓。

艺苑丰碑　高耸云端

倦鸟恋巢,游子思归。

晚年的朱耷有多次时间和行程或长或短的游历,足迹不仅遍及江西各地,还远达长江中下游诸省,甚至北上洛阳至黄河,沿途饱览许多山川美景。回到南昌后,他的笔下巨幅山水也开始多了起来。

朱耷的画作很多,其中多数只是随意送人,虽然偶尔也有朋友为他张罗卖画,但朱耷本人并未以此作为生财谋生的主要手段。这就注定他纵然有着绝世的天才和勤奋,仍不能改变自己境遇的穷困潦倒。

暮年之际,朱耷在南昌城郊的潮王洲上,搭盖了一处草房,并兴致勃勃地命名为"寤歌草堂",算是自己的安身之所。安徽籍友人叶丹曾写有一首《过八大山人》诗,记述当时的情况:"一室寤歌处,萧萧满席尘。蓬蒿藏户暗,诗画入禅真。遗世逃名老,残山剩水身。青门旧业在,零落种瓜人。"

有了虽简陋却安定的居所,朱耷还不忘与同时期的江西画家在一起切磋技艺,成立了"东湖画会",成员包括罗牧、徐煌、熊秉哲、彭士谟等一批实力派画家和诗人。

年迈的朱耷身体状态还算不错,就在八十岁那年,他还在明代的一张灰纸上,创作出一幅《竹石鸳鸯》。画中,左下角的两只鸳鸯依偎在被嫩竹环绕的大石之上。其中一只鸳鸯眼睛盯着正前方,似乎在琢磨着什么;另一只则曲颈回首看着同伴,眼睛流露出爱恋的目光。这对蹲伏在一起的鸳鸯,让人能在寂寥冷漠的现实世界中,感受到弥足珍贵的丝丝温情。而右上方斜出陡立的巨岩和附着其上的芙蓉,则又给人一种美好与危机同在的胁迫感。

没有谁会预想到,这幅立轴水墨纸本的《竹石鸳鸯》,历经三百年时光之后,居然在 2014 年 12 月 14 日的杭州西泠印社秋季拍卖会上,以 1.18 亿元成交,同时创下了三项纪录:一是八大山人画作的最高价纪录,二是西泠印社拍卖公司成立 6 年来首次拍品价位突破亿元的纪录,三是南方艺术品拍卖市场中价格首次达到亿元的纪录。

世上没有谁能抗得住岁月的无情侵蚀。朱耷也不可能例外。

大约在康熙四十四年(1705 年)底,朱耷仿佛悄无声息地永远离开了这个他隐身逃名却又无限留恋的世界。他的友人闻此噩耗,呜咽作诗悲叹:

"生不逢辰，凤隐龙蛰。自称山人，心伤无那。不名不氏，惟曰八大。"

随着时间的推移，人们越来越觉得朱耷是一个不可思议的传奇人物。在朱耷的生前身后，流传着不少与这位传奇人物相关的传奇故事。

例如朱耷取名的由来，稍显正式的说法，是幼小时他的耳朵显得特别大，所以称之为"耷子"，稍大后就以"耷"为名了。推而论之，朱耷后来的名号"八大山人"中的"八大"二字，即源自"朱耷"去掉了"牛耳"（指在某一方面最具权威者）之故。

又如"八大山人"四字，朱耷均为竖式连写，乍一看好似"哭之"或"笑之"，重复认读，就好像是"哭之笑之"，也就是亦哭亦笑、哭笑不得的意思。联系朱耷的身世，似乎很是契合他的痛苦心境。

有人捎带着发现朱耷还有个弟弟叫朱道明，后更名为牛石慧，也是个画家。他的水墨花鸟笔法粗犷简练，很像朱耷的画风；他的署名"牛石慧"连缀草写时，很像"生不拜君"四字，这与朱耷的"哭之笑之"可谓有异曲同工之妙。甚至有人认为，朱道明即朱耷，因为根据现有可信的史料，朱耷是家中独子，不大可能冒出个叫朱道明的弟弟。

有关朱耷的传奇故事还有不少，但都如同雾里看花，水中观月，亦真亦假，真假难辨。

朱耷在世时，在艺术界的影响并不很大，能引为知己的就更是寥若晨星。而与朱耷同为"清代四画僧"的石涛，则可谓是其罕有的知音。他在《题八大大涤草堂图》诗中写道："西江山人称八大，往往游戏笔墨外。心奇迹奇放浪观，笔歆墨舞真三昧。有时对客发痴颠，佯狂索酒呼青天。须臾大醉草千纸，书法画法前人前。眼高百代古无比，旁人赞美公不喜。胡然图就特丫叉，抹之大笑曰小伎。四方知交皆问予，廿年迹踪那得知。程子抱犊向予道，雪个当年即是伊。公皆与我同日病，刚出世时天地震。八大无家还是家，清湘四海空霜鬓。公时闻我客邗江，临溪新构大涤堂。寄来巨幅真堪涤，炎烝六月飞秋霜。老人知意何堪涤，言犹在耳尘沙历。一念万年鸣指间，洗空世界听霹雳。"石涛还在朱耷的《水仙图》题诗："金枝玉叶老遗民，笔砚精良迥出尘。兴到写花如戏影，眼空兜率是前身。"

清代中期在画坛影响巨大的"扬州八怪"、清末声名显赫的"海派四大家"，以及现代的齐白石、张大千、潘天寿、李苦禅等巨匠，莫不受其熏陶泽惠。

吴昌硕赞朱耷用笔："老辣沉雄，墨中无滞，笔下无疑。"

张大千自述在历代的画鱼图中，最佩服的还是八大山人，在他的《荷花卷》上曾题词："八大山人无上之宝。"

李苦禅由衷地写道："我一生最佩服八大山人的章法。其绘物配景全不自画中成之，而从画外出之……八大山人的画意境空阔，余味无穷，真是画外有画，画外有情。"

当代美术家范曾这样评价朱耷："天不生仲尼，万古如长夜。中国美术史苟无八大山人，绝对也会黯然失色。八大山人对中国画的贡献几乎是不可计量的，而随着历史的推移，他的艺术将使千秋蒙麻，恩泽无以数计的后之来者。"

朱耷的画作在日本亦备受推崇，在世界画坛也产生了很大影响。有研究者认为，朱耷在中国艺术史上的地位，就像凡·高在西方艺术史上的地位一样，都是划时代的伟大艺术家，都对后世艺术发展产生了深刻影响。

今天的我们欣赏朱耷的画作，当然不能仅仅停留在那似"哭之"或"笑之"的八大山人署名上，也不能反复纠缠那些看似晦涩难解的题画诗意，而更应仔细观摩朱耷的画作本身，体味朱耷表现不同物体的高超绝妙技巧，进而理解画与题诗署名的互相补充，方能全方位地欣赏和理解朱耷的真正伟大。

为了纪念这位历史文化名人，1959年政府将朱耷曾生活过的"青云谱",也是道教"净明派"仅存的道观,专门辟为"八大山人纪念馆",成了今人观赏、研究和纪念朱耷的艺术殿堂。经过多年修缮、扩容,现在的八大山人纪念馆已置身于极具江南园林特色的梅湖景区,成为展示南昌历史文化风貌的圣地。

1985年,联合国教科文组织将朱耷列为中国古代十大文化名人之一,这于朱耷自是实至名归,而作为南昌人、江西人、中国人,我更为这样一位光华穿透了时代和国界的天才艺术家,在内心深处感到由衷的自豪。

蒋士铨：
古代戏曲的殿军

大病一场方明理，名师惊为孤凤凰。仕途失意转诗文，戏曲惊世似雷鸣。时人誉其诗为"当代之首"，誉其戏曲为"近时第一"。梁启超称他是"中国词曲界之最豪者"。他就是中国古代戏曲史上最后一座高峰。

一部中国戏曲史，最早可溯源至岩画等上面就有零星绘制的原始歌舞。直至汉代，在民间出现了具有表演成分的"角抵戏"，著名的如《东海黄公》。到了南北朝时期，民间出现了歌舞与表演相结合的"歌舞戏"，具有更为明显的表演成分。而在唐代，出现了由先秦时期的优伶表演发展而来的以滑稽表演为特征的"参军戏"，同时民间的歌舞戏开始进入宫廷，民间还出现了"俗讲"和"变文"等通俗说唱形式。

中国真正形成成熟的戏曲，是城市商品经济得到长足发展的宋代。当时出现了很多市民的娱乐场所——"勾栏""瓦舍"，民间歌舞、说唱、滑稽戏开始走向综合，出现"宋杂剧"。以此作为基础，在北方发展为"金院本"，在南方发展为"南戏"。至此，宋元南戏成为中国戏曲最早的成熟样式。随后中国戏曲迎来了第一个繁盛期——元杂剧，出现了关（汉卿）、王（实甫）、白（朴）、马（致远）等杂剧作家，而元杂剧也就成为一代文学的标志性符号。

明清时，中国戏曲迎来了第二个繁盛期——源于宋元南戏的明清传奇。自明代中叶以后，传奇就以其剧本文学的曲词典雅等优势，顺理成章地逐渐取代杂剧成为戏曲舞台上的主角，这个时期最伟大的戏曲家自然非汤显祖莫属。而清代沿袭明代的传奇，在表演上更趋成熟，场景更加宏大，并迎来了中国戏曲的转型期——清代地方戏的兴起。自此，中国戏曲继续走向民间化和通俗化，不仅有以杂剧、传奇为正宗的"雅部"仍活跃在戏曲舞台上，还有各种地方戏相继占领了大大小小的戏台，甚至茶肆歌台都成了习见的表演场所。

就在清代地方戏浪潮即将到来的阶段，犹如奇峰突起，戏曲界出现了一位伟大的戏曲家，也是明清杂剧传奇戏曲"雅部"的最后一位大师——蒋士铨。他以戏曲为史，反映社会疾苦，创作了杂剧、传奇戏曲剧本达十六部之多。据同时人记述，他还有未刊载的剧作十五种。蒋士铨为中国戏曲事业发展做出了卓越贡献，被誉为"清代第一家"，是继关汉卿、汤显祖之后中国最伟大的戏曲家之一。近代思想家、文学家梁启超曾盛赞蒋士铨为"中国词曲界之最豪者"，日本著名汉学家青木正儿评价蒋士铨为"中国戏曲史上的殿军"。

雷鸣寒门诞凤凰

蒋士铨（1725—1785），字心馀、苕生、清容，号藏园，晚年号定甫、定庵，铅山县永平镇（今江西铅山）人，出生于南昌。

雍正三年（1725年）十月二十八日的夜晚，天正下着雨。南昌城内小金台的一处旧民宅内，刚传出一声婴儿的咿呀啼哭声，空中突然掠过一道闪电，随之响起数声惊雷。产房门外的一位年近半百的男人高兴地捋着胡须笑道："这兆头不错，孩子的乳名就叫'雷鸣'吧。"

小雷鸣当然不姓雷，他姓蒋，名士铨。若是追根溯源，他也不姓蒋，而是姓钱，祖籍浙江湖州长兴。在他祖父钱承荣九岁那年，正是兵荒马乱之际，因避难而与家人失散，辗转来到江西广信（今上饶）的铅山永平镇。被一位姓名为蒋圣宠的乡绅收为义子，自此随养父姓。至第二代蒋坚，也就是蒋士铨的父亲，是位秀才，却喜好打抱不平，乐善好施，擅长刑名之学，颇有古代侠士忠肝义胆之风。曾长期在泽州（今山西晋城）担任幕僚，在破除疑案、昭雪冤案方面屡有建树，为当世所重，这从他所著的《求生录》《晋昌纪狱》即可窥知。而作为秀才，他还著有《剑旁诗》和《书法指南辑说》，亦可明证他的诗文相当了得。

蒋士铨的母亲钟令嘉出身于南昌的名门望族，后随父母移居余干，是个难得的才女，她知书识礼，工诗善文，著有《柴车倦游集》。更难得的是，在蒋士铨三四岁时，钟令嘉就用折断的竹篾做出不同的笔画形状，再拼成字教儿认识。就这样日积月累,小士铨认得的字越来越多。由于父亲长年在外任职谋生,母亲只得带着蒋士铨回到娘家余干瑞洪居住。尽管家境贫困,钟令嘉的兄弟待她仍如未嫁时,对母子俩十分照顾。蒋士铨在四岁那年生了一场大病,舅舅竟走了几十里路为他求医问药;五岁时当地遭遇大饥荒,外公钟滋生全家人都靠难以下咽的糠麸度日,却专门为蒋士铨高价买来米和肉,连续特殊喂养达两年之久,直至七岁时与父母重返南昌,可见母亲的家人对他恩重情深。

堪为母范的钟令嘉做得一手好女红,不仅儿子的衣帽都出自她之手,她还日夜操劳,将自己辛勤做出的绣件、织物送去市场销售,因其做工精细样式美观,总是非常抢手。即便在干活时,钟令嘉仍不忘教育年幼的蒋士铨读书。常常是在自己的膝盖上放着书本,让小士铨搬个小板凳坐在旁边念。就这样母亲边做着手中的活,边一句一句教儿子读书辨意。咿咿唔唔的念书声与吱吱哑哑的织布声交杂在一起,直至鸡鸣。

这种"鸣机夜课"的场景,让蒋士铨记忆深刻;而他母亲钟令嘉,则把这视为自己平生最为快乐的时光。后来在蒋士铨于乾隆十二年(1747年)连中秀才、举人后,为表达对母亲多年辛勤教养的感激之情,特地请来老画师为母亲画像,画面即为"鸣机夜课图",自己还在画上写下感人肺腑的长篇题记。

待到蒋士铨九岁时,他就在母亲的指导下开始学《礼记》《周易》《毛诗》了,并做到可以背诵。尽管如此,母亲犹觉不足,还抽空抄录唐宋人的诗,贴在房间的墙壁上,并教儿子朗诵。母子俩都体弱多病,有时儿子生病了,精神尚好,母亲就会抱着他在房间里来回走动,并指着贴在墙壁上的诗歌低声诵读缓解病痛;而母亲生病时,儿子就会神情黯然地坐在母亲的枕头边不肯离去,母亲则会要求儿子背诵所读过的书籍,并笑着说:"听了你的读书声,我的病就差不多好了。"

蒋士铨十岁那年,长期在外打拼的父亲又回来长住了。但只在家中待了一年，就觉得让儿子老在家中闷头读书不行，久之必沦为平常儿，写起文章来亦难免书生态，因此还得出外长见识，增阅历。于是蒋坚带着妻儿远赴今河北、陕西、山西、河南、山东、江苏、湖南、湖北等地，不辞辛苦跋山涉水，饱览神州大地壮丽河山，领略不同地域多彩风情。

在泽州，蒋坚特地安排十五岁的儿子就读并寄住于当地凤台秋木山庄的王允升家中。这凤台王氏不仅是富甲一方的大户人家，也是当地数得着的名儒，家中所藏图书十分丰富。蒋士铨在这里如鱼得水，可以尽情阅读各种藏书，为日后驰骋文坛打下了扎实的根底。在这里，蒋士铨开始接受系统的《诗》《书》《易》等九经修习。与此同时，蒋士铨还开始学习写诗，模仿的对象是风格秾丽、文字华美、想象奇特、色彩斑斓的唐代大诗人李商隐的诗，这也正符合蒋士铨的少年情性。于是两年不到，居然积攒下来四百多首无题诗的模仿之作。不过蒋士铨这种独独钟情于一家的文学偏好，随着十七岁那年秋天得的一场大病而完全改变。当时蒋士铨久咳不止，卧床养病。据蒋士铨自己记载，一日晚上，夜阑人静，他眼望窗外一轮明月，独自枯坐遐想。冥思中忽然有所顿悟，便强撑病体，点燃残烛，将昔日所藏数十册淫靡绮丽图书，还有四百余首香艳诗作，悉数付之一炬。第二天郑重托人买来《朱子语类》，并制定了自学计划，由此开始潜心研读。说来也怪，不出三月，大病居然在不知不觉间痊愈了。

当然，我们也可以合理推测，蒋士铨作为家中独子，已近弱冠之年，何以承担日后安身立命、裨益社会的重任？单靠写几首艳诗是肯定行不通的，只能走科举这条路，才能经世致用。正如他在《对酒》一诗中所言："男儿生不图画麒麟台，高冠长剑胡为哉？雕虫刻鹄不足数，何取龌龊夸奇才……"字里行间，不仅有自负的豪情，更有茫然四顾，寻求进取方向的深度思考。

乾隆九年（1744年）九月，父亲蒋坚决定举家南下，回到南昌小金台旧宅，先是张罗着为儿子与张氏的女儿订婚，第二年冬成婚后，即前往原籍铅山老家准备参加童子试，在一处知名私塾求学应考。恰好这年正逢乾隆元年（1736年）的新科状元金德瑛督江西学政，来到铅山时读到蒋士铨的诗，深以为奇，于是破例补他为弟子员（即秀才）。在蒋士铨的试卷上，金德瑛不胜感慨地给出了这样的评语："喧啾百鸟群，见此孤凤凰，将来未可量也。"足见这位状元慧眼识英才，金德瑛唯恐蒋士铨会被俗儒误导，随即主动提出收其为弟子。

此后一年，蒋士铨跟随金德瑛，走遍了江西的抚州、建昌、吉安、赣州、南安、瑞州等地。沿途无论是在船舱中还是在官署内，无论是修己待人之道还是诗词文史掌故，金德瑛都悉心教诲，从未感到厌烦。金德瑛还作诗赞誉他："蒋生下笔妙天下，万马瘖避骅骝前。……老夫搜罗士如鲫，得尔少隽喜成颠。"可知这位状元是发自内心地喜爱这位前程未可限量的高足。

由于金德瑛的提携，蒋士铨不仅在江西认识了许多名士，增长了学识，诗名也渐渐地广为人知了。

入仕艰难辞官急

恩师赞赏有加的蒋士铨，年已二十二岁，适值全省范围内的统考"乡试"开始，便报名参加。这对小试牛刀的蒋士铨来说自是轻而易举，不出预料地，他一跃成为举人，可说是一只脚已经踏上仕途。第二年，春风得意的蒋士铨北上京城参加会试，本以为凭自己的满腹才华，中个进士应如探囊取物般是情理之中的事，不料张榜公布时竟大失所望，居然名落孙山。

此时的蒋士铨，虽然已颇有文名，但家中却缺少经济来源，常常连吃饭都难以为继。蒋士铨二十六岁那年底，家境已十分困窘。适值南昌要修地方志，县令慕名委托蒋士铨担纲任总纂，全权负责修志要事。蒋士铨不负重托，不到两年即告完成。当然，县令给出的相应报酬也很丰厚。蒋士铨用这些钱除了确保一家衣食无忧外，还用余资在南昌购置了一处住宅。

能有主持编纂《南昌县志》这样一次比较全面的历练，蒋士铨无论是能力还是信心，都得到了很大提高。

屈指一算三年过去了，蒋士铨再次赴京赶考。或许是因修志牵扯了太多精力吧，结果和上次一样，依然如前铩羽而归。

又一个三年过去了，蒋士铨没有灰心丧气，又一次赴京参加会考，结果依然如前两次。只是以举人身份参加内阁中书考试，钦取第四名，得以入内阁混了个闲职，干了几个月，实在觉得没劲，干脆辞职卷起铺盖回家了。

按说事不过三，许多人可能就此断了功名念想，死了走仕途这条心。可蒋士铨就不认这个理，初心犹在，坚信只要坚持，终有希望。

乾隆二十二年（1757年），蒋士铨已是三十三岁了，又一次打点行装进京赶考。这回可算是如愿以偿，中二甲第十二名进士，又因朝考钦取第一，改授翰林院庶吉士，正式步入仕途，并被优中选优进入翰林院"庶常馆"继续深造三年。说是"深造"，那是对寻常进士而言，不过对年少时即已是"孤凤凰"的蒋士铨而言，正如同他自己所说，是在"尚习雕虫业"的单调生活中痛苦煎熬。不难想象，此时正处于意气风发、踌躇满志时期的蒋士铨，难免满腹牢骚，大倒苦水："空许平生稷契身，何须斑管别金银。谁怜闲却经纶手，唤作雕虫篆刻人。"

不管如何，三年庶常馆的生活总算熬过去了。"散馆"考核时，蒋士铨的文章本来在馆内诸士中只排第六名，哪知乾隆皇帝看了后，因其内容文采卓尔不群，顿时龙心大悦，钦点为第一，授翰林院编修，给蒋士铨来了个大惊喜。此后或许是乾隆皇帝的事太多，再也没想起至少是没有召见过蒋士铨。就这么一连好几年时间过去了，蒋士铨只是先后担任武英殿纂修官和《续文献通考》的纂修官，此外还做过顺天（今北京）的乡试同考官。

尽管蒋士铨的诗名文才早已在京都引起轰动，但整整四年过去了，本应轮到蒋士铨按例升迁的事却仍没有丝毫动静。或许正应了蒋士铨自己所说的那句话："人负高名仕亦贫。"倒是他的江西同乡、时任工部侍郎的裘曰修看不下去了，于是以蒋士铨的诗词功底好为理由，打算引荐他去景山为内伶写曲填词。若是能这样的话，平日喜好舞文弄墨的乾隆皇帝就很容易知晓他的卓越才华，进而得到重用也就是指日可待的事，毕竟"近水楼台先得月，向阳花木易为春"嘛。

没想到裘曰修这一番良苦用心，不仅未得到蒋士铨的认同，反而遭到他的强力拒绝。虽说蒋士铨曾有言在先"我生不愿作公卿，但为循吏（良吏）死亦足"，只是如今连个循吏也难做，何不回去？于是索性以不愿为伶人填词为由，于乾隆二十九年（1764年）毅然辞官南归了。

这是蒋士铨在自撰的《清容居士行年录》为自己辞官给出的理由。

事情的真相果然如此吗？

蒋士铨耗时十年，四次赴京，可说是历尽艰辛才得到现在的职位。如今为官已有八年，仅因一言不合，就撂下担子，原因恐怕没有那么简单。

事实上，蒋士铨绝不是因为同乡好友裘曰修推荐他走"旁门左道"邀宠，才愤而辞官。这从裘曰修病逝后，蒋士铨为他写墓志铭，即可知两人间曾经的交情有多深。既然"力拒"只是一个托词，那么真正的原因又是什么呢？

在蒋士铨的"请假条"上，请假理由是："乞病归"，"太夫人年高乞假终养"。但当时四十出头的蒋士铨正处于年富力强的壮年时期，母亲在京城的生活条件也会比在江西更好。这么看来，病归养母也未必是真正的辞官原因。

同列"乾隆三大家"之一的赵翼《送蒋心馀编修南归》诗有"敏捷诗如马脱衔，才高翻致谤难缄"及自注"有间之于掌院者，故云"，由此可知，蒋士铨的才华之高是有目共睹的，但也正因此，"木秀于林，风必摧之"，何况还得罪了翰林院的领导。而在王文治送蒋士铨离京诗中，还留下了"亦有达官遭面斥""难免谣啄加蛾眉"的记述，可以与前说相印证。赵翼、王文治同为蒋士铨在翰林院时的编修，所言应是事实。后来有人说蒋士铨"遇不可于意，虽权贵几微不能容"，或许这才是他力拒裴曰修好意又不便直接挑明的真正原因。

综上所述，蒋士铨大概是因其秉性刚直，触怒权贵，遭受诽谤，迫于无奈才辞官南下的，这才是合乎情理的潜在原因，也说明蒋士铨的耿介本性，的确是不大适合留在官场。正如他自己所述："一官闭门谢走趋，六经分壤手自锄。""从俗岂不好，窃惧伤直性。""我性厌喧杂，岂能与俗谐？""平生不合时宜处，江水向东我向西。"

蒋士铨能有这样异于常人的节操脾性，是与他毕生崇敬的大戏剧家汤显祖分不开的。蒋士铨曾说过："瓣香玉茗，私淑有年。"在他精心构思演绎的剧作《临川梦》中还写道："气节如山摇不动，玉茗堂中，说透痴人梦。铁板铜弦随手弄，娄江有个人知重。唤作词人心骨痛，史册弹文，后世谁能诵？醒眼观场当自讼，古来才大难为用。"可以说，这既是为汤显祖所遭不公正对待而鸣不平，也是为自己不得所用而发出的愤怒呼喊！

南归讲学收获丰

离开了让人烦恼的官场是非地，蒋士铨心情大好。在南归的船上，蒋士铨还兴致勃勃地画了幅"归舟安稳图"，母亲、妻子和三个孩子安坐小舟上，每人脸上都是一副怡然自乐的神态。

既然南归，按说首选之地是老家铅山，可以效仿陶渊明躬耕南亩，但老家已无他名下的地可耕；次则可回到出生地南昌，但在外多年，物是人非，出生地也已显得陌生难以亲近。何如先往虎踞龙蟠的六朝古都江宁（今江苏南京)走一遭呢?更何况神交已久、敬慕多年的大诗人袁枚(1716—1798)辞官后,正住在金陵小仓山随园,定须前去拜访,以了夙愿。

说来蒋士铨与袁枚之间还真有缘分。

那是十六年前的乾隆十三年(1748年)秋,蒋士铨经过江宁燕子矶,触景生情,一时兴起,就题了两首诗在弘济寺的墙壁上,诗末还署上自己不常用的字号"苕生"。后来袁枚前往扬州,途经弘济寺,见墙壁上有蒋士铨所题的诗,不禁大加称赞,认为诗作绝佳,并将其抄录下来。回来后着意寻访了作者一年多仍没结果,直到编修熊涤斋告知袁枚,这位"苕生"姓蒋,名士铨,是江西才子。蒋士铨得知袁枚的关注后,感动之余,特地给袁枚寄了首诗:"鸿爪春泥迹偶存,三生文字系精魂。神交岂但同倾盖,知己从来胜感恩。"只是由于山重水隔,两人一直未曾谋面,但都心向往之。后来虽时常有书信诗文往来,然而终未曾一见。

乾隆二十九年(1764)腊月初,蒋士铨刚到江宁,两人如愿以偿第一次见面,自是欣喜异常,席上蒋士铨即兴赋诗两首。想想当时的情景定是很激动人心的:两位诗坛顶尖高手相会,一视为尊师,一重如老友,该是件何等快意事!这岂止是同气相求、惺惺相惜,分明是十年相知、一见如故。虽然他们的诗学观点不尽一致,袁枚主张的是"性灵说",认为诗歌创作的根本就是要直接抒发诗人的心灵,表现诗人的真情实感,诗歌的本质是感情的自然流露;而蒋士铨虽然也重视"性灵",认为"性灵独到删常语,比兴兼存见国风",但他更强调"忠孝节义之心,温柔敦厚之旨",坚持"诗上通乎道德,下止乎礼义"。但这种诗学观念上的不同,丝毫未影响两位大师的知交,正如蒋士铨在见面诗中所说:"未见相怜已十分,江山题遍始逢君。荣枯总是同岑树,舒卷俱成入岫云。"

过了几天,两江总督尹继善特邀袁枚、蒋士铨等共饮,提议各赋一诗。结果蒋士铨才思敏捷,拔了头筹,得到袁枚发自内心的赞赏;总督也为蒋士铨的人品才学折服，特以"文章气节"的匾额相赠。

袁枚多次盛情相邀，经常诗酒唱和，蒋士铨遂将寓居处定在十庙前，距袁枚的随园不远，步行一会即到，这样两人来往很是方便，友情自然亦与时俱深。

虽说蒋士铨与袁枚往来密切，但因自己没有经济来源，囊中羞涩，如此这般下去终不是长久之计，不免喜中含忧。就这么客居江宁已有一年，适值浙江巡抚熊守鹏有意聘任蒋士铨为绍兴蕺山书院山长，于是蒋士铨爽快地答应下来。谁知袁枚闻讯后，赶紧写了首《相留行为苕生作》的挽留诗："方恨不能构屋共君居，凿壁窥公状。徒看君乘山阴舟，一年一别心惆怅。胡为乎不恋此间乐，忽作西行想？……不如钟山下，奉花舆，可以宁太夫人（指蒋母）起居。十庙前，听鸡鸣，可以助雏凤之清声……以此留苕生，苕生行不行？"尽管袁枚的言辞恳切，情深感人，奈何蒋士铨去意已决，再怎么"诱劝"苕生留下也无济于事。毕竟经济较宽裕的袁枚，哪能真切体味到手头拮据的蒋士铨那心中难以言说的人前光鲜与人后苦楚？

蒋士铨要自食其力，走出家境困窘的泥潭，就只能接受这份来之不易且报酬丰厚的工作，何况这也是他心里乐于做的事。早在蒋士铨还未辞官时，就向他的恩师金德瑛表白过自己的志向："某以穷士忝窃侍从，拙于仕宦，自揣宜教授于乡。"于是两人只得依依惜别，"匆匆分袂奈愁何"！

蒋士铨在绍兴蕺山书院任职长达六年，后来临时主持杭州崇文书院六十余天，又应扬州运使郑大进之聘前往扬州，主持安定书院三年。接受后面这份差事，似乎与距江宁的袁枚更近不无关系，当然也与扬州为南方戏曲文化兴盛之地有关。几近十年时间掌教三处书院，蒋士铨在其中花费了巨大精力，他的管理主要表现在倡导道德性情的培养。他还尽心教导生徒，给予关怀和爱护，并与他们结下了深厚的感情，亦提出了自己独特的教育思想和理念。

在主持书院之余，蒋士铨还利用这十年时间，完成了他传播最广、好评最多的五种戏曲创作。其中《桂林霜》刻画了康熙年间马雄镇一家的满门忠烈，《四弦秋》演绎了白居易《琵琶行》的诗意，《雪中人》歌颂了吴六奇与查培继之间的交谊情义，《香祖楼》记叙了仲文与若兰的爱情故事，《临川梦》则是向前辈汤显祖致以敬意的力作。创作这些戏曲时，正是蒋士铨人到中年的成熟期，也是他致力于戏曲创作的黄金时期，因而这些立意不同、文采斐然的作品，每部都堪称蒋士铨的力作。

蒋士铨在任三座书院山长期间，不仅打理好了书院的日常事务，还利用闲暇时间，与杭州的"越中七子"、扬州的"扬州八怪"等诗朋画友诗酒往来，好不快活。此外，蒋士铨还多次回到江宁，与袁枚相见；而杭州出生的袁枚也借扫墓等缘由，与蒋士铨"同往看山景"，离别之时却依然"相思明日仍茫茫"。

最让蒋士铨心情愉悦的，是在乾隆三十七年（1772年）应扬州运使郑大进之邀，主讲当地的安定书院。来这不久，老友袁枚就闻讯赶来相会，并同游湖山胜景，互赠新诗。在扬州这块福地，蒋士铨广交社会名流，并深受喜好艺文、精谙音律的两淮盐业总商江春的赏识，他创作的多种剧本，也有了披管弦、经常搬演的机会。很显然，扬州富庶的经济条件和浓郁的文化氛围，不仅使蒋士铨的诗名远扬，而且词曲也闻名遐迩，慕名前来者长年不断；甚至高丽国还派出使臣，带着重金厚礼上门，以求其词曲佳作。此外，近十年主持书院期间所写的五部戏曲，就有四部是在扬州完成的。

蒋士铨来到扬州，真可谓天遂人愿，诸事顺心畅意。然而才过了三年，久病在身的老母亲终于灯枯油尽，于乾隆四十年（1775年）辞世。蒋士铨哀恸不已，以至"朝抱棺啼，夕依棺睡"，无法直面接受这一惨痛的现实。最终，只得匆匆收拾行装，扶榇西归。第二年三月，将母亲安葬于江西铅山，并请自己最信赖的老友袁枚为其撰写了墓志铭。

就在家居服丧期间，蒋士铨还认真倾听民众的声音，了解百姓的疾苦，并积极向铅山县令提出自己的建议，促成了文峰塔的修建，筑起了焦溪坝，兴修了可灌溉六千亩农田的紫溪黄柏坂水利工程，建起了考试院，在县城东边开了两处耳门以便利民众往来。

老病复仕感恩眷

为母亲守孝期满后，蒋士铨又一次回到南昌，毕竟这里是他的出生地。

此前，他已将当年购置的住宅重新来了一番大修缮，名之"藏园"。为了充实这座占地约二十亩的"藏园"，蒋士铨可谓费尽心思，因而其中既有式样风格功能各不相同的大小建筑，如"含颖楼""玲珑庑""酿春花榭""青珊瑚馆""秋竹山房"等楼台廊庑，还有各种花草树木，甚至辟出了菜圃，开挖了养鱼塘，连铺地面的鹅卵石，据说都是从老家铅山运来的。就这样，一条曲曲折折的小路，穿插在玲珑精巧的小楼长廊、花木碧水之间。沿路前行，的确有移步换景、曲径通幽的视觉效果。很快，"藏园"就自然而然地成了清代中期南昌城的一处靓丽景观，甚至因其鲜明特色，还成了当时南昌的四大私人宅院之一。

看起来，蒋士铨是铁了心，要"藏"在这里清静养老、颐养天年了。

但在蒋士铨的内心深处，其实仍然潜藏着一个士子经世致用的理想，只是由于命运乖蹇，不能实现罢了。即便在大家都觉得他顺心畅意的扬州时期，其实他骨子里仍是不满的，这从他五十岁时所写的《寄吴香亭太常》一诗中即已显露无遗："一片扬州月，焉能照我心。尚存天禀赋，难与俗浮沉。歌舞行云过，廒盐定力任。谁云鸡鹜食，能饲九皋禽。"

是的，满腹才学的蒋士铨哪会心甘情愿以一介布衣了此终生。

恰在这时，从北方传来一个消息，如同凛凛冬日中的火热太阳，瞬间溶解寒冰，爆燃起蒋士铨经世致用宏大志向的火花；又似高空中吹来的温暖东风，转眼破开冻土，重新萌发出蒋士铨忠君报国的儒家思想枝芽。

这是一个什么消息？竟有如此神奇的巨大力量，迅速唤起了蒋士铨那刻意掩饰、偶露锋芒的从仕激情，那深藏心底、睽违已久的官宦梦想？

原来，乾隆四十二年（1777年）皇帝南巡时，赐诗给彭元瑞，诗中提到彭元瑞和蒋士铨是"江右两名士，汝今为二卿"，后来又数次问到蒋士铨的情况。此时官至工部尚书、协办大学士的彭元瑞大喜，迅速将此情况告知蒋士铨，后来又多次书信催促他尽快北上。

这彭元瑞不仅是南昌人，还与蒋士铨是同科进士转庶吉士，又一同进入庶常馆，并同授翰林院编修，只是后来两人各自走了不同的人生道路，才联系甚少。其实彭元瑞十分看好自己的这位老乡，曾为其撰联："三千水击鹏溟上，百二峰环雁荡南。"如今有了这么一个千载难逢的机会，怎能不急急出手帮衬蒋士铨一把！

"学成文武艺，货与帝王家"，蒋士铨在得知皇帝这么多年后仍惦记着自己，立即唤醒了消沉已久的报国济世心志。感激涕零之余，更是心潮澎湃，颇有些"漫卷诗书喜欲狂"了。

第二年，蒋士铨收拾行装，怀着感恩报国的宏愿，惜别珍爱的藏园，"登车砺臣节，不敢说销魂"，兴冲冲地奔赴京城。途中路过江宁，大概是自觉十年之后重入仕，有违此前归隐的诺言，居然连袁枚也未见。可能此时的蒋士铨怕见到素来敬重的老友无言以对吧，只得写了首诗记述自己当时的矛盾心情托人转给袁枚，然后继续赶路。

回到久别的北京，蒋士铨十分珍惜这迟来的机遇，常念叨"自古遭逢不易酬，身微敢乞主恩优"。在这期间，蒋士铨担任国史馆纂修官，专修《开国方略》十四卷，记名以御史补用。任职之余，蒋士铨还创作了《冬青树》《采樵图》《采石矶》三部戏曲。正当蒋士铨欲一展平生抱负时，却不幸因风痹（脑中风）医治无效，致使身体右侧偏瘫，连说话吐字也是吱吱嘎嘎含混不清。这突如其来的厄运，对蒋士铨这位不世奇才来说，不啻是晴天霹雳。

尽管蒋士铨不甘命运的捉弄，读书写诗照常不辍，并改用左手写字，试图奋力抗击老天的不公。然而在他人或同情怜悯或幸灾乐祸的眼神中，蒋士铨分明已读出了自己形同废人的残酷现实，无奈之余，只有辞官南归一途。

脱胎换骨《四弦秋》

蒋士铨自视很高，他早年认为凭借自己的文学才能是完全可以在政治领域上有一番大作为的。但从蒋士铨一生的主要业绩来看，他在文学领域才真正称得上是纵横捭阖、雄视天下的"圣手"。

而在诸多文学样式中，蒋士铨所擅长的，当以戏曲为最，其中杂剧《四弦秋》即他在戏曲创作高峰期的代表作之一。

《四弦秋》写于乾隆三十七年（1772年）九月，是蒋士铨根据白居易《琵琶行》诗意改编而成的戏剧。唐元和十年（815年），宰相武元衡在长安街头遇刺身亡，白居易上表主张缉拿凶手，结果遭到各种势力的诬陷迫害，最终被贬为江州司马。当年白居易写作此诗，意在借描述琵琶歌女的技艺与身世，抒发自己"同是天涯沦落人，相逢何必曾相识"的伤感之情。后来元朝戏剧家马致远据此改编为《青衫泪》，剧中把白居易、名妓裴兴奴与茶商刘一之间的关系，写成是早就有过不清不楚的三角恋情关系，至白于江州送客时与裴两人久别重逢，有情人终成眷属，结局皆大欢喜。后来又有明代戏曲家顾大典改编的《青衫记》，内容大致照搬马致远的《青衫泪》，只是人物、剧情更为复杂。白居易仅在诗中表达了对贬谪江州的悲伤意绪，两剧改编的最大败笔是违背诗意，无中生有地将不相干的爱情生拉硬扯进来，损害了白居易的正面形象。

蒋士铨读了马、顾的改编剧作，认为"命意敷词，庸劣可鄙"，完全脱离了白居易《琵琶行》原诗的本意。于是他另起炉灶，以贯穿《琵琶行》全诗的情节，加上源自白居易传记和唐宪宗时的历史事实，经过精心构思，最后改编成为《四弦秋》剧本。据说蒋士铨挑灯夜战，只花了五天时间，就大功告成。新的改编本在剧情上完全尊重白居易的原作，以优美的曲式，着力散曲化、抒情化，充分表现出蒋士铨高超的文学才华。据载，这部剧甫一脱稿，他的富商友人就让家伶饰演，一时观者与剧中人洒泪同悲，文人墨客纷纷题词叫好，看过剧本的人也都交口称赞，认为与前人的两部改写剧本相比，有天渊之别，要高明万倍。直到清道光年间，《四弦秋》仍是京城各戏班的常演剧目，出自该剧的折子戏《送客》《女弹词》，更是成为昆曲的保留曲目，一直演唱至今。

《四弦秋》共有四个部分：《茶别》《改官》《秋梦》《送客》。白居易作为剧中的主要人物，只有第二出《改官》是主写他的，然而却没有他多少台词。倒是借他的友人薛存诚之口，衬托出白居易的高大形象：

> 我想乐天（白居易）上受主知，凡有所言，皆蒙采纳。甚至论事殿中，天子变色，尚能容受。不解若辈是何肺肝，居然排斥，不遗余力至此！

接着又为他安排了大量感慨之词，控诉了世象混乱、奸臣当道、朝堂倾轧，致使无数优秀人才被排挤的现状。这些话，是白居易压抑心底、想说却不能说、不敢说的肺腑之言，从他人嘴中说出，则显得既真实，又可信。

同在《改官》这一出，还借追捕盗贼的官兵之口，进一步烘托出白居易的正直和冤屈：

> 爷还不知，贼倒拿着了，可惜开头上本的一个白赞善（赞善大夫，官职名）不曾看见，反贬了官儿，向南去了。

这些局外人的话语，远胜于主人公的自我表白。至此，一个刚正不阿、廉洁奉公的好官形象已完美树立进而激起人们对白居易不幸被贬的愤懑惋惜之情。这种写法，堪称高超精妙！

剧中另三出的主要人物均为琵琶女花退红，在专门为她的语言设计上，蒋士铨倾注了更多的诗意：

看一看陌头杨柳把郎遮，想一想我本将心托明月。难道是露水姻缘旧狎邪？（《茶别》）

曾记得一江春水向东流，忽忽的伤春后也，我去来江边，怎比他闺中少妇不知愁？才眼底，又在心头。挪不过夜潮生，暮帆收。雁声来，趁着虫声逗也。靠牙墙，数遍更筹。难道是我教他、教他觅封侯？（《秋梦》）

这两段曲词，都巧妙化用了前人诗词中的名句，恰到好处地描绘出琵琶女的哀怨心态。而历来为人所称道的："叹叹叹，叹幽意赊，枉枉枉，枉了俺一片柔情难衬贴。恨恨恨，恨采茶人掐断春芽，把把把，把一缕茶烟吹折。待待待，要消人渴吻热，转转转，转丢却自己风生两腋……算算算，算走马兰台福薄些，则则则，则索向孤舟残烛消磨者，论论论，论人世事怎生说？"个中弥漫的浓浓诗意，则与宋代女词人李清照的《声声慢》"寻寻觅觅，冷冷清清，凄凄惨惨戚戚"有着同样的婉转绵长的艺术功效。

此外，在全剧的谋篇布局、严守曲律、重视舞台效果等方面，都是得到人们高度赞扬的。

毫无疑问，《四弦秋》和蒋士铨的《临川梦》《冬青树》等戏剧作品一样，都是在中国戏曲史上享有一席之地的优秀之作。

自清代以来，不少戏剧评论家都对蒋士铨的戏曲给予了高度评价，认为他在戏曲创作上追步明代戏剧家汤显祖，是"乾隆曲家第一"。蒋士铨多在开头和结尾以梦和仙境为引子渲染剧本主题的写作方法，被后世众多剧作家仿效。他的剧本中的主要人物都有一个悲剧的结局，这亦成为后世正剧与悲剧创作的主要模式。

以蒋士铨的诗歌而论,他的《忠雅堂全集》中存诗二千五百六十九首,还有数千首存于稿本中的未刊诗。诗的内容广泛,尤以反映社会矛盾、同情人民疾苦、揭露官府黑暗、衙役横行乡里的作品居多。袁枚评其诗:"其摇笔措意,横出锐入,凡境为之一空。如神狮怒蹲,百兽慑伏;如长剑倚天,星辰乱飞;铁厚一寸,射而洞之;华岳万仞,驱而行之。"同期的学者、文学家王昶称其诗为"当代之首"。以名篇《岁暮到家》为例:

爱子心无尽,归家喜及辰。

寒衣针线密,家信墨痕新。

见面怜清瘦,呼儿问苦辛。

低回愧人子,不敢叹风尘。

诗的字面意思不难理解,但就其情真意切的感人程度而言,能与之相媲美的,恐怕只有唐代大诗人孟郊的名篇《游子吟》了。

此外,蒋士铨的词亦有着独特的成就,被誉为我国词作的一座里程碑;他的散文质朴无华,清晰流畅,也有很高的建树。

忠雅赤心谁相知

乾隆四十八年(1783年),蒋士铨不得不黯然回到出生地南昌,回到那座虽然依旧生机盎然,但在蒋士铨眼中已了无情趣的"藏园"。出于一种本能,他仍手不释卷,忘情于诗词戏曲的创作。

乾隆四十九年(1784年)三月,袁枚游庐山后来南昌看望蒋士铨。躺在病床上已形容枯槁的蒋士铨十分高兴,顿时精神一反往常地亢奋起来,不仅用健全的左手连连比画着,还用口齿含混的语言表达着心中复杂的情感。两者皆不足达意,则用左手执笔,在纸上挥写着字迹歪斜的文句。

此时已自知来日无多的蒋士铨心知肚明，这很可能是最后一次见到袁枚了，因而不仅恳请他为自己作墓志铭，还托付他为自己的诗集作序，并写下《述怀》诗，概略地回顾自己命运蹇促、壮志未酬的一生：

忆昔诵诗史，耻与经生侔。
苦怀经济心，学问潜操修。
廿九通仕籍，四载登瀛州。
索米金马门，忍饥求豆区。
腼然人子心，慷慨归来休。
教授十五年，二毛须鬈秋。
乐道颇相安，序列贾董俦。
侧闻天子语，许以名士优。
感激再出山，宦海如沉浮。
二竖忽相厄，末病医未瘳。
右体从此废，语言为呕吽。
三年支离身，所欠土一抔。
故人难行复，交亲稀接酬。
即今六十岁，速死吾宁愁？
坐令观物眼，出入偕庭楸。
此心久厌世，何取嗜好稠？
分知志节士，天地妒其尤。
誓从今化去，力与鬼伯谋。
他生免轮回，日与飘风游。

诗中，蒋士铨的坎坷遭遇和悲怆绝望的心情，栩栩跃然于字里行间，读之不禁为其扼腕叹息。

作为与蒋士铨心仪相交几十年的知己袁枚，同样明白此次一见就是永别,因而也格外珍惜两人在一起的时光,在南昌逗留数日才动身前往岭南。并将老友的重托,全都应承下来。

乾隆五十年(1785年)二月二十四日,蒋士铨病卒于他心爱的藏园。此时袁枚已返回江宁的随园,得知这一噩耗,悲痛不已,挥笔写下两首《哭蒋心馀太史》,其一云:

西江风急水摇天,吹去人间老谪仙。
名动九重官七品,诗吟一字响千年。
空中香雨金棺掩,帐下奇儿玉笋联。
如此才华埋地底,夜深宝剑恐腾烟。

在为蒋士铨撰写的墓志铭文末,袁枚如此动情地写道:"吁嗟蒋君毋乃是,平生著述千万纸。有如月照西江水,万古晖晖光不已。胜我才华输我齿,贪我作铭先我死。我敢无言报知己?古书墨石镌蒿里,兼备他年补国史。"这略带袁枚式睿智诙谐的伤心语,让人不能不为之慨叹:知蒋士铨者,袁枚也!

岂止袁枚一人,知蒋士铨者,其实大有人在。

以清代而论,与蒋士铨同时的著名学者王昶将其诗标为"当代之首",戏曲理论家李调元认为其戏曲是"近时第一"。稍后的清道光时期著名诗人黄香钊评其诗:"近数十年来,标正宗者乃共推清容居士。"晚清戏曲家杨恩寿称赞其剧作"无语不炼,无意不新,无韵不响",堪称"盛唐之诗"。无怪乎今人钱仲联教授会如此说:"蒋士铨以诗曲成就双双得到同时著名评论家的充分认识和最高评价,这在整个清文学史上恐怕不得不指为绝无仅有的一家。"

蒋士铨去世后,按习俗安葬于老家铅山永平镇。

1959年,蒋士铨墓被列为江西省文物保护单位。许多后人都慕名前往,凭吊这位中国戏曲史上的殿军人物。

陈三立：
最后的传统诗人

出身名门世家，立德立功立言为本。父亲锐意改革的助手与伙伴，湖南推行维新改良的操盘手。奈何变法失败，父子同时革职，从此袖手神州，转投诗歌创作，成就了中国古典文学的最后辉煌。

中国的传统文人，似乎从这个群体诞生起，就与政治有着千丝万缕的联系。

传统文人多具有文化上的"童子功"，经史子集几乎无不涉猎。从少儿时期孜孜求学，眼睛就一直盯着京城风云，脚步就不懈迈向应举之路，期望着"达则兼济天下"。一旦能如愿以偿进入官场，写诗作文就成了业余爱好；若是官场失意，或是流落江湖，或是挂冠退隐，则又往往以诗文为事业，希冀"穷则独善其身"了。

从"路漫漫其修远兮，吾将上下而求索"的屈原，到"采菊东篱下，悠然见南山"的陶渊明；从"仰天大笑出门去，我辈岂是蓬蒿人"的李白，到"穷年忧黎元，叹息肠内热"的杜甫；从"欲为圣明除弊事，肯将衰朽惜残年"的韩愈，到主张"文章合为时而著，歌诗合为事而作"的白居易；从一代文坛领袖欧阳修，到豪放词派代表苏轼；从"自创新调"的姜夔，到以"临川四梦"著称的汤显祖……无数知名或不知名的传统文人，或高居庙堂之上，或徘徊于官场之外，或落魄至"残杯与冷炙，到处潜悲辛"，或"兰生幽谷无人识，客种东轩遗我香"。虽然他们志趣不同，归宿有别，但在为官写诗的基本态度上，几乎概莫能外。

晚清时期，以鸦片战争为起点，西方列强以坚船利炮迫使清政府陆续签订《南京条约》《虎门条约》《天津条约》《辛丑条约》等一个又一个不平等条约，蚕食鲸吞中国领土，杀害中国同胞，奴役中国劳工，榨取中国财富，中国开始沦为半殖民地半封建社会。尽管在这一期间，改革派的仁人志士发起了"洋务运动""维新运动"等，但终归改变不了历史进程。此时的清皇朝已风雨飘摇、江河日下，阶级矛盾、民族矛盾不断激化，国家正一步步陷入内忧外患、危机四伏的泥沼。延续近三百年的清廷日薄西山，气数将尽，不可逆转地走向覆亡。

宣统三年（1911年）辛亥革命爆发，宣告清朝统治的结束。1912年

2月12日,以宣统皇帝退位为标志,清王朝寿终正寝,在中国延续了两千多年的帝制至此终结。

就在这个天翻地覆的"三千年未有之变局"动荡之际,出现了一位志在振兴国家,却无奈以诗名世的传统文人——陈三立。前期他主要襄助父亲陈宝箴处理政务,经戊戌政变父子双双被革职后,陈三立始远离政治,着力于诗歌创作,并以其艺术成就称雄诗坛,被公认为"同光体"诗派的领袖人物,在近代诗坛上有着举足轻重的显著地位。

名门世家出才子

陈三立(1853—1937),字伯严,号散原,江西义宁(今修水县)人,清末"维新四公子"之一,"同光体"诗派领袖,被誉为"中国最后一位传统诗人"。

历史上,江西德安"义门陈氏"自晚唐以来,逐渐成为中国有史以来最兴旺的封建大家庭之一,人口最多时达三千九百余人,阖门同居十九世,令人叹为观止,先后被唐昭宗、南唐烈主敕立"义门"。长期形成的家族文化传统,"以诗书立门户,以孝悌为根本",世代奉为圭臬。这种悠久家族历史和超大家族规模以及超强的凝聚力,甚至让朝廷都为之惊心担忧。宋代嘉祐七年(1062年),仁宗皇帝亲自下旨,由文彦博、包拯等大臣具体策划,将"义门陈氏"分迁至全国各地,地域广达现在的十六个省、市。其中一支以陈腾远为始祖,辗转至义宁州竹塅里(今修水县义宁镇竹塅村)定居。

咸丰三年(1853年)九月二十一日,竹塅村的陈宝箴家诞生了一个男婴。这是长子,取名得慎之又慎。仔细翻阅古籍《左传》,其中"太上有立德,其次有立功,其次有立言"之说,很是打动长辈的心弦:这个孩子,就叫"三立"吧。

陈三立不到两岁时，正逢兵荒马乱。父亲在外地，母亲背着他惶惶逃难，体质羸弱的陈三立差点就命丧途中。幸而过了这一难后，陈三立终于恢复过来，渐渐像普通人家的孩子一样长大。让家人欣喜的是，小时候的陈三立就酷爱读书，博学多才，见识不凡，为人处事洒脱，不顾忌世俗礼法的拘束。因而陈三立在当地知名度很高。

陈三立的曾祖父陈克绳是位太学生，学识渊博，被学者尊称为"韶亭先生"，曾创建"仙源书屋"，主纂陈氏族谱等。祖父陈伟琳自幼就饱读诗书，好学上进，为国子监生。年轻时，攻读王阳明学说后很受触动，于是去除一切功名利禄之心，在各地游历之后，偕六十四位同乡士绅在义宁建立梯云书院。当太平军攻陷武昌，侵扰江西之时，他组织义宁团练抵抗动乱达数年之久，在周边影响很大。

到了父亲陈宝箴，七岁时就离家寄宿于外地私塾。后来应童子试时，考官赞其"抱负不凡，决成大器"。民国初年撰修的《清史稿》本传中说他："少负志节，诗文皆有法度。"年青时的陈宝箴，曾协助其父陈伟琳管理义宁团练，因率领乡团助攻克义宁城有功，咸丰皇帝特批他为优先选用的知县候补。咸丰十年（1860年），陈宝箴在北京酒楼与友人聚会，目睹英法联军焚毁圆明园腾起的大火，顿时心痛得捶桌号啕大哭，自此决意放弃以文章获取功名，而是密切关注时事，钻研强国御侮之策。后数十年在外为官，一直做到湖南巡抚。光绪二十一年（1895年）与日本爆发甲午海战，中国大败，被迫签订丧权辱国的《马关条约》。陈宝箴闻讯怒不可遏，特致电张之洞，请求联名合奏诛杀李鸿章。

深厚的家学渊源，陈三立从小耳濡目染的都是气节文章。六岁时就早出晚归与大姐在邻近的私塾就读。同治元年（1862年）秋，父亲在山中建了座名为"四觉草堂"的读书楼，已十岁的陈三立与七岁的弟弟陈三畏便转至这里读书。在祖母、伯父和母亲的精心呵护教诲下，陈三立兄弟受到了严格良好的家族教育，义门陈氏的"诗礼传家"也在陈三立兄弟身上得到了印证和发扬。

在陈三立成长的过程中，有一个人特别值得提起，他就是伯父陈树年。这位伯父的学问与父亲不相上下，曾与陈宝箴共同协助祖父组织义宁团练，后积军功赏戴花翎，以同知（副知府）选用。只是由于陈宝箴后来在政坛上逐渐崭露头角，伯父才回乡侍奉母亲，操持家庭事务，教育陈氏子弟。伯父知道侄儿陈三立专注读书，乐此不疲，而对日常该穿什么衣服、吃什么饭菜，却随意得很，只要有衣蔽体、有物填肚就行。对自己的侄子不修边幅、不拘小节的脾性，伯父是看在眼里，记在心上。白天温度高傍晚天气凉，伯父会适时提醒侄儿增减衣服；吃喝的食物，伯父会预估是否对侄儿的胃口而决定取舍。从呀呀学语到渐渐长大成人，陈三立的一举一动，伯父都牵肠挂肚，呵护有加。如果有人对此要说三道四，或是对侄儿有不好的看法，他都会沉下脸来，让人下不了台。即便陈三立的父母偶尔有责怪自己孩子的情况，他也不肯罢休。有时从外面给侄儿带来食物，若是陈三立恰在外地不能回来，那就宁可留至腐烂发臭也没谁敢打开吃掉。许多年后，心存感激的陈宝箴在为自己的长兄所作的墓表中，这样深情地回忆道："吾兄爱弟逾于自爱其身，爱弟之子逾于己子。"

正是有这样的家族氛围，还有亲人无微不至的生活关怀、教育引导，陈三立身处"四觉草堂"，靠着不倦的勤勉苦学，终于具备了相当深厚的经史根底，为日后的奋发有为奠定了坚实的基础。

到了陈三立十四五岁时，应童子试顺利通过，自是不在话下。此后又回到"四觉草堂"继续发奋努力，增长学问，砥砺意志，澡雪情操。

同治十一年（1872年），陈宝箴迎接母亲和妻儿到任职的湖南长沙居住，正值弱冠之年的陈三立自然也与家人一道前往。此后二十余年，陈三立基本上都是陪伴在父亲的身后，大半时间都是在父亲为官的湖南度过的。

初到长沙时，虽然人生地疏，但陈三立凭借自己过人的才华学识，以及父亲陈宝箴的名望地位，迅速融入湖南当地的文化圈子中。除了与年龄相仿的青年才子诗酒唱和之外，还从与父亲往来密切的人物的言谈举止中，受到很大教益。尤其是与父亲关系特别深厚的郭嵩焘，是位具有世界眼光的近代洋务思想家、职业外交家，在思想、文化、学术等多个方面，对陈三立产生了难以估量的巨大影响。恰好郭嵩焘这位湘军创建者之一、曾任广东巡抚、中国首位驻外使节，此时已卸任回湖南定居，对陈三立印象非常好，曾多次称赞陈三立"根柢深厚""后生可畏"等。

就是在这种特殊的环境中，陈三立一边尽力辅佐父亲料理政务，一边在滋长着学识才干。

据记载，同治十二年（1873年）、光绪元年（1875年）、光绪五年（1879年），陈三立均回到原籍，参加在南昌举行的乡试，但都未能如愿中举。

光绪八年（1882年），才华横溢的陈三立又一次来到南昌参加乡试，题目是"岁寒然后知松柏之后凋也"。按说陈三立有着满肚子学问，这些年来又与诸多饱学之士接触良多，眼界学识都大不同前，应付乡试应是绰绰有余。然而陈三立却偏偏讨厌中规中矩的时文（八股文），只愿用所喜爱的散文（古文）来答卷，似乎这样才能完整真实畅快淋漓地表达自己的看法。

不出所料，这份答卷初选即被摒弃。万幸的是，这次乡试的主考官是陈宝琛。

这陈宝琛的来历可不同寻常。他虽比陈三立只大五岁，但早在十三岁时就是秀才，十八岁中举，二十一岁时成为进士，授翰林院庶吉士，三年后授编修，没过几年即提拔为翰林院侍讲，还是内阁学士兼礼部侍郎。陈宝琛见到已被废弃的陈三立答卷，仔细阅后大为赏识，连连惊呼奇才，当即决定破例录为举人。

光绪十二年（1886年）春，陈三立赴京参加会试通过，然而因为楷书写法不符合规定，未能获准参加殿试，退而苦练三年，写下的字数超过十万，书写关才算通过，得以进入殿试，成为进士，被授予正六品的吏部主事官职，算是正式步入官场。

助力父亲展宏图

经过入仕前的多年历练，此时担任吏部主事的陈三立早就不是十几年前只专精经史诗文的才子了。年近四十，正值血气方刚、踌躇满志之时的陈三立，已将目光投向国计民生、重大社会时务上，正欲振翮高飞。有人称他："学有本原，宅心正大，于中国政治、外洋情势均能洞彻，识量宏通。"

就在陈三立任职吏部的第二年十月，父亲陈宝箴走马上任湖北按察使，此后还多次在湖北布政使、直隶布政使等要职上换岗，亟需一位能出谋划策、如同左膀右臂式的重量级亲信。环顾周边，谁最合适？"上阵父子兵"，古来如此，何况陈三立已淬炼成一块宝钢，放在哪里都是堪当大任的栋梁之材。于是陈宝箴一声召唤，陈三立即辞去吏部主事一职，南下武昌，开始了父亲政务的辅佐生涯。

此时的湖北，雄心勃勃的湖广总督张之洞正在办铁厂、修铁路、造枪炮、开织布局，父亲则襄助其推行洋务实业。而陈三立朝夕侍奉在父亲身边，其才干不能不为张之洞这位朝廷重臣所知。虽说陈三立初涉宦海，但张之洞可是久慕其名，极尽赞赏，甚至丝毫不顾及自己的长辈和高官的身份，屈尊专访陈三立。此后陈三立虽然未成为张之洞的得力幕僚，却是诗酒唱和的座上宾。他还应张之洞之聘，为江心书院、两湖书院阅卷，为湖北教育改革付出了自己的努力。

光绪二十一年（1895年），北洋舰队在甲午战争中惨败，并于三月二十三日签订丧权辱国的《马关条约》，西方列强瓜分中国的浪潮进一步高涨，民族危机空前严重，国内维新变法思潮已渐渐开始登上历史舞台。

就在这年七月，年逾花甲的陈宝箴临危受命，被擢升为湖南巡抚，自此有了一方可以全方位施展抱负的热土，能够实现改革图强、"营一隅为天下昌"的愿望。陈三立亦随父转赴湖南长沙，开始了自己处理政务最为出彩的时段。

当时的中国，正处于风起云涌的维新变革时期，湖北、直隶（京师地区）则成了各地推行新政的前沿。而当时的湖南，正遭遇大旱，经济下滑，社会动乱不安，群情激奋思变。陈宝箴到任后，锐意改革，首先从募集粮款赈灾入手以稳定民心，继而重点整治吏治，改良官场风气，随后他设立矿务总局大力发展矿业，鼓励、支持大量创办实业，修建铁路、组建轮船公司；推进文化教育事业，创办各类新式学堂；推进创办宣传新政改良思想的《湘学报》、成立南学会；等等。为落后闭塞、以传统自然经济为主的湖南走向现代化奠定了稳固的基础，做出了足以彪炳史册的重大贡献。尤其值得大书一笔的是，陈宝箴甚至没有顾及自己是江西人，竟将已板上钉钉的汉粤铁路途经江西的既定走向，硬是通过各种渠道生生地改变为只穿过湖南全境。这一重大改线，无疑为湖南的迅速崛起立下了不可磨灭的功勋，但却严重滞后了江西社会经济的发展速度，不过也由此可以见证陈宝箴有着何等高尚的气度和超越常人的胆魄！

表面上看起来，湖南发生的这些重大变化，都是身为巡抚的陈宝箴一人决策，一人之功。但熟知内情的人都知道，这些辉煌业绩的取得，桩桩件件无不与陈三立在幕后的精心运筹擘画息息相关。

胸怀大志的陈三立因其以天下兴亡为己任，为人处事卓尔不群，与同时期的湖北巡抚谭继洵之子谭嗣同、广东水师提督吴长庆之子吴保初、福建巡抚丁日昌之子丁惠康合称"四公子"。此外，他还与谭延闿、谭嗣同合称为"湖湘三公子";与谭嗣同、徐仁铸、陶菊存合称为"维新四公子"。

始终侍立在父亲身旁、正年富力强的陈三立充分利用自己与国内社会精英、儒林名流交往密切的有利条件,引进黄遵宪、康有为、谭嗣同、梁启超、杨锐、刘光第等大量维新志士,协助父亲在湖南全面实行维新变法,使曾经闭塞落后贪虐成风的湖南一跃而为"全国最富朝气的一个省",在推行新政的诸省中业绩最为显著。

或许只有他的挚友最清楚,陈三立在这场巨大变革中起了多大作用,作出了多大贡献。

梁启超说陈宝箴在湖南的治绩"多其(陈三立)所赞画"。

欧阳竟无认为"改革发源于湘,散原实主之"。

吴宗慈曾云:"湖南士习为之丕变,当时谈新政者,辄以湘为首倡,治称天下最。凡此为政求贤,皆先生(陈三立)所赞勷而罗致之者也。"

还有人指出,当时很重要的经济来源矿务总局,虽然陈三立没在里面任职,但"矿务一切为其主持"。

甚至有人断定,湖南"一省政事,隐然握诸三立手,其父固信之坚也"。

无可置疑的是,在陈宝箴的眼里,儿子不仅是自己最得力的助手,也是自己最亲密的伙伴;在陈三立的心中,父亲的业绩就是自己的荣耀,父亲的成功就是自己的追求。在他俩之间,肝胆相照、血浓于水才是父子关系的最完美诠释。

国祸家恨气节豪

光绪二十四年(1898年)四月二十三日,光绪皇帝颁布《明定国是》诏,旗帜鲜明地接受康有为等辈的变法维新之策,拉开了改革序幕,并在百日内连下一百八十余条诏令推行新政,设立农工商总局,废除八股,创办京师大学堂、翻译西书、选派留学生等。远在湖南的陈宝箴接到诏书，自认为其中所言，符合历史发展大势，国运从此将走向振兴，立即发文积极响应，成为第一位也是唯一一位身居巡抚要职的表态官员。仅此还不够，激情燃烧的陈宝箴还主动举荐了二十余位有才能的官吏名士供光绪皇帝选用。其中杨锐、刘光第等被授四品卿衔，充任军机章京要职，名噪一时。

因这年为戊戌年，所以这次变法维新史称"戊戌变法"。

就在变法维新正如火如荼向全国推进之时，同年的八月五日，早就在颐和园窥视维新动向的慈禧再也按捺不住胸中的怒火，愤然下令囚禁光绪帝，第二天即宣布训政，捕杀维新党人。得知这一重大变故，康有为、梁启超赶紧出逃避险，而陈宝箴举荐的杨锐、刘光第和谭嗣同、林旭、杨深秀、康广仁等"六君子"，俱被捕获，被斩首于京师菜市口。

同样因这年为戊戌年，所以这次政坛巨变史称"戊戌政变"。

之后，慈禧开始了大清洗。一大批维新人士或被捕，或被通缉，或被撤职降职。当初搞维新冒尖的陈宝箴父子二人，自然厄运难逃。很快，慈禧太后就下诏谕严谴："湖南巡抚陈宝箴，以封疆大吏滥保匪人，实属有负委任。陈宝箴着即行革职，永不叙用。伊子吏部主事陈三立，招引奸邪，着一并革职。"

陈氏父子在湖南推行新政，很显然得罪了许多既得利益者，以致新旧两派都对他们横加指责，怨怼不断。当父子俩一并被革职后，尤其是那些本地的反对派纷纷跳出来，幸灾乐祸地叫好称快，其中不乏落井下石者。这些人不仅全盘否定陈氏父子为湖南兴起作出的巨大贡献，还大肆散布谣言，诬陷他们拥兵自立，意图谋反，恨不能再补上一刀，置他们于死地。

更有甚者，一些人竟认为陈宝箴正是因为偏听偏信儿子之言，才导致身败名裂的悲剧下场。如晚清的经学家王闿运就断定"江西人好听儿子说话"，并引经据典从史书中找根据，证明北宋王安石变法失败，源于他遇事都听任只会从理论上阐述变法合理的儿子王雱作主；严嵩位至宰辅二十年却被一朝罢黜，是因为对儿子严世蕃过于言听计从。更有甚者，竟然嘲讽咒骂陈三立"不自陨灭，祸延显考"。

这些风言风语陆陆续续传到陈三立的耳中，让他心如刀割，五内俱焚。

明明是"满腔赤诚可对天"，却被污为"恣意妄为藏私心"。在湖南这方土地上，承载着父亲和自己的事业与梦想，并无私无畏地为之付出了难以计量的心智和精力。到而今陈三立有气无处出，有冤无处诉，只能打落牙齿往肚里吞。最让陈三立感到痛心有愧的是，自己最敬重的父亲为此大病一场，几乎连性命也丢掉了。

被褫夺官职的父子俩没有回到老家退隐，而是先在南昌磨子巷租房短暂栖身，不久即迁至离南昌城不远的西山，在那里建起几间房屋居住，命名为"崝庐"。

静夜时分，枯灯之侧，孤寂的陈氏父子常喁喁交谈至夜阑更深。忆及当年的各项重大改革带来的新貌，细数维新失败壮志未酬的遗憾，面对而今内忧外患愈演愈烈的时局，两人每每泪流满面，仰天长叹。

尽管陈宝箴已退隐山林，但慈禧太后仍记恨于心，她认为正是由于变法维新伤了大清王朝的元气，列强军队敢于破门而入，横冲直撞，为首的陈宝箴该当死罪。于是在光绪二十六年（1900年）的春夏之际，慈禧派人专程送达密旨，赐陈宝箴自尽。威逼之下，陈宝箴北面匍伏受诏自缢而亡。此外另有一说，认为陈宝箴久有重疴在身，经革职严惩郁郁回乡，加之年已七十，当属自然病故。

仅仅两年时间，陈三立就相继失去父母等四位亲人，以致他为之惊呼："莽莽孤儿一片魂""眼花头白一孤儿"。很长一段时间，陈三立都沉浸在失怙之痛中。

痛定思痛，年近五十的陈三立决意遵照父亲"不治产，不问政"的遗嘱，远离官场,远离政治,并视之为陈氏后人谨记不渝的"家规"。由于古籍《水经注》中,曾把西山称作散原山。陈三立遂以"散原"为号,以明远离政治的心志,并以这一名号相随后半生。当年的"义宁公子"已悄然消失,取而代之的唯有"散原老人"。

此后,陈三立有过多次入仕为官的机会:

光绪三十年(1904年),慈禧太后七十大寿,陈宝箴父子获释开复原职衔,陈三立坚决不复出;

光绪三十一年(1905年),湖广总督端方请陈三立任湖南矿务局会办,他拒绝赴任;

光绪三十二年(1906年),清廷仿行宪政,筹设资政院,列陈三立为二等咨议官,他推卸不就;

光绪三十三年(1907年),袁世凯行君主立宪,为拉拢各界名流,委任陈三立任参政议员,陈三立坚决不就;

颇为赏识陈三立才学的陈宝琛担任宣统皇帝的老师后,强烈推荐陈三立进宫给溥仪讲授古文,被陈三立婉言谢绝;

清帝逊位后,民国肇兴,严复欲聘请陈三立为京师大学堂文科监督,他仍坚辞不往;

······

陈三立多次辞官不就,始终清正自守,气节不移。陈三立的《散原精舍诗》集,原由诗友郑孝胥题签并作序。在郑当了伪满州国的国务总理后,陈三立怒斥其"背叛中华"并愤然"割席"断交,待诗集重版时即删去"郑序"。

而对于利国利民的事,陈三立则尽力参加:

光绪二十九年(1903年),陈三立赞助柳诒徵创办思益小学堂,并让出自家住宅作课堂,创新式学校先例;

光绪三十年(1904年),陈三立与李有棻创办江西铁路公司,兴建南浔铁路，不知道是否暗含当年力主粤汉铁路改线有负江西的补偿之意；

光绪三十四年（1908年），陈三立与汤寿潜共同发起组织中国商办铁路公司；

……

袖手神州诗登顶

一部卷帙浩繁的唐代诗歌总集《全唐诗》，收录二千余人所作诗歌近五万首，系清初由十位翰林费时一年半奉敕编校而成。然而在清代，出版有诗集的诗人不计其数，据说仅乾隆皇帝一个人就作诗五万，因此收录全部清代诗歌无疑是件不可能的事，就算精选一部《全清诗》也是一项需要众多学者专家旷日持久才能完成的伟业。

清代诗坛主要有两大流派，以宗唐与宗宋作为分野。在清前、中期，以主神韵、重性灵、讲格调的宗唐诗派唱主角，直至晚清同治、光绪年间，为纠正诗坛"甜熟浅滑"的弊端，出现了越来越多宣称"不墨守盛唐"，以学宋为主、不排斥中唐以降诗风的诗人，并占据了诗坛的主流。这些"同光体"诗人多推崇黄庭坚等宋代诗人的创作论，虽然还可细分为赣、闽、浙派，但其中成就最为杰出的当推陈三立。

钱仲联教授曾说："光（绪）宣（统）诗坛，中国古典诗歌之大发展也，亦大结局。"作为这个"大发展""大结局"的重要代表，就是被称之为"同光体"的诗歌流派。这个流派不仅诗人多，作品多，其巨大影响也自清晚期的同治、光绪年间一直延伸至民国初年。

决意置身政治漩涡之外的陈三立把自己的"抑塞佗傺之怀，情有所不能自已者，一一托之于诗"。在清末"数千年未有之变局"的大背景下，陈三立以"凭栏一片风云气，来做神州袖手人"的豪迈胸襟，冷眼观世，热血为文,笔下流淌出了大量诗句,有着浓郁的"诗史"意蕴。

陈三立的诗,大都"感于哀乐,缘事而发",其中既充满了家国旧情、兴亡遗恨,还有着深深的文化忧患。

他有反映八国联军在京畿一带烧杀抢掠暴行的《十月十四夜饮秦淮酒楼》:

狼嗥豕突哭千门,溅血车茵处处村。
敢幸生还携客共,不辞烂漫听歌喧。
九州人物灯前泪,一舸风波劫外魂。
霜月阑干照头白,天涯为念旧恩存。

百日维新失败的创痛犹在,继之八国联军入侵、义和团运动、庚子事变、日俄战争接踵而来。这些扑面而来的巨大灾难,使陈三立心中充满了忧患意识,悲愤难抑,遂发而为诗,锋芒直指当政者,并予以无情的挞伐。

有时陈三立运用奇妙独特的比拟,一新以往人们的见识,如《十一月十四夜发南昌月江舟行》:

露气如微虫,波势如卧牛。
明月如茧素,裹我江上舟。

诗中以三个"如"字,有机地联结起六种不同的物象,给人以亲历直观的现场感。"茧素"裹舟这一比喻,更是化无形为有形,给人以心理上的窒息压迫感。无怪乎有日本"汉学泰斗"之称的吉川幸次郎会认为,这首短诗是陈三立所有作品中,最能揭示他受时代之挤压、命运之裹挟的心境的。

许多人都认为,陈三立学的是山谷(黄庭坚)的诗风。这种说法既对又不完全对。陈三立的确服膺黄庭坚的诗,所作诗也源出黄庭坚,但他自己就坦诚表示过:"应存己,吾摹乎唐,则为唐囿;吾仿乎宋,则为宋域。必使既入唐宋之堂奥,更能超乎唐宋之藩篱,而不失其己。"正如他曾经的知音好友郑孝胥在《散原精舍诗序》中所说:"大抵伯严之作,至辛丑(1901

年)以后,尤有不可一世之概。源虽出于鲁直(黄庭坚),而莽苍排奡之意态,卓然大家,非可列之江西社里也。"这确是识诗知人之语。

梁启超在《饮冰室诗话》中就这样评述道:"其(陈三立)诗不用新异之语,而境界自与时流异,醇深俊微,吾谓于唐宋人集中罕见伦比。"

其他论及陈三立诗,使用"萧然物外,不染尘氛""俯视群流"之类词语的就更多了。

而一生只信服王国维、陈寅恪(陈三立之子)的吴宓甚至这样说:"凡先生(陈三立)所为挽诗、寿诗,皆从历史、政治、国局、世运大处落墨,持论精严,可为其人之最好评传。"

陈三立所作的诗歌越来越多,影响也越来越大。在清末民初诗坛,陈三立已被拥立为领军人物、诗界领袖。

近代学者汪辟疆还仿照梁山排座次的方式,在《光宣诗坛点将录》中,直接把陈三立推上第一把交椅,比作"都头领天魁星及时雨宋江",是同光体诗派名副其实的祭酒。1924年4月,印度大诗人泰戈尔访华,由名噪一时的新月派代表诗人徐志摩陪同并担任翻译,在西湖之畔特地拜晤了陈三立。两位异国文豪、著名诗人互道仰慕之情,并合影留念。照片刊于报章之上,题为"亚洲两诗人"。其后有评论称:"华、印两诗人,各为其本国之泰斗,比肩一帧,接迹重洋,诚近代中印文化沟通之佳话,尤国际诗人罕有事实也。"

1932年9月,陈三立在庐山松门别墅过八十大寿,门生故旧毕至,陈寅恪兄弟均前往祝寿。正在牯岭避暑的蒋介石闻讯,专门指派人持寿金来贺,却被陈三立严拒。

扶墓哭父哀家国

　　陈三立虽然少年时即有诗名，并有"吏部诗名满海内"之誉，却志在兼济天下而不在诗。他真正以诗行天下广为世人熟知，是在父亲去世后的第二年才开始，即光绪二十七年（1901年）辛丑年。因他此时已在南京定居，住处取名为"散原精舍"，故将诗集命名为《散原精舍诗》。至于此前所写的诗，留存下来的就很少了。陈三立的诗集中，可圈可点的名诗固然很多，饱含政治与社会批判的大量诗篇亦属扛鼎力作，但更具个人诗性特色、充满血泪泣诉的大量"崝庐述哀诗"，则是陈三立这个封建末世的优秀诗人特殊情感的完美呈现。

　　崝庐，是陈宝箴取"青山"连属之义而以之命名西山新居，并题写门联："天恩与松菊，人境拟蓬莱。"陈宝箴还乐观地赋诗："青山埋骨他年事，未死还应饱看山。"并在崝庐周边养鱼放鹤，种草植花。不料仅过一年，就含恨离世。陈三立惊闻噩耗，急从南京赶来，将父亲安葬于母亲坟旁。自此，崝庐这个本该是合家团聚的欢乐处所，竟成了父子生离死别的伤心之地。正如陈三立在崝庐记中所言："崝庐者，盖遂永永为不肖子烦冤茹憾、呼天泣血之所矣！"每年陈三立来崝庐扫墓并小住，这里留给他的，都只有往事如昨的惨痛回忆和难以抚平的心灵创伤。

　　可想而知，自认为背负"通天之罪，锻魂锉骨，莫之能赎"的陈三立，此后三十余年，可能年年孤独地徘徊于父母坟前，四顾茫然，痛彻心扉，那是一种怎样的悲哀！

　　光绪二十七年（1901年）二月，陈三立乘船从金陵经九江至南昌，第一次为父母上坟。在崝庐逗留期间，他写下了《崝庐记》，还有《崝庐述哀诗五首》。这是陈三立最早的谒墓诗作，但也是被吴宓赞为"真挚悲壮，为集中上上之作"。

我们仅以《崝庐述哀诗五首》其一和其五为例，即可窥斑知豹：

其一

昏昏取旧途，惘惘穿荒径。
扶服崝庐中，气结泪已凝。
岁时辟踊地，空棺了不剩。
犹疑梦恍惚，父卧辞视听。
儿来撼父床，万呼不一应。
起视读书帷，蛛网灯相映。
庭除迹荒芜，颠倒盘与甑。
呜呼父何之，儿罪等枭獍。
终天作孤儿，鬼神下为证。

这首诗的开头，以写实的手法，叙述诗人神志昏昏沉沉，若有所失，似乎只是凭着某种直觉，穿越已显荒芜的小径，来到这个既熟悉又陌生的地方。好不容易弯腰曲身进入崝庐，已是气结泪凝欲哭无声。在这昔日与父亲感时忧国的屋内，空置的棺木已没有了。恍惚中犹觉这是在梦境，父亲仍在卧室，只是不见其身不闻其声而已。去摇动父亲的睡床，却是千呼万唤，再没有一声应答。起身看父亲读书时为防蚊而张挂的帷帐里，只有蛛网与灯依旧。庭院内缺乏收拾打理，已是满目荒芜，瓷盘瓦罐杂乱堆放。于是诗人忍不住喊叫起来：父亲，您去哪儿了？儿的不孝几乎等同食亲的恶禽猛兽啊。神明作证，我将永远成为孤儿了。

如此亦真亦幻的情境写实，将自己痛失至亲而茫然不知所措的悲怆、惊恐，还有无尽的自责，描述得细腻逼真，所抒发的个人彻骨沉痛之情，亦让人如临其境，感同身受。

我们再接着看：

其五

忆从葬母辰，父为落一齿。
包裹置圹左，预示同穴指。
埋石镌短章，洞豁生死理。
孰意饱看山，隔岁长已矣。
平生报国心，只以来訾毁。
称量遂一施，堂堂待惇史。
维彼夸夺徒，浸淫坏天纪。
唐突蛟蛇宫，陆沉不移晷。
朝夕履霜占，九幽益痛此。
儿今迫祸变，苟活蒙愧耻。
颠倒明发情，踯躅山川美。
百哀咽松声，魂气迷咫尺。

诗句起首，写诗人回想起在崝庐不远处安葬母亲的时候，父亲特意拔下一颗牙齿，包好后置于墓穴的左侧，以示将来同穴之意。同时还埋下刻有悼词的碑石，上面阐述了生死的道理。本以为可以在这里闲看日月静看山，过上一段较长的隐居生活，不料才过去一年，父亲就遽然离开人世。接着诗人笔锋一转，忆及父亲本着一颗报国之心，在湖南推行新政，变法自强，且政绩卓著，反遭世人攻讦"訾毁"。虽为封疆大吏，仍被严谴革职，并"永不叙用"；自己也因诬为"招引奸邪"被一并革职。其中的是非曲直冤假错谬竟只能靠"惇史"去评说。至于那些长期毁坏天朝纲纪的"夸夺徒"是谁，诗人心中自然有数，只是不便明说而已。如今隐居不彰，无意时移世易，只是迫于灾祸之虞，虽蒙奇耻大辱亦只能苟且偷生。此时纵然徘徊在秀丽的山川之间，仍觉得局促难安。那阵阵松涛声，宛如在哭泣哀鸣；诗人的魂魄，亦在这咫尺之间游走迷离，分明是神志不清，已痛苦得接近晕厥。

完全可以说，第五首是这组述哀诗主题的总结与情感的升华。诗中所言,已不仅仅是一己的悲欢哀痛,更延展放大到忧时伤世、悲天悯人的超凡思想境界。这也是陈三立写诗由小及大、由己及众的常用手法,家国之感,理想情怀,如合金般全都熔铸于诗中,远非同时期的其他诗人所能企及。

《崝庐述哀诗五首》之后的众多哭墓诗,主旨尽管随着岁月的叠加、时势的变化而有所不同,但无不凝聚了陈三立的斑斑血泪,都一以贯之地饱含着家国剧痛,父子深情。

古典诗歌的谢幕

1936年,英国伦敦举行国际笔会,邀请中国代表参加。当时拟定派两位:一位是代表新文学的胡适,另一位则是代表旧文学的陈三立。

不过,说陈三立是旧文学的代表,似乎用词欠妥,准确的说法应该是传统文学或古典文学的代表。陈三立笔下的传统文学形式,充盈着新思想的内容,现实中的陈三立,新思想更是潜滋暗长与时俱进。这从他襄助父亲推行新政、创办新式学堂、送几个孩子出国留学等超前举止中,即可见其站立在时代潮流之上。无怪乎学人吴宓会感叹:"义宁陈氏一门,实握世运之枢轴,含时代之消息,而为中国文化与学术德教所托命者也。"

1936年的伦敦国际笔会,最终陈三立没能成行,毕竟此时的他已是84岁高龄,再也经受不了跨越洲际的旅途劳顿。

是的,陈三立确实已经老了。曾经的他羡慕过宋代诗人开创了"以故为新""点化陈腐"的改革变通之路,造就出与盛唐相颉颃的文学奇观。然而翻天覆地的时代变革,迫使以陈三立为代表的古典文学大幕急速落下。恐怕此时陈三立更多的是花开花落无力排解的悲凉心境,还有那幕启幕谢无可奈何的感伤情怀。

1937年"卢沟桥事变"后,北平沦陷。自1934年就离开庐山寓居北平的陈三立，坚决不肯逃难。日本人企图利用陈三立的声望，为其服务。陈三立对此断然拒绝，并停止服药、进食。于是，这位曾在梦中狂呼杀日本人的老翁，终于在忧愤中离世。亲旧遵照陈三立的生前遗嘱，几经周折，于1948年将他与夫人合葬于杭州牌坊山。

学者胡小石为陈三立所作的三首挽诗中，有一首如此概括其一生："绝代贤公子，经天老客星。毁家缘变法，阅世夙遗型。沧海吞孤愤，讴歌役万灵。纤儿那解事，唐宋榜零丁。"

为纪念这位爱国诗人、"同光体"诗派领袖、著名乡贤，1945年江西省决定将设在修水境内的赣西北临时中学更名为"省立散原中学"。

诗人已逝，但对他生前身后的评价，更让后人看到陈三立在中国文学史上的重要地位和不朽价值。

同光体诗派的理论家陈衍认为："五十年来，惟吾友陈散原称雄海内。"

时代稍后的汪辟疆断言："凿开鸿蒙，手洗日月，杜陵而后，仅有散原。"

胡先骕赞叹陈三立的诗"如长江下游，烟波浩渺，一望无际，非管窥蠡酌所能测其涯涘者矣"。

钱锺书有言，唐以后的大诗人，可以用一个地理词语来概括，叫作"陵谷山原"。其中"陵"为杜甫（少陵），"谷"为黄庭坚（山谷），"山"为李商隐（义山），"原"即陈三立（散原）。

马卫中称三立是"中国古典诗歌的末路英雄"，"代表了那个时代用他那种文学形式……旧体诗歌创作的最高成就"。

日本学者吉川幸次郎则说，陈三立与鲁迅，是中国近代文学发展前后相继的两个巅峰。

无论他们对陈三立所作出的评价是否有溢美，客观上都表明陈三立在中国文学史上有着不可或缺的一席之地。陈三立所创作的诗歌，无可争议地标志着中国古典文学最辉煌、最优雅的谢幕。

后 记

自出版了一本《寻踪觅迹——历史云烟深处的江西名人》之后，友人就好意建言道："既写了一本如今已不怎么知名的江西名人集子，何不再写一本至今仍然知名的江西名人集子呢？"

听了这番很有诱惑力的话，心中不免蠢蠢欲动：关于江西名人的参考资料甚多，估计写起来应该会顺手得很。于是不假思索便应承下来。

没有料到的是，当查找相关资料的具体事项一展开，才发现至今仍知名的江西名人实在太多。即便将范围限定为历史文化名人，数量仍蔚为可观。网上发起评定中国"七大"或"十大"文化大省活动，江西均是继山东、河南之后排行第三的文化大省。仅以诗家而论，"唐诗大家胥出中州（河南）"，"李（白）杜（甫）韩（愈）白（居易）"有三位是中州人，一位是蜀人；"宋诗大家胥出江西"，"欧（阳修）王（安石）苏（轼）黄（庭坚）"有三位江西人，一位蜀人。

但既已应承下来，自应奋力前行，于是不揣学识浅薄，尽己所能地专注于这本小书的写作之中。在对先贤踪迹的资料爬梳过程中，可以真切地感受到他们在那特定的时代，凭借自身超凡的能力、广博的学识、坚韧的意志、不渝的奋斗，终于成就了他们各自不可复制的辉煌。可以说，对这些先贤的人生轨迹了解得越多，对他们所产生的仰慕之情就越浓烈，更为有如此众多的文化巨星诞生在江西而倍感荣耀自豪。

在众多江西历史文化名人中，按个人影响程度和历史地位，仅选取了陶渊明、乐史、晏殊、欧阳修、曾巩、王安石、黄庭坚、杨万里、朱熹、姜夔、文天祥、汤显祖、朱耷、蒋士铨、陈三立共十五人塑像。囿于笔者的识见，所收录的名人未必精当准确，符合标准的文化巨星也未必都已入选。但从已入选本书的这份名录来看，在他们所生活的时代，这些人物或是振臂一呼、应者云集的文坛领袖，或是开宗立派、独树一帜的文化巨擘，或是某一领域建树卓著、同侪难以望其项背的伟人，均在全国范围产生过重大影响，并在今天乃至未来，将继续产生深远影响。

这些江西本土美誉度极高的历史文化名人，他们最为卓著的事迹在各种史料中的记载详略不一，甚至有些记述相互矛盾、明显讹误，好在主要事实大致相近。在已有的资料基础上进行二度创作，无论是剪辑的尺度、选取的角度、叙事的繁简、表述的方式等，都仍颇费思量。行文虽已斟酌再三，但终不免受自身文化素养、视域宽度和资料掌握的局限，因而本书的写作，既有一定的个人特点，亦无可避免地存在不少缺陷。

好在写作本书的初衷，既不是完成详尽的名人传记，也不是提供清晰的名人年谱，笔者亦无意也无力以人均区区万余字的篇幅，就能完整准确地再现每一位名人的生平。只是撷取每位名人有代表性的几个侧面，有重点地勾勒描画出他们各自最具特色的轮廓，并尽可能活泼生动地凸显他们各自的某些特征。若是做到了这几点，或许就已经实现最初想定的目标。

在撰写本书的过程中，深感笔下的这些名人都像一座座高山，朝他们走得越近，就越加生发出仰之弥高的敬畏之心；知道他们的人生故事越多，就越加滋生出源自心底的尊崇之情。正是这种对先贤的崇敬之心和希望向读者传递这种对先贤的仰慕之情，转化成了代代接续优秀传统文化的火热激情和舍我其谁的责任担当。

笔者真诚希望，这本小书能够为读者提供一个小小的平台，一个有别于是他同来书的几位短者,让有意来在通县来书之后,都可以够知他家汉的历史上最为杰出的文化名人,这可以作为一声"探门砖",也些多侧面地深人了解汉多汉历史及文化名人的水平事迹。

最后,鉴于刚接到一位乡贤重的的来看,让欧我其全秋亲爱家文笑理我所问所长兄教者先。多年来,他一直以孜孜以教的的,据藏自况的萧业数行出为人梯深,于乡贤老先生既是乡面八十有四,他仍精神矍铄,思维明嘹,再多人都题。多加各种社会活动之睹,在及水小书即将付梓之际,往日与乡贤老先生交往的一幕幕,又一次浮现在脑海中,于是心情不能,经愁为乡贤老先生打了个电话,被激他为本书作序。随车向来了其经件郑重的先生而又左右看其说,"并说","之后就收了数到三个月,竟之把其的《邀游一度座文化名人腾博的与任》这部凝聚数千古的美文,参分送给他的族情况,既有助于接来国灌展汉代文化名人的联络,亦为本书增色添彩众多。在此,谨向各位先生表示诚挚的谢意!

更要致谢的还有认真敬育出版社精装的词编以及其他有关人员,正是他们联数汉西来书、认款以汉历史文化的集作与再我,才促成本书出版。对于他们的难苦付出和大力支持,在此一并表示诚挚的感谢!

祝国华 谨识
2020 年 11 月 9 日